全国种业工作领导讲话选编

（一册）

农业农村部种业管理司　编

中国农业出版社
北　京

前　言

粮安天下，种铸基石。种业是国家战略性、基础性核心产业，是促进农业长期稳定发展，保障国家粮食安全的根本措施。新中国成立以来，党中央和国务院高度重视种子工作。毛泽东同志把种业列入农业“八字宪法”。邓小平同志指出，农业靠科学种田，要抓种子、抓优良品种。习近平总书记多次强调，要下决心把民族种业搞上去。加快种业发展始终是事关“三农”工作和经济社会发展全局的一项重要任务。

重农固本，国之大纲。在党中央、国务院的坚强领导下，我国农业发展取得历史性成就、实现历史性变革。与此同时，我国种业发展也走过了辉煌历程，从“四自一辅”到“四化一供”，从传统种业到现代种业，种子供种体制、生产经营体制、管理体制、科研创新体制改革不断深入推进，为保障国家粮食安全作出了重要贡献。抚今追昔，种业发展的成绩离不开老一辈农业农村部门领导的关心、关怀、谋划支持和锲而不舍的努力。

——新中国成立初期，百废待兴，农业生产亟待恢复，全国良种面积仅占农作物播种面积的万分之六，农业部召开全国种子工作会议，时任农业部部长李书城在会上提出要把良种全面普及的任务切实抓起来，解决农民对良种的需求。到 1957 年全国良种覆盖率提高到 52%，有力促进了农业生产发展。

——三年困难时期，种子混杂和农业减产问题突显，时任农业部副部长朱荣推动“四自一辅”种子工作方针出台，要求优良品种要通过良种场和良种繁殖区有计划地繁殖，人民公社村队在此基础上进行自选、自繁、自留、自用，基本解决了三年困难时期用种和种子大调大运问题，“四自一辅”在促进粮食增产和农业丰收中发挥了重要作用。

——改革开放之初，随着农业生产发展，生产条件不断改善，以生产队种子田为特点的自选自繁自留自用已不适应农业发展需要，时任农林部副部长刘锡庚、农业部副部长赵修积极推动供种体制改革，实行种子生产专业化、加工机械化、质量标准化、品种布局区域化，以县为单位组织统一供种，即“四化一供”，全面开启了种业改革、加快商品化发展新阶段。

——20世纪90年代，国民经济持续快速发展，为让全国十几亿人吃饱吃好，农业发展面临严峻考验，而农业发展的根本出路在于科技进步，“科技兴农，种子先行”，1995年，农业部召开全国种子工作会议，时任农业部部长刘江提出创建种子工程，构建“保育繁推”种业产业体系，为推动我国种子向种业迈进打下了坚实的基础。

——来到世纪之交，社会主义市场经济体制逐步建立，时任农牧渔业部党组成员、种植业管理司司长崔世安推动出台《种子法》，将种业发展全面纳入法制化轨道，开启了依法治种的新时期。

——进入“十二五”，我国种业进入快速发展关键时期。2011年，国务院印发《关于加快推进现代农作物种业发展的意见》，全国现代农作物种业工作会议随之召开，这是新中国成立以来第一次以国务院名义召开的全国性种业工作会议，为加快发展现代农作物种业指明了方向。同年农业部成立种子管理局，为全面开创现代农作物种业发展新局面提供了组织保障。2015年，时任农业部党组副书记、副部长余欣荣推动《种子法》的修订和出台，构建以产业为主导、企业为主体、产学研结合、“育繁推一体”的现代种业体系，为发展现代种业提供了坚实的法治保障。

——党的十八大以来，我国农业发展取得新的历史性成就、实现历史性变革，现代种业发展迎来了新的机遇。在2019年全国现代种业发展暨南繁硅谷建设工作会议上，中央农村工作领导小组办公室主任、农业农村部党组书记、部长韩长赋指出一粒种子改变一个世界，强大种业是现代农业的基础保障，种业现代化要成为农业农村现代化的标志性工程、先导性工程，并提出要高标准建设南繁硅谷，把南繁硅谷打造成现代种业创新高地，开启了建设现代种业强国的新篇章。

承前启后，继往开来。为全面反映新中国成立以来种业发展历程，总结我国种业发展经验，我们组织编辑和出版了《全国种业工作领导讲话选编》，选取70年来农业农村部领导在不同历史时期全国种业工作会议上的讲话，基本保留原文原意，力求再现历史进程。此书的编辑和出版既是对新中国成立以来我国种业发展的回顾，也是对中国特色种业发展之路探索的再现，对了解我国种业发展历程具有重要的参考和史料价值。回首往昔，新中国种业发展的巨大成就凝聚了广大种业工作者的智慧、心血和汗水，是一代又一代的种业工作者经年累月、呕心沥血、勇于创新铸就了今日的辉煌，我们要向为我国种业事业作出贡献的前辈致以最崇高的敬意。2018年农业部种子管理局组建为农业农村部种业管理司，统筹推进农作物种业和畜禽种业发展。展望未来，新一代种业人将秉承“执着梦想，合作创新，奉献种业，强国富民”的种业精神，锐意进取、攻坚克难，为加快建设现代种业强国，积极推动农业农村现代化、决胜全面建成小康社会作出新的更大贡献！

本书按照讲话时间顺序进行编辑，全书分为两册，一册收集了1949年至2010年全国种业工作领导讲话，二册收集了2011年至2019年全国种业工作领导讲话，共71篇，近50万字。在编辑和出版过程中，得到了许多专家和领导的热情帮助和支持。在此，对为本书编写和出版提供帮助和支持的所有同志表示衷心感谢！由于本书编辑的讲话资料，时间跨度较长、档案保存不全，在收集和整理过程中，难免会出现遗漏和错误，恳请广大读者谅解并提出宝贵意见。

编者

2020年春于北京

目　　录

前言

一　　册

李书城同志在农业部全国种子会议上的讲话（1950 年 8 月）…………………………… 1
蔡子伟同志在蔬菜种子座谈会上的讲话（1958 年 8 月 20 日）………………………… 3
顾大川同志在玉米双杂种座谈会上的讲话（1963 年 1 月 16 日）…………………… 10
程照轩同志在八省一市小麦种子汇报会上的讲话（1964 年 8 月 15 日）…………… 13
朱荣同志在杂粮种子工作座谈会上的讲话（1965 年 1 月 23 日）…………………… 16
朱荣同志在全国大队供种经验交流会议上的讲话（1977 年 8 月 18 日）…………… 23
刘锡庚同志在种子公司座谈会上的讲话（1978 年 11 月 9 日）……………………… 29
赵修同志在全国国营原良种场工作会议上的讲话（1980 年 8 月 25 日）…………… 35
郑重同志在种子标准化会议上的讲话（1980 年 12 月 3 日）………………………… 44
朱荣同志在种子加工精选工作会议上的讲话（1981 年 8 月 14 日）………………… 47
赵修同志在品种审定委员会成立大会闭幕会上的讲话（1981 年 12 月）…………… 56
陈耀邦同志在全国种子总站召开的种子经营管理会上的讲话（1987 年 8 月 27 日）
——认真搞好种子经营管理工作………………………………………………………… 62
陈耀邦同志在《中华人民共和国种子管理条例》颁布实施三周年
新闻发布会上的讲话（1992 年 5 月 14 日）…………………………………………… 67
刘成果同志在全国种子管理工作会议上的讲话（1994 年 3 月 30 日）…………… 72
刘江同志在全国农业种子工作会议上的讲话（1995 年 9 月 4 日）
——积极推进种子产业化，开创种子工作新局面 ………………………………… 76
刘成果同志在全国农业种子工作会议上的讲话（1995 年 9 月 6 日） ……………… 85
刘成果同志在农业种子管理工作电话会议上的讲话（1996 年 5 月 3 日）
——认真贯彻农作物种子生产经营管理办法　彻底整顿种子生产经营秩序…… 88

崔世安同志在全国种子站长会议上的讲话（1996 年 9 月 26 日）
——采取硬措施　完成铁指标　加快实施种子工程 …… 94
白志健同志在第三届全国农作物品种审定委员会成立大会上的讲话
（1997 年 1 月 31 日）
——开拓进取　扎实工作　努力为实现农业“九五”计划做出新贡献 …… 100
路明同志在全国种子市场管理工作会议上的讲话（1998 年 9 月 4 日）
——认清形势，深化改革　切实搞好种子管理工作 …… 109
刘坚同志在全国种子工作会议上的讲话（2000 年 9 月 24 日） …… 115
崔世安同志在全国种子工作会上的讲话（2000 年 9 月 24 日）
——学习种子法　种业再升华 …… 126
伍精华同志在贯彻实施《种子法》座谈会上的讲话（2000 年 11 月 30 日）
——认真学习　深入宣传　坚决执行种子法 …… 141
刘坚同志在贯彻实施《种子法》座谈会上的讲话（2000 年 11 月 30 日）
——履行职责　依法治种 …… 146
刘坚同志在全国种子管理工作会议上的讲话（2001 年 12 月 5 日）
——面对挑战　抓住机遇　努力增强我国种业竞争力 …… 149
刘坚同志在第一届国家农作物品种审定委员会成立大会上的讲话（2002 年 12 月 17 日）
——与时俱进　开拓进取　再创品种审定工作新局面 …… 156
刘坚同志在全国种子工作会议上的讲话（2003 年 11 月 20 日）
——把握机遇　扎实工作　全面提高种业竞争力 …… 163
陈萌山同志在全国农资打假专项治理行动电视电话会上的讲话
（2004 年 5 月 17 日）
——标本兼治　狠抓落实　加强种子市场监督管理 …… 173
范小建同志在全国种业高级经营管理人员培训与研讨会议上的讲话
（2004 年 8 月 24 日）
——深化改革　强化管理　推动我国种业快速发展 …… 176
范小建同志在全国种子工作会议上的讲话（2006 年 8 月 18 日） …… 185
危朝安同志在第二届国家农作物品种审定委员会全体会议上的讲话
（2007 年 8 月 22 日） …… 199
危朝安同志在全国种子工作会议上的讲话（2008 年 12 月 1 日） …… 209
张桃林同志在首届中国（博鳌）农业科技创新论坛上的讲话（2010 年 1 月 15 日）
——加快种业科技创新　做大做强民族种业 …… 219

陈萌山同志在第三届种子健康与农业发展国际会议上的讲话
（2010 年 8 月 25 日） ………………………………………………………… 222

二　册

危朝安同志在 2010 年种子执法年总结和 2011 年种子执法年部署会上的讲话
（2011 年 3 月 15 日） ………………………………………………………… 227
张桃林同志在全国现代农作物种业工作会议上的讲话（2011 年 5 月 9 日）
——狠抓政策措施落实　全力推进现代农作物种业发展 ……………………… 234
危朝安同志在中国种子协会第五次会员代表大会闭幕式上的讲话
（2011 年 10 月 21 日） ……………………………………………………… 237
梁田庚同志在中国种子协会第五次会员代表大会闭幕式上的讲话
（2011 年 10 月 21 日） ……………………………………………………… 240
韩长赋同志在种业发展座谈会上的讲话（2011 年 11 月 17 日） ……………… 246
梁田庚同志在 2011 年种子执法年总结会上的讲话（2011 年 11 月 17 日） ……… 249
梁田庚同志在全国种植业工作会议上的讲话（2011 年 12 月 29 日） …………… 255
余欣荣同志在《国务院关于加快推进现代农作物种业发展的意见》发布一周年
座谈会上的讲话（2012 年 5 月 3 日） ……………………………………… 263
余欣荣同志在第三届国家农作物品种审定委员会成立大会上的讲话
（2012 年 10 月 18 日） ……………………………………………………… 267
余欣荣同志在全国重点种子企业负责人培训班上的讲话（2013 年 2 月 22 日）
——把握现代农业发展机遇　全力打造种业强国 ……………………………… 273
余欣荣同志在打击侵犯品种权和制售假劣种子行为专项行动电视电话会议上的讲话
（2013 年 11 月 29 日） ……………………………………………………… 284
余欣荣同志在南繁工作领导小组会议上的讲话（2013 年 12 月 29 日） ………… 288
余欣荣同志在现代种业发展培训班上的讲话（2014 年 2 月 10 日）
——贯彻落实《意见》精神　扎实推进现代种业发展 ………………………… 293
余欣荣同志在国家优势种子生产基地县农业局长轮训班上的讲话（2014 年 4 月 15 日）
——全面深化改革　推进现代种业发展 ……………………………………… 304
余欣荣同志在全国现代种业发展工作会议上的讲话（2014 年 8 月 13 日） ……… 321
余欣荣同志在国家良种重大科研协作攻关启动会议上的讲话
（2014 年 12 月 2 日） ……………………………………………………… 328

余欣荣同志在深化改革加快推进现代种业发展培训班上的讲话（2015年3月8日）
——深化改革勇于创新　加快推进现代种业发展 …… 332
余欣荣同志在第三次全国农作物种质资源普查与收集行动启动会上的讲话
（2015年7月13日） …… 345
刘旭同志在第三次全国农作物种质资源普查与收集行动启动会上的讲话
（2015年7月13日） …… 351
刘振伟同志对《种子法》的解读（2016年1月1日）
——为发展现代种业提供坚实的法治保障 …… 353
张桃林同志在全国种业人才发展和科研成果权益改革工作视频会议上的讲话
（2016年7月18日） …… 364
余欣荣同志在全国现代农作物种业发展工作会议上的讲话
（2016年11月19日） …… 370
余欣荣同志在全国现代种业发展培训班上的讲话（2017年2月20日） …… 381
余欣荣同志在国家南繁规划落实推进会上的讲话（2017年6月4日） …… 391
余欣荣同志在中国种子协会第六次会员代表大会闭幕式上的讲话
（2017年6月11日） …… 398
余欣荣同志在第四届国家农作物品种审定委员会成立大会上的讲话
（2017年12月20日） …… 403
余欣荣同志在全国现代种业发展推进会议上的讲话（2018年3月20日） …… 410
余欣荣同志在2018年良种重大科研联合攻关部署会上的讲话
（2018年3月28日） …… 420
刘旭同志在"第三次全国农作物种质资源普查与收集行动"2018年
工作会议上的讲话（2018年4月13日） …… 423
余欣荣同志在优质稻品种攻关推进暨鉴评推介会上的讲话
（2018年5月4日） …… 425
余欣荣同志在第三次全国农作物种质资源普查与收集行动调度会上的讲话
（2018年7月17日） …… 430
张桃林同志在中国种业改革40周年座谈会上的讲话（2018年12月20日）
——重整行装再出发　加快推进种业强国建设 …… 435
陈萌山同志在中国种业改革40周年座谈会上的讲话（2018年12月20日）
——种业改革发展引领"三农"事业 …… 442
张桃林同志在2019年中国种子大会开幕式上的讲话（2019年3月31日） …… 446

张合成同志在2019年国家玉米良种重大科研联合攻关暨籽粒低破碎机收技术现场活动上的讲话（2019年10月8日） …… 449
韩长赋同志在全国现代种业发展暨南繁硅谷建设工作会议上的讲话（2019年12月9日） …… 452
张桃林同志在全国现代种业发展暨南繁硅谷建设工作会议上的讲话（2019年12月9日） …… 460

李书城[1]同志在农业部全国种子会议上的讲话

（1950年8月）

全国种子会议今天开幕了，此时召开这一会议，更有重大意义。半年来在种子工作上，已积累了很多经验急需总结起来，从而确定今后的方针和任务。

我们知道，改换优良品种是生产重要因素，群众都知道"种瓜得瓜""母大儿肥"的道理，农作物的许多病害，如黄疸病，很难用化学药剂防治，只有选择抗病的品种。选择适应环境的品种也很重要，如在寒冷地带改造自然环境是不容易的，选择耐寒的品种是比较容易的。在国民党统治时代，虽然也做了一点选种推广工作，仅可以说是点缀，只有在人民政府下面才能发动大规模全国性的工作。中央提出要用五年内做到良种普及是可以完成的，但如何普及、如何推广，这是需要考虑的，最近财委会指示花钱少收效很大的方法去帮助国民增加生产，因此在讨论我们的工作时，首先要符合这一原则。

种子公司在中国是新的机构，机构的组织和工作的方法，都是在摸索中，而他所具的任务，是普及良种的工作，一方面推动群众自行留种，互相换种，另一方面组织群众开展评选运动，逐步提高。这些工作必须由种子公司结合群众来做，才可以收到很好的效果。在没有良种的地区，种子公司应该根据试验结果，进行调剂最优良的种子，由点到面，逐步开展。种子本身的纯洁度和没有病虫害，是与繁殖工作有极大关系的，各级繁殖场，在繁殖良种时，应在群众中起示范作用，所繁殖的优良作物，其收获量应比农家作物显著提高。经营业务应在质的基础上，求量的发展，保证由种子公司出来的种子，要确保优良，为群众欢迎。以上各项工作均应该有计划地、有步骤地去完成。

短短几个月来的种子公司，工作是有成绩的，大家也在努力去做，但是新的工作，免不了发生偏差，为了改善我们的工作，这次会议必须尽量揭发工作中的缺点，深刻检讨，毫无保留的提出来，做到表扬优点，批评缺点，我们必须敢于正视我们的缺点，才能克服缺点，我希望大家以整风的精神，来检讨我们的工作，从而

---

① 李书城，1949年至1954年任农业部部长。

确定新的方法和作风。

总之，这次会议是至关重要的，任务是艰巨的，我们必须把有关良种普及的全面任务抓实起来。不但要完成，而且要做好，至于怎样完成，怎样做好，便是要请大家讨论的，所以希望大家集中精力，详加研究，提出一个明确的方针和具体办法，来完成并做好良种普及的工作。

蔡子伟[①]同志在蔬菜种子座谈会上的讲话

（1958 年 8 月 20 日）

这次由农业、商业两部联合召开的蔬菜种子会议开得很好。经过六天的时间，互相交流了菜籽生产与供应方面的情况，提高了认识，明确了今后菜籽工作的方针、任务，并且提出了 1959 年菜籽工作的若干措施。会议是有收获的。现在根据大家汇报与讨论的情况，谈以下几个问题：

一、在工农业生产中必须抓紧蔬菜工作

今年是我国工农业生产重要的一年，全国人民在党的领导下，经过全民整风运动，在总路线照耀下，正以英勇豪迈的气魄，进行着许多前人不能想象的事情，今年我国夏季粮食作物空前大丰收就是一个有力的例证。据统计，一个夏季就为我国 6 亿多人民平均每人增加了 120 斤[*]粮食。小麦、早稻、花生等夏季作物，都出现了许多惊人的高产纪录。

目前，秋季丰收在望。今年粮食总产量，估计将达到 5 000 亿斤，甚至 6 000 亿斤以上。达到这个标准，全国每人平均粮食就可以达到 800～1 000 斤。今年农业生产巨大的胜利，无论在经济，在政治各方面来说，都有着重大的意义。通过这些事实，人们愈来愈清楚地认清了社会主义的无比优越性。

蔬菜问题和人民生活关系很大。中国的蔬菜品种最为丰富，吃菜花样很多，为世界各国所不及。去年以来，由于中央、国务院及有关部门抓得很紧，各省做了新的安排，进行了一系列具体措施，蔬菜生产较前有了很大增加，播种面积也扩大到 6 000 多万亩[**]，也出现了许多高额丰产纪录。但蔬菜生产的供应和目前人民生活的需要比较起来，还存在着不相适应的矛盾。由于最近工农业生产发展形势崭新的变化，对蔬菜工作的意义应该有进一步的认识：

1. **由于粮食的丰收，单位面积产量空前提高。**提出了新问题。粮食品种要注

---

① 蔡子伟，1954 年至 1960 年任农业部副部长。

* 1 斤＝500 克。

** 1 亩＝1/15 公顷。

意调整，畜牧业及经济作物要更大发展，以后在作物播种面积方面确有适当调整。有些经济作物，特别蔬菜、果树等播种面积将有一定的扩大，这就为发展蔬菜造成了更有利的条件。

2. **关于蔬菜多样化的问题，应更加注意解决。**毛主席最近到两个农业生产合作社，都在这方面给了重要指示，我们要认真贯彻。

3. **我国人民在粮食、肉类、油脂、食糖、布匹等按人口平均的消费方面，赶上世界生产水平最高的资本主义国家已为期不远了。**我们要尽快提高人民生活水平，达到丰衣足食。这样蔬菜全国每人每天至少应达到1.5斤的标准（全年540斤），争取一二年内在全国范围内做到，这就是一件很大的政治任务。

二、解决蔬菜种子是目前发展蔬菜生产的关键问题

当前蔬菜种子方面存在的问题主要是：

1. 菜种不够，供不应求。据商业部召开电话会反映，20几个省就缺2 000多万斤。有的省虽然在数量上基本够了，但在品种方面还远不能满足需要。

2. 若干地区由于不重视选留良种，种子退化，混杂现象相当普遍，影响蔬菜产量逐年下降。因此群众不愿留本地菜种，靠外来种子种菜。

3. 价格不合理，有些地区间差价太大，价格不稳定，群众认为留菜籽不如卖菜收入大，不愿留种。

4. 良种基地以及种子检验等方面没有普遍开展起来，管理机构也不健全，使菜籽供应无计划，影响了生产供应和质量。

蔬菜种子问题当中，目前表现最突出的是种子缺乏问题。为什么今年菜籽问题会出现这种情况呢？主要原因是：

1. 今年工农业生产有了快的发展，人民生活水平要求有进一步提高。不论大、小城市，新矿区以及城镇，农业社都扩大了蔬菜的种植面积。仅据100个城市的统计，今年菜田将比去年扩大100万亩，此外，许多小县城和农业生产合作社今年也相应地发展了新菜田，需要菜籽的数量急剧增加了。

2. 在菜籽的调剂工作上，各地区间、部门间协作不够，甚至有些地区对菜籽的调剂加以控制，不准出境，造成了一些人为的紧张。

3. 部分地区农作物遭灾，补种蔬菜，需要菜籽。也有的地区因灾菜籽减产，完不成支援外地的任务。

4. 更重要的一条是以往不同程度地忽视了菜籽管理工作。发现问题没有依靠群众，没挖掘潜力及时加以解决，而是单纯依靠外地调剂，从而影响到蔬菜生产任务的完成。

为了顺利推动蔬菜生产的大进行，菜籽问题必须迅速解决。而解决蔬菜种子问题，今后是具备着极为优越的条件的：

1. 广大农村将要公社化了，食堂化了，可以由社统一安排蔬菜地和留种地，根本解决菜种供应问题，这是最基本的条件。

2. 中国蔬菜品种多，自然条件优越，留种容易，只要重视，保证足够的菜籽没问题。

3. 有许多良种基地，菜籽工作有基础，农民培育蔬菜种子有丰富的经验。

因此只要加强领导，依靠群众组织农业社及早进行全面安排，各地发挥共产主义协作精神，互相支援，克服人为的紧张，各有关方面积极负起责任，从发展生产出发，认真解决问题，争取明年达到菜籽自给，是完全可能的。我们应该为达到这一要求而奋斗。

三、解决蔬菜种子的方针和办法

全国种子工作会议确定以农业社“自繁、自选、自留、自用”为主，辅之以调剂的种子工作方针，是体现总路线“多快好省”的一个群众路线方针，对于蔬菜种子也同样适用。全国蔬菜种子估计每年需要1亿多斤，而且品种很多，地区条件很复杂，如果依靠国家供应，不但不可能，而且不必要。采取群众路线的工作方法，依靠群众，依靠合作社，就不但能解决，而且能解决得很好。辽宁今年7月20日提出秋菜种子缺少50万～60万斤，采取了群众路线的方法，干部深入下去，发动群众，挖掘潜力，不到半个月的时间即解决了30万斤，这充分证明了只要依靠群众，坚决走群众路线，问题是完全可以解决的。现在的问题是对于这个方针认识不够，或者没有认真贯彻，因此今后还必须对于这一方针进行认真宣传和教育，把它彻底贯彻下去。另外国家的调剂也是必要的。但国家调剂的品种只能是：①国家推广的优良品种；②农业社或者当地目前还不能生产的种子（如广东的甘蓝）以及一些特殊品种；③农业社或当地缺少的不能自给的种子（如牧区、林区及新工矿区）；④为了抢救灾害所需的备荒种子。这样种子数量不会太大。如果大量调剂便不可能做到多、快、好、省。对这一问题必须有足够的认识。

解决蔬菜种子问题，首先应该从积极增产方面着手，增加种子生产的数量，提高种子的质量。这方面的办法，根据会议讨论，有：

1. 农业社建立留种地，供给自己需要的种子。在一般情况下不但要自给而且要有余作为后备，供缺苗补种和遭受部分灾害时使用。这样合作社不但可以稳定地保证蔬菜的生产，而且可以提高产量。保定南大园蔬菜合作社就是很好的一个例子。该社在1956年前每年都向市场购买，不但种子混杂，产量不高，每年还需要花两至三千元的买种费用。1956年以后，接受以前的教训，建立留种地，并且组织采种专业队，全社30多种蔬菜都自己留种，种子质量逐渐提高，蔬菜产量也大大增加，同时，还育成了大甜椒、架豆角、早甘蓝、大葱等几个优良品种，除自给外，还支援了外地不少良种，每年增加收入一至两千元。这个实行自繁、自选、自留、自用的经验很好，值得各地推广。

2. **增建或改建蔬菜良种繁殖场。**为了不断增加新的品种和提高种子质量，国家还必须有计划地建立良种繁殖场繁殖良种。辽宁省1957年已在沈阳、鞍山、抚顺、锦州等地建立了五个良种繁殖场，上海市已决定在长兴岛建立良种繁殖场，繁殖番茄、甜椒、花椰菜、甘蓝等技术性较高的良种；黑龙江今年3月份把农业厅领导的哈尔滨、牡丹江、佳木斯、肇东、鸡西、通河六个农场改为蔬菜良种繁殖场。这种办法都很好。各省区也应该根据需要增建或改建若干蔬菜良种繁殖场繁殖优良种子，供农业社使用。良种繁殖场中心任务是担任培育良种工作，提高种子质量并进行增产示范和对合作社的技术指导。良种繁殖场必须注意防止脱离群众，脱离实际和关门办场的偏向。

3. **巩固与扩大良种乡繁殖基地。**各省市在长期的生产过程中都形成了一些自然的蔬菜良种基地，如河北省丰润的白菜，山东章丘的大葱，胶县、即墨的大白菜，山西清徐的菌香，四川成都的海椒，黑龙江双城的菠菜等。这些地区历来就供应外地很多的优良品种，对发展生产起了不少的作用。在今天大量需要良种的情况下，对于这些基地，应当特别重视。

第一，加以巩固并适当扩大面积，提高产量。同时还应当选择适宜的地区，建立新的基地，以满足不断发展的需要。这次会议上，上海、山东、湖北等十个省市都确定了恢复和建立蔬菜良种基地，都很必要。没有建立的省市在1959年也应当把它建立起来，加以扶植并加强技术指导。

第二，在用种的方面，还需要尽量研究节约用种办法。目前缺种的情况下，节约用种是保证完成蔬菜扩种面积最有效的办法。这一方面辽宁省今年采取“改条播为点播”、“改直播为移栽”的办法，往年每亩约需用种1斤左右，采用这些办法，每亩只需五六两*，这就是说1亩地的种子可以种到两亩。这一经验可以普遍推广。

第三，实行贮备，农业社自己繁殖的种子，必须留一定数量的后备种子，以备缺苗补种等使用。除此而外，国家还必须进行分级贮备，供给遭受自然灾害时抢种补种之用。国家贮备的品种最好是生长期短，适应性强，产量高的品种，如胡萝卜、小白菜、白萝卜、蔓青等。贮备的办法，中央和省两级必须分级贮备。至于专

---

* 1两=50克。

和县，是否需要贮备，可根据当地具体情况由各省决定。

第四，认真做好经营调剂，经营调剂是种子工作的一个重要环节。生产好经营调剂不好也会引起混乱。要做好经营调剂工作：

1. **必要摸清种子的余缺情况，订出具体的调拨规划。**目前这一工作还做得不够，不少省市究竟缺种多少？缺些什么品种？或者本省能够拿出多少种子？供给其他地区？底子都还摸不清，因此，调入调出盲目性很大。这一次回去以后应由生产部门、经营部门和各县种子站组织一定力量，认真进行摸底工作。根据摸底的情况，订出具体的规划。广东省经过摸底，已经克服了混乱状态，采取了预约繁殖，预约收购，有计划地供应，因而广东的菜籽工作走上了正常的状态，各地可以学习。

2. **还必须强调各地互相支援，大力协作。**无论在任何情况下，要求各省都万种齐备，一无所缺是不可能的，多余或不足，还会是一种经常的情况。因此，必须互相支援，加强协作。协作是建设社会主义的重要方法，应该积极发扬。北京市反映：有的县调出菜种，要动力机器调换，这种现象其他地方也有类似情况。各地为了发展生产，要求以一定的物资相互支援未尝不可，但是把互换作为一个唯一的条件，甚至条件很苛刻，这是不对的，应当纠正。

3. **几年来调剂了不少蔬菜种子，对发展生产起到了很大的作用。**但是种子混杂现象颇为严重，使生产受到损失。黑龙江 1956 年佳木斯、伊春、呼兰等 7 县、市由于从外调入的种子不纯，萝卜抽薹面积达 1 013 公顷，占播种面积 40%，抽薹率达 30%以上，减产 30%～50%；1957 年肇东太平乡补种了二牛心白茶，由于种子不好，多不包心，减产 1/2；河北省石家庄市从外地调入的雪里蕻种子提前抽薹，失掉经济价值；广东调入的瓜种，种瓜不得瓜，赔了农民 1 600 多元。今后调剂种子应当尽量做到预约繁殖，并加强检验以保证种子纯度。种子检验工作由农业部门种子机构负责。

4. **价格问题。**这次会议上有些代表反映有些菜籽价格偏低，菜农认为卖籽不如卖菜，如北京市 1958 年菠菜亩产 2 251 斤，收入 105 元，繁殖菠菜籽每亩产 120 斤左右，每斤收购价格为 0.25 元，每亩仅收入 30～35 元，辽宁省复县大白菜籽 0.8 元/斤，按每亩收菜籽 200 斤计算，可收入 160 元，种大白菜一茬，每亩最少收入 200 元。这种情况的存在，是不利于种子生产的。要使菜农愿意生产种子，菜籽的价格原则上不应该低于种植同类蔬菜的收入，并且还要贯彻优质优价，保证菜农社的合理收益。各省区如菜籽价格确实偏低，则应加以调整。有的代表还反映，地区差价和供求差价有时也相差很大：如河北省唐山市大白菜籽每斤 0.768 元，定县每斤却达 4.35 元，河南郑州根达菜每斤 0.33 元，而河北邢台每斤 0.65 元。出现这种不正常的情况，主要是由于市场管理不严，部分小贩借机哄抬所造成的。因此，各地区当注意加强市场管理，把私商小贩加以组织，进行教育。对于市场价格各省市也可以定出一定幅度，加以控制。

第五，加强科学研究和技术指导。我国蔬菜品种很多，但是缺乏系统的调查整理，也没有进行有计划的繁殖和推广。因此，蔬菜品种还呈现混乱现象，今后要求科学研究院所、试验站以及农业院校和各级种子站，应当加强菜籽的科学研究和指导工作。

1. 科学院所应负责调查整理品种并保存有关资料，要求在最近期间能把蔬菜品种的书面材料加以系统整理，汇编成册，并将现已培育出来的品种迅速交试验站和农场繁殖推广，在技术上给以指导。在这次会议上山西农学院反映他们培育了新品种准备加以推广。上海市计划在 1959 年培育 40 多个品种。我们应当鼓励这些单位同志的积极性，把他们的成果应用于生产。

2. 试验站除应负责培育新品种等工作以外，还应当负责原种的繁殖。尽快地把研究部门培育的新品种和农家品种进行繁殖，供给良种繁殖场及有条件的农业生产合作社繁殖推广，同时也应当负责技术指导。

3. 种子站对于当地的农业合作社和蔬菜生产合作社进行技术指导，并应对当地的品种，配合科学研究机关进行调查，将当地发现的良种有计划地扩大繁殖推广。种子站调查的材料应当和科学研究机关密切协作，供给他们使用。

四、加强对蔬菜种子工作的领导，在我国生产全面推进的情况下，蔬菜生产也必须有一个重要的决定条件，必须加强领导

首先要求各级生产办公室和种子办公室要把这一工作管起来，在办公室的领导下，农业、商业两部门要分工协作，共同负责把工作做好。

原则上农业部门负责种子的生产和技术指导，商业部门负责经营和调剂工作。至于各省市如何分，由当地党政部门决定，但必须强调不论如何分工，农商两部门必须服从生产，密切协作，克服以往有些地方存在的互相推诿或互管互不管的现象。黑龙江省农商两厅无论在蔬菜或菜籽生产时，都是联合召开会议，共同布置，共同检查，在工作中发现问题立即想办法解决，因此，取得了一些成绩，这种协作的精神很好，值得大家学习。

其次是改进领导方法，组织现场参观，推广先进经验。今年农商两部在北京、兰州、洛阳等地先后组织了现场参观，交流了经验，各地反映很好，也促进了生产。有的省也组织了类似的参观，这种办法今后还应继续广泛采用。

更重要的是要抓紧当前的工作，目前最迫切的是 1959 年蔬菜种子数量不足的

问题。根据13个省市的统计，要求调入菜种的数字达800余万斤，各省能调出的仅200余万斤，相差600万斤，估计全国需种量更大，而且品种集中，调出地区感到压力过大，不能满足，因此，各省还必须自力更生，力争达到自给自足，并且要保证1959年每人每日平均吃菜达1斤（全年540斤），各地必须尽量挖掘潜力，节约用种，在缺种的情况下，可以采用小株采种的办法，解决大量缺种的困难，少数地区自己确实不能解决，应迅速和有关省市联系，及早安排。调出省也应本着共产主义的协作精神，大力予以支援。有些省要求调入一定数量质量好的良种自己繁殖，这是个很好的办法，各调出省更应该支持。个别有外销任务的省区将内销、外销统一安排，至于临时发生的问题，应该报请当地当政解决。

这次座谈会结束后，请各地代表根据会议精神，回去向当地党政汇报，并将各地的安排意见和具体布置9月底以前告诉两部。

顾大川[1]同志在玉米双杂种座谈会上的讲话

（1963 年 1 月 16 日）

这次座谈会上大家汇报了不少情况和问题，各地情况不一，有些问题还需要进一步研究，在会上要把各种情况搞清楚不可能，需要参加会议的同志回去自己搞，我只能提些参改意见，如何具体搞，各省回去自己研究确定。

一、玉米双杂交种繁殖推广怎么办

会上座谈介绍，大致有三种类型：第一种是内蒙古采取的由国家农场统一搞的方式，自交系繁殖，年交种，双杂种配制都由国家农场负责；第二种是黑龙江省采取的自交系、单交种由国家农场搞，双交种配置主要依靠社队，由国家委托，并进行技术指导，负责种子收购和推广；第三种山东、山西过去采取的自交系，年交种，双交种繁殖配置主要依靠社队搞，国家掌握收购自交系和单交种，供应配置双交种的单位。

这些形式都有一定道理，利弊还不太分明，还不好比较利害；看来国家种场搞得会比社队搞得好些，好多少，还难讲，国家农场搞也还有劳力、运输等问题，从经济效益上来看，哪种合算，哪种不合算，目前材料还不足，不好作结论。总之，三种不同办法可以同时搞，按各省市自己安排，不做统一规定和结论。先去做一年，在工作中，从技术上、经济效果上再进行总结比较，搞得不多，危险也不会太大。

在社、队群众中搞，要有重点，要有组织、有计划去搞，不要普遍搞。搞重点县也只能搞上几个社、队，力量集中，便于技术指导，免掉盲目性；集中一些也可以减少隔离面积，经济效益也可能是有利的，同时也便于掌握指导；从农业领导状况上看，也只能先搞好重点，搞出样板，搞个社做出样子；我们现在还没有一套经验，人员设备配备也还没有蓝图，自己搞了可以创出经验来，好推广。

---

① 顾大川，1956 年至 1966 年任农业部副部长。

重点搞，速度会不会慢？我看速度也不会慢，可以减少铺面摸索阶段，对领导上有好处，今年埋头苦干一年，一年不够再搞一年，搞出样板来就好办；当然，搞重点也要解决技术指导力量，必要的经费、设备等问题，要按规格来，正规搞，不采取打游击的办法；重点必须搞好，实在力量不行，就少搞些也好；对于群众关系中有关隔离、赔产、收购、加价等问题，也要很好解决。

玉米双杂交种的试验研究、示范、繁殖、推广要有一定界限，要有一个杆杆。选育试验、区域试验和生产试验是一类，经试验鉴定的投入繁殖推广的是另一类，这两类要分开；对于杂交组合也要分类排队，分辨清楚：哪些是正在区域试验的？哪些是经区域试验的进入生产试验、示范的？哪些是经过区域试验、生产试验的可以繁殖、推广投入生产的？都要具体化；对于试验点、试验面积也必须有一定安排；各省自己回去澄清一下，就现有资料排队，能推广的拿出来，把材料报给部里，种子局负责汇总（其他作物也是这样）。

肯定了品种组合，种子交换就要根据排队来考虑安排。试验点、示范点要分清楚，生产试验由推广部门搞也可以，农业科学研究单位给予协助指导；试验、示范阶段，不要害怕减产，试验中有增产有减产，是正常现象，但要从中发现问题，从问题中启发鼓励我们进一步研究，这没有坏处；至于玉米双杂种有减产的，可能是两个问题：一个是杂交组合不对可另找组合，如技术不当也可改进；对于玉米杂交优势是肯定的，但组合能否增产却是另一回事，有增产组合不是容易的，有减产的也不要回避，这不是杂交理论有问题，而是组合、制种的问题。

二、推广方法问题

不论国家搞或群众搞，都要创出牌子来，要有按照规格的检验，有品种的说明书，推广结果如何也要有记载。

杂交种、双交种问题，目前不必要求一样，但要进一步研究，加多少要看种子好坏，好的群众拿去种了不吃亏，国家也不赔钱，这是好的。

推广方法过去有的自流，有的强迫，都不对；在推广中要积极宣传，对群众宣传最好是示范，重点示范和少量试种，可先送给少量种子，先创好牌子，这部分种子国家赔也不多，试种成功了，群众接受了，就可以预约订合同制种供应。

三、自交系原种繁殖问题

各省可由农业科学研究单位负责，问题是场、站土地不足，目前还不好解决，可在场、站附近联系社队或示范繁殖农场、国营农场来搞还是一种办法；北京市可与农大、农业科学院共同研究一下，没有国营农场，找生产队也可以，解决减产赔产问题；由于自交系要求隔离面积较大，究竟需要损失赔偿多少？也可摸索研究一下，同时找一些适宜的隔离办法也可以研究。

四、玉米杂交技术操作规程问题

这方面应该有一定要求，好像工厂生产一样，有一套严格的规格标准和操作规程，产品要经过一定的检验；但根据我们现在的调剂，可能提不出来，可以先经一年进一步的摸索，到1963年底，根据实际搞出统一的技术规程来。

五、建立玉米杂交种专场问题

场子规模大小，可根据各地情况、任务来考虑，搞多少场、多少站，由各省自己研究；投资问题由各省自己解决，1963年基建费、事业费均已下拨，特殊需要的精选机、烘干设备等，可先搞出规格型号来。

设场地点、配置组合、生产任务、投资多少、技术力量配备和收购供应办等，由各省根据自己提的计划回去向省汇报。自己研究方案，并在各方面进行比较，主要的应先搞好样板，做出样子来。

六、工作分工问题

有关建场、经费、人员、收购等由农业部门负责，在技术上由各省农业科学研究院等负责，要有专人负责，作为一种任务，北京可与李竞雄教授共同研究，农业科学院也参加。

七、有关必要的种子布袋、套袋用牛皮袋等

各省可以向省计委提出来，列入计划；不论数量多少，先提给省农业厅，列入计划也好，作专门问题与商业部门直接解决也好。

至于整个种子工作，中央已有决定指示，有关种子机构、示范繁殖农场的恢复调整，可根据各省条件、已有基础具体贯彻；其他种子繁殖工作也要搞些样板，搞出经验来好办。

程照轩[①]同志在八省一市小麦种子汇报会上的讲话

（1964 年 8 月 15 日）

这次找冬小麦产区的同志来汇报，主要是想了解一下各省秋播种子准备情况和研究小麦良种繁育制度的建立问题。

从汇报情况来看，江苏、湖北、山东、陕西、山西、北京秋播种子已留够，有的还可以调出一些，安徽、河南、河北今年种子不足，尚须调剂解决。今年选种比去年好，加上其他措施，争取明年小麦丰收是有条件的。有些省对建立小麦良种繁育推广制度已有了初步安排，湖北、江苏两省搞得比较好，山西、陕西、山东等省也都有了打算，这标志着我们的种子工作已从过去的被动局面转向主动了。所谓主动，就是国家要有一套良种繁育推广制度，有计划地繁育和更新良种，种子部门要掌握大批优良种子作有计划的调剂，即使遇到灾情也有比较好的种子，而不是从粮食仓库中去拿粮食支援灾区用种。要掌握主动，就需要全面地贯彻中央“四自一辅”种子工作方针。“四自”是人民公社的种子工作，它是代表集体部分的，“一辅”是国家有计划地繁殖良种支援人民公社，社会主义发挥其强大的优势，把新选育的优良品种和复壮过的良种，通过良种场（国家农场）、良种繁殖区有计划地繁殖，人民公社在此基础上进行自繁、自选、自留、自用。过去我们只注意抓群众性的选种留种而放松了国家的“一辅”工作，即不注意抓有计划地繁育推广和品种复壮更新工作是不对的。有些同志把“一辅”只看作是国家进行从甲地到乙地的种子调剂工作，这是不全面的，要扭转这种偏向，把“一辅”工作纳入国家有计划的繁育推广良种和更新良种的轨道上来，发挥国家支援集体的积极作用和领导作用。由于我们的工作不够系统和健全，也给科研部门一种印象，似乎我们只重视群众自繁、自选、自留、自用，而不重视国家良种繁育推广工作。我们应该考虑他们的意见。目前，有些新的品种面积还不大，推广速度不快，而一些面积较大的品种如南大 2410、碧蚂一号等面积都在四五千万亩以上，但已发生混杂退化和感染锈病，面临这种情况，如何解决？这是我们种子工作者当前一个最迫切的任务。现在就全

① 程照轩，1961 年至 1966 年任农业部副部长。

国来说，种子机构和良种繁育推广系统不够健全，没有指定分期分批更换小麦良种的办法。提高品种纯度，防止品种退化，群众要办，我们种子机构更要办。从目前公社生产队的技术水平等方面的条件来看，光靠群众来搞提纯复壮工作是不行的，尤其是恢复大面积推广品种优良种子，生产队是办不了的，一般的示范繁殖农场也很难做好。国家一定要把小麦原种场、繁殖区这方面工作做好，不去做，就放任自流，这是我们种子工作部门的失责。今年小麦锈病发生比较普遍而严重，如何减轻锈病危害，大家认为培育和推广抗锈品种还是比较起作用的，我们对抗锈品种要加速繁殖推广，较快地占领感锈品种的阵地。因此，没有一套繁育系统——原种场、繁殖区，种子田是不行的。

小麦良种复壮更新如何搞？现在棉花基本上有了一套办法，对粮食作物如水稻、小麦的复壮更新，几年更新为好，还没有经验。今春知道江西省邓家埠原种场复壮的南特号原种比一般南特号增产 13%，湖北襄阳小麦原种场复壮的南大 2419 原种比大田种植的南大 2419 增产 15%左右，江西泗阳县原种场也有相同的增产数据。这就证明，粮食作物的种子也可以有计划地复壮更新。原种场应该办，一定要办，我是相信这个办法的。不要小看了三圃［株（穗）行圃、株（穗）系圃、原种圃］，它是生产原种的核心，三圃搞好了，繁殖区就有了纯度高的良种，有了足够的良种供给给生产队的种子田，就有可能把当前大田生产上种子混杂退化的状况改变过来。高级农业院校和农业科学研究机关，他们主要搞新品种培育，良种的繁育和复壮工作，要靠原种场来搞。原种场应该选择现在现有的技术水平、生产水平较好的示范繁殖农场建立起来，在他的周围选择好的社队建立繁殖区，原种场和繁殖区最好连片建立，便于管理和搞种子基本建设，繁殖区面积的大小应看具体需要而定。湖北省襄阳县对小麦采取每隔三年更新一次大田用种的办法，可以大胆、勇敢地试验，但要把原种场、繁殖区、种子田、大田几年更新一次的规划搞出来。要看得远一些，不要只看一两年，没有规划就不能看得远，只是头痛治头，脚痛治脚。

小麦种子退化现象是存在的，但几年就会发生退化，还缺乏科学的依据，希望各地调查一下，了解生产上主要小麦品种退化的情况，找出几年更新为好的依据。

小麦原种场和繁殖区怎样建立，应该注意什么问题，根据棉花原种场办场的经验，有以下几点：

1. 原种场和繁殖区必须建立在稳定高产生产有保障的地区；

2. 有一点数量一定水平的技术干部；

3. 要有生产原种的操作规程；

4. 要有适用的技术基建设备；

5. 选择高产稳产和已经“四清”社队作为繁殖区，繁殖的良种要全部卖给国家，国家和集体订立合同，在繁殖区成立专门组织，吸收有关单位参加，加强对繁殖区的领导，制定出繁殖区的技术管理（包括整地、施肥、防治病虫、选种……）、良种标准（包括纯度、净度、不带病虫……）以及供应口粮和其他奖励政策。

日子过得很快，新中国成立15年了，我们的种子工作还没有走上轨道，还没有一套制度，我们必须加紧工作，把原种场、繁殖区很快地搞起来，慢了不行，不积极不行。怎样积极，只靠一般号召不行，必须先建立基点，搞好样板，取得经验再有计划地分期分批在若干年内全省铺开。各省市种子工作领导同志要亲自动手去搞，创造基点出来。据有些人对什么叫复壮，什么叫原种还有些不同看法，这不要紧，反正我们有了经验，有了理论和实践，有了正反两面的经验，我们就坚决大胆去办，不要怕困难。

从全国来说，首先抓稻、麦、棉三种主要作物的繁育制度的建立，假使到了1970年把三种作物的良种制度都建立好了，有了一套体系，这就很不错了。棉花今年在江苏南通搞了一年，已经搞出了一套办法。要求各地在1966年内，花三年左右时间把小麦的原种场、繁殖区都建立起来，今明两年要先建立一批，定出一套更新更换的制度，同时，要把原种场、繁殖区所需要的基本建设、投资概数和干部配备搞出规划。今年要打基础，首先要干部训练好，没有一套强有力的班子，搞不出什么名堂。先要训练管理三圃的技术人员，我们已在江西邓家埠原种场训练搞小麦三圃的技术人员。各地还须要训练一批管理繁殖区的人员。明年要初步搞出三圃、繁殖区的操作规程，经过实践再作补充修改。此外，有些省提出播三圃、繁殖区专用化肥问题，可以考虑。将来这批化肥是专供原种场、繁殖区用的，请各省做一个计划报部，由部向国务院请示，收购良种的返粮问题，回去请示省委、人委解决。

小麦的播种季节快到了，各省市要把秋播种子准备好。首先要做到不误农时，适时播种，基肥不足地区应拨一些化肥做种肥。由于今年麦种质量不高，播种前需要做好种子精选和药剂拌种，力争苗全苗旺，为争取明年小麦丰收，打好基础。

朱荣[①]同志在杂粮种子工作座谈会上的讲话

（1965 年 1 月 23 日）

这次十四个省（区、市）的杂粮座谈会，从 1 月 15 日开始，共开了 9 天。当中向部党组做了一次汇报。这次会议，除重点研究杂粮种子工作外，对全面的种子工作也做了讨论。现根据大家在会议中讨论的问题，讲几点意见：

一、当前杂粮种子工作的情况和今后的任务

杂粮，在人民生活中占着很重要的位置，杂粮的播种面积，在整个粮食作物的播种面积中，占着很大的比重。全国水稻播种面积 4 亿多亩，小麦播种面积 3 亿多亩，而杂粮种玉米、高粱、谷子、薯类和大豆五类作物的播种面积即达到七亿六七千万亩，约占全国粮食作物播种面积的一半左右。杂粮总产量占粮食总产量的 1/3 左右。据参加这次会议的 14 个省区市统计，上述五类作物 1963 年的播种面积为 5.6 亿多亩，占全国五类作物面积的 74%，总产量 830 亿斤，占五类作物总产量的 67%。因此，抓好杂粮生产，不但可以满足城乡人民的生活需要，而且对实现《全国农业发展纲要》具有决定意义。现在杂粮的单产还是很低的，1963 年玉米平均亩产 178 斤、高粱 136 斤、大豆 96 斤、谷子 114 斤、薯类 240 斤（折根）。要提高杂粮单产，除了水、土、肥等要上去外，种子起很大的作用。有了良种，其他技术措施稍微上去，就能大幅度增产。现在水稻、小麦、棉花等作物的种子工作都抓得比较紧，杂粮种子工作还是一个薄弱环节，去年大豆开始抓，其他杂粮还未排上队。去年 10 月，谭震林副总理明确指示，“水稻、玉米、小麦、大豆、蚕豆、豌豆、棉花、花生、油菜、芝麻、烟、麻、甘蔗、地瓜、马铃薯都要良种化。必须在第三个五年计划内提出普及良种的任务，一块一块地解决因地制宜的良种。第三个五年计划推广多大面积，多大比例，必须根据各地的实际提出来，以便督促行动”。

① 朱荣，1964 年任农业部副部长，“文化大革命”期间受到迫害，“文化大革命”结束后重返领导岗位，至 1986 年先后任农林部副部长，农业部、农牧渔业部常务副部长，党组副书记。

过去我们对水稻、小麦、棉花的良种工作抓得多，对杂粮和经济作物的良种工作注意不够，这是不符合谭副总理的指示精神的。遵照谭副总理的指示，我们今后必须以抓水稻、小麦、棉花种子工作的劲头，来抓杂粮种子工作。使种子工作全面上去，逐步完成普及良种的任务。

当前种子工作的形势很好。杂粮种子工作虽然落后了一步，但这两年来，由于各级党政加强了领导，贯彻了调整、巩固、充实、提高的方针，贯彻了种子工作的“四自一辅”的方针，进行了大量的恢复和调整工作，并进行了社会主义教育，初步抓了一下政治思想工作。因而使杂粮种子工作，也和整个国民经济、整个种子工作形势一样，出现了一个新的形势。这两年来，各地都出现了许多在水、肥、土、机和先进栽培技术的基础上，采用良种获得高产的事例，这些良种每亩一般都增产三五十斤，高的达到一百多斤，使群众深深体会到这是最经济的增产措施。特别是去年大面积的稳产高产样板田的出现，更使广大干部和群众认识到要超《纲要》、过黄河，渡长江，没有特优的良种是不可能实现的。因此，在目前新的农业生产高潮面前，广大干部和群众都迫切要求有更多高产、优质、抗逆性强的良种，不少地方已出现了良种“颗粒必争”的好现象，并取得了以下一些成绩：

（一）恢复和充实了各级种子机构，由国家到集体，逐步形成一套比较完整的种子体系

省、专两级普遍建立了原种场；比较好的省区市，有90%的县建立了场、站、库；比较差的省区市，也有50%的县建立了场、站、库；有不少公社建立了良种场或种子队，有不少生产队建立了一级或两级种子田。据参加会议的11个省统计，建立种子田的生产队占54%。初步形成了一支强大的种子工作队伍，逐步形成了三级良种繁育体系，为摸索一套适合我国具体情况的种子管理制度，开辟了道路。

（二）基本解决了三年困难时期和种子工作大调大运所产生的遗留问题

有80%～90%的地区，已经克服了种子严重混杂的现象，主要作物种子的纯度，一般都达到80%～90%，好的地区达到95%，比较差的地区（灾区）也有所提高。特别值得注意的是，有些地区已经找到了提纯复壮现有良种、解决良种混杂退化的方法。水稻、小麦、花生、棉花等的种子复壮工作已经取得一些成绩，杂粮种子的复壮工作也有了开展。如玉米穗行半分法、高粱打顶疏花、大豆疏花疏荚、马铃薯秋植复壮、甘薯按原种特征选苗等。有了这些办法，就能进一步发挥现有良

种的作用，为今后不断提高良种种性打开门路。

（三）培育、引进、试验、示范、繁殖、推广一大批高产良种

据参加会议的10个省统计，1964年玉米、高粱、谷子、薯类的良种面积达到1.26亿亩，占杂粮播种面积40%左右。同时，各地还出现了一批高产优质良种，如沈阳市郊劳模李贵选出、由沈阳农学院莫畿道教授培育成功的分枝大红穗高粱，河南滑县钱有贵大队用“四碰头”的办法杂交培育出来的玉米良种，黑龙江的玉米齐综二号等，一般都能在大面积上亩产都达到六七八百斤。玉米双杂交种种植面积有了较大的进展，由1963年的24万亩，发展到去年的68万亩。计划今年扩大到500万亩；高粱杂交种已发展到10多个省40多个点，进行试种、示范、繁殖制种。再努力两年，就可以大面积推广。特别可喜的是，去年各地都出现了许多在水、肥、土、机和栽培技术等条件配合下，以良种为中心的稳产高产样板田或基点，为今后向《全国农业发展纲要》前进创造了条件，为种子工作不断革命找到了正确的道路。

但是，种子工作还不能适应目前形势的要求。特别是杂粮种子工作还很薄弱，主要存在下面几个问题：

（一）种子工作的机构还要进一步调整，种子工作的队伍比较复杂

种子场的职工中，盲流、家属和机关精简人员不少，特别是混进了一批四类分子，他们在农场里大刮歪风，反攻倒算、破坏生产、贪污盗窃、投机倒把等很严重。有些单位领导核心不分敌我，闹不团结，甚至蜕化变质。在经营管理上，只顾赚钱，不顾种子质量，为了赚钱，不务正业，搞物质刺激。财务制度混乱，损失浪费、赔钱亏损很普遍。生活上多吃多占，许多领导干部都借占了公款，买“四大件”、“六大件”，大吃大喝，千方百计剥削国家。精神面貌上缺乏不断革命，“赔钱论”的思想很普遍，亏损的场有畏难情绪，盈余的场有自满情绪，革命意志衰退。所有这些都说明，在种子工作的队伍中，斗争是十分尖锐的，如不加以整顿，就远不能适应当前阶级斗争和生产斗争的形势。

（二）种子严重混杂的局面未能完全解决

特别是杂粮、灾区和薄弱地区的种子工作，远远落后于形势的要求，很多备荒种子还是用商品粮作种，严重影响灾区生产的恢复。部分山区、高原地区、盐碱地的种子，纯的少，杂的多，良种少，杂种多，高产种少，低产种多。这些地区对良种推广工作还未排上队，还未摆到议事日程上来。

（三）大部分省、专、县良种场的种子质量、数量还不适应当前生产的要求

缺乏远大计划，为第三个五年计划作种子准备的思想认识不足，公社的种子队、生产队的种子田还搞得不普遍，建立了也不够巩固；群众中的种子队伍组织不够严密，技术水平还不够高。

（四）复壮工作才开始，适应当前生产的特优良种还比较少

第二、第三、第四批特优良种还很缺乏，为实现《全国农业发展纲要》的奋斗目标不够明确。玉米双杂交种虽然有些基础，但繁殖、推广体系多数地区还未真正健全起来。高粱杂交种还在示范阶段。

根据上述情况，提出1965年种子工作的任务。1965年的农业生产，已经开始形成新的高潮，各级农业部门必须充分认识到，在农业生产新高潮当中，各级党政对种子工作将会更加重视，群众对良种的要求将会更加迫切。我们必须以生产为中心，发扬奋发图强，自力更生的革命精神，采取群众路线的方法，全面地贯彻“四自一辅”的方针把种子工作做好。使种子工作在促进1965年的农业生产高潮、保证全年农业丰收，发挥更大的作用。并有计划地做好第三个五年计划的准备工作，为逐步实现《全国农业发展纲要》、扩大稳产高产农田做好种子准备。各地应根据不同情况，抓好如下几项工作：

1. 随着点上的“四清”运动，分批分期地把种子场、站，从政治上、经济上、思想上、组织上加以彻底整顿；今年要认真调整好各级种子机构，使种子工作队伍逐步革命化。要贯彻勤俭办场办站的方针，坚决精简良种场站的多余人员，力争1965年以省为单位做到收支平衡，扭转亏损局面。

2. 以革命化的精神，采取群众路线的办法，全面贯彻“四自一辅”的方针，整顿和加强省、专原种场，并以县为范围，逐步扩大和建设三级良种繁殖体系。

3. 认真抓好当前的种子工作，保证1965年农业生产高潮顺利进行。

4. 把提纯复壮和培育繁殖良种工作同时抓好，为实现《全国农业发展纲要》做好种子工作的准备。

5. 积极培育和繁殖高产、优质、抗逆性强的良种，特别要抓好玉米双杂种和高粱杂交种的制种、示范、繁殖工作，使能在第三个五年计划内大面积推广。

二、1965年种子工作怎样抓

（一）抓种子工作队伍的革命化

上面已经说过，在种子工作的队伍中，斗争是很尖锐的。1965年要大力促进生产斗争和科学实验的发展。如果不从政治上、经济上、思想上、组织上进行彻底的整顿，只抓业务，不抓政治，要想把种子工作抓好，是不可能的。要突出解决下面几个问题：

1. 树立奋发图强，自力更生，不断革命的精神。反对骄傲自满、悲观畏难、停止不前的观点。要用毛泽东的思想，来武装我们的队伍，使他们真正成为无产阶级的、彻底革命的、又红又专的战斗队伍，使场、站真正成为社会主义的阵地，成为生产斗争、科学实验的前哨。

2. 树立勤俭办场、站，办一切事业的作风，反对只管用钱，不计成本的大少爷的作风，使种子工作真正做到少花钱，多办事，迅速扭转亏损。

3. 树立诚心诚意为人民服务、为建设稳产高产农田服务的观点，反对只顾赚钱，不管生产的经营思想。特别要刹住多吃多占、占用公款、贪污盗窃、投机倒把的歪风。

4. 树立革命化的工作方法，坚持三个“三结合”（领导、科学技术人员、群众三结合，研究室、试验场、农村基点三结合，研究实验、示范、推广三结合）。深入蹲点，参加劳动，搞好试验田和样板田。

5. 领导核心要首先实现革命化。认真抓好场站的领导核心，经常加强政治思想工作，系统学习毛主席著作。首先使领导核心革命化，才能领导别人革命化。

在抓法上，主要靠各地党委，结合“四清”运动，分批分期地加以解决。但业务部门要结合业务会议，结合训练，结合每一段工作，真正把政治思想工作和业务工作扭在一起来抓，克服只抓业务，不抓政治的偏向。

（二）在抓好省、专原种场的前提下，逐步巩固、扩大和建立以县场为中心，以公社场（队）为骨干，以生产队种子田为基础的三级良种繁育体系

这是贯彻“四自一辅”方针的具体办法，是采取群众路线繁育推广良种的基本建设。已经建立起来的，要进一步巩固提高，健全各种制度，提高技术水平，合理解决报酬问题。不完整的要逐步完整，不普遍的要逐步普遍，逐步推广。省、专要先突破重点县，县、社要先搞好重点队，树立样板，逐步推广，不要一哄而起。

省、专的原种场要进一步提高，强调质量第一，从严、从高要求，力争全部种

子做到优质、不带病虫。

（三）按照不同类型的地区，既抓当前，又抓下一步的准备工作

特别要有明确的战略思想，根据形势发展的要求，使种子工作先行一步、二步甚至三步，提早几年做好种子工作的准备。同时要树立不断革命的思想，根据生产的要求，不断选育新的良种。

1. **抓好今年的种子准备工作。**春耕前，要认真检查生产队的种子准备和种子保管情况，国家推广和社、队之间相互串换的良种，要尽快落实到生产队。播种前要认真做好种子精选、种子消毒和发芽试验等工作。今年各地推广的新良种不少要特别做好技术传授工作，使“良种良法”一起推。受灾地区的后备种子特别重要，必须作两手准备，安排两套种子，以防万一。

2. **抓好县、社良种场（队）和生产队种子田的管理工作，为明后年做好种子准备。**要根据明后年生产的要求，在春耕前，把任务、面积、质量要求和报酬落实下来。种子田必须做到精耕细作，按标准、按农时进行播种。在生长阶段，要组织小范围的评比检查。收获前要进行一次评比鉴定总结工作。收割时要做到单收、单打、单晒、单藏，以保证种子质量。

3. **抓好各地区的高产优良品种。**凡是高产、优质、抗逆性强、适宜综合利用的良种都要抓住不放，要认真落实规划，定点、定场、组织专门技术力量，加速试验、示范、繁殖。同时还要不断发现新的高产优良品种，以便为第三个五年计划和逐步实行《全国农业发展纲要》做好种子准备。

4. **抓好救灾备荒种子的贮备工作。**要对灾区人民负责，有计划地选留一批高产优质的种子作为备荒种子，逐步改变过去临时从商品粮中调拨作种的现象。

5. **有计划地抓好国外引进的各种种子的试验、观察、示范繁殖和推广工作。**各省的农业科学研究部门，要认真抓好农家品种的保存、观察和利用工作。农家品种，不仅在当前生产上仍有利用价值，而且是育种工作的重要材料。随便丢掉祖先遗留下来的这笔宝贵财产，就是犯罪的行为。

（四）调整种子机构，改进工作作风和工作方法

上面已经说过，当前种子工作的形势是很好的，无论水、肥，过了关的地区也好，没有过关的地区也好，各级党政都已把种子的繁育、推广工作提到重要的议事日程上来了。但根据中央的指示精神，根据种子队伍中存在的问题，种子机构必须进行适当调整。调整，是为了加强，为了把队伍搞得更加精干，以适应形势发展的需要，而不是为了削弱。因此，必须本着有利于生产，有利于种子工作的进一步巩

固和发展的精神，有计划、有步骤地进行调整，先经过试点，然后逐步推行。总的原则是坚决精简那些既不懂技术，又不是领导骨干的多余人员，加强种子机构的领导骨干。至于哪些机构可以并、哪些不能并，则由各地党政考虑决定。一般说来，种子站和种子库可以合并，以便精简一些行政管理人员。

机构调整后，要结合点上和面上的社会主义教育运动，加强政治思想工作和经营管理工作，切实改进工作作风和工作方法，逐步试行半农半读。特别要强调抓重点，抓样板，抓调查研究。只有搞出样板，才能引起领导和群众的重视，才能有效地推广。

三、认真总结经验

新中国成立 15 年来，种子工作取得了不少成绩，积累了很多经验。但也走过了不少曲折的道路，存在着不少问题。因此，必须认真加以总结，以便逐步摸索一套适合我国实际情况的种子工作经验，即采取群众路线进行选育、引进、试验、示范、繁殖、推广良种的经验。现在根据大家讨论的意见，提出如下几方面的问题，请各省回去认真研究总结：

1. 怎样抓种子工作队伍的革命化来推动种子工作不断革命？

2. 种子工作怎样全面贯彻“四自一辅”的方针？怎样贯彻群众路线和三个“三结合”的工作方法？

3. 种子工作怎样贯彻多、快、好、省？怎样才能做到既积极、又稳步？怎样才能抓得准、狠、稳？

4. 怎样才能在不同类型地区、不同时期，正确掌握和运用选育、引种、试验、示范、繁殖、推广的客观规律？

5. 哪些种子工作的规章制度适合我国的具体情况？哪些不合适？怎样来改革和修订这些规章制度？

朱荣同志在全国大队供种经验交流会议上的讲话

（1977 年 8 月 18 日）

全国大队供种经验交流会，今天快要结束了。参加会议的有各省区市农业（林、牧）局主管种子工作的负责同志，种子站负责同志和实行大队供种的先进县、公社、大队的代表，还有部分农科院（所）和杂交玉米、高粱制种的典型单位代表，共 181 人。

会议期间，代表们参观了山东省栖霞县唐家泊公社，车家泊、唐家泊、尹家庄大队和松山公社，松山、汉桥大队实行大队供种的现场，交流了搞好大队供种的经验，研究了巩固和发展大队供种的规划和措施。同时，还讨论了如何做好今年秋季作物的选留种供种和秋冬播种子准备工作，为明年种子工作先行一步做了全面的部署。与会代表一致反映，这次会议开得好，是看山东，学栖霞，促进种子工作大治快上的鼓劲会。大家表示要下最大的决心，鼓最大的干劲，用最快的速度，把种子工作搞上去。

现在，我就会上讨论的问题，讲几点意见。

一、农业要大干快上，种子工作要先行

种子工作战线上的形势很好。广大干部和群众遵照毛主席关于“有了优良品种，即不增加劳动力、肥料，也可获得较多的收成”的教导，积极地培育和推广优良品种。去年湖南省试种杂交中稻 9.8 万多亩，平均亩产达 780 斤，比常规品种增产 205 斤；试种杂交晚稻 123 万亩，平均亩产 580 斤，比常规品种增产三四成。小麦生产过去经常遭受锈病的严重灾害，每年减产几十亿到百余亿斤。自从培育推广抗锈高产良种后，锈病基本上得到了控制，摘掉了低产的帽子。杂交玉米、高粱发展很快，推广面积已占播种面积 60%左右，产量也显著提高。河北省去年种植杂交玉米 1 630 万亩，平均亩产比当地常规品种增产 32%。种植杂交高粱 1 054 万亩，亩产比常规品种增产 50%。良种繁育推广体系有了进一步发展，出现了山东省栖霞县车家泊大队实行大队供种的新形势。目前，正由点到面，逐步推开。许多

国营良种场深入开展农业学大寨的群众运动，坚持以繁种为主，适当开展多种经营的方针，办成出良种、出人才、创高产的大寨式良种场；种子加工机械化也开始展开，黑龙江省呼兰县等单位发扬了自力更生的精神，创造和仿制了种子脱粒机、精选机、烘干机、发芽机和水分测定仪。对于提高种子质量，节约用种，节省劳力，促进农业增产都显示了极大的优越性。

随着农业学大寨群众运动深入开展，农业“八字宪法”的全面贯彻，生产条件的不断改善，耕作制度的不断改革，科学种田和农业机械化水平不断提高，对种子工作提出了更高的要求，就是要我们为农业大干快上，为三年大见成效，为1980年基本实现农业机械化，为23年后实现农业现代化提供更多、更好的优良种子，以适应社会主义大农业持续发展的需要。农业“八字宪法”里，“种”是内因，其他都是外因，外因只能通过内因起作用，种子不先行，就要拖整个农业生产的后腿。我们种子部门的同志，一定要想得远些，既要着眼于当前的需要，又要主动地为第二、三、四、五年的需要做好准备。

二、实行大队供种是实现种子先行的组织保证

新中国成立初期，我国农业生产是以一家一户为单位，是万家种田万家留种的小农形势；互助合作时期，繁育良种已采用田间块选、片选等简易形势，对农业生产发展起了一定的作用；人民公社化以来，除省、地建立了必要的良种繁育基地外，还逐步建立了以县良种场为骨干，公社良种场为桥梁，生产队种子田为基础的良种繁育推广体系，使种子工作走上了由个体到集体的道路。随着农业学大寨、普及大寨县群众运动的深入开展，科学种田和农业机械化水平的逐步提高，促进了农村生产力的发展，对种子提出了更高的要求。原来要求生产队办种子田的做法，由于生产队农忙季节，抢收抢种，劳力紧张，除了大田，顾不了种子田，往往使种子田“春建、夏丢、秋不见”，流于形式；生产队技术力量单薄，提纯复壮工作往往不能持续不断地进行下去；生产队一般没有种子专用晒场、工具、仓库和专人管理，多数做不到单收、单打、单晒、单管的要求。选育的新品种往往“一年纯、二年杂、三年退化”。这跟农业生产的大发展很不相适应。1970年前后，山东栖霞县、莒县，江苏武进县、黑龙江勃利县等一些大队创造了实行大队供种的新形势，比生产队办种子田更能适应当前农村生产力的发展和农业大干快上的需要。

目前，各地实行大队供种，都根据《六十条》的精神和本地区的特点，建立了大队种子队（农科队、良种场或农事场等），主要有三种形式：

第一，大队经营。利用开荒造地办种子队，实行单独核算，作为大队企业。

第二，生产队联办。采用生产队种子田升级的办法，抽调原生产队部分的种子

员，实行大队领导，生产队联办，成果归队，评工计分，回队分配，体制不变。

第三，特约生产队。大队指定一两个领导力量强，生产条件好的生产队承担全大队繁种任务，生产的种子由大队统一保管，统一供应生产队大田用种。为了保证特约生产队不减产，不减收，严格实行“以粮换种，优质优价”的政策。

无论哪一种形势，都应当做到“三有三统一”。“三有”：有队伍，一般由生产队推荐，群众讨论，大队党支部批准；有基地，各地生产水平不同，种子繁殖系数高低不等，队的面积一般占耕地面积的5%到10%；有仓库，应坚持自力更生，勤俭办队、场的方针，因陋就简，就地取材的原则，建立大队种子队专用仓库和晒场。“三统一”：统一育种，大队根据公社下达的任务和本大队品种布局，组织种子队制定生产计划，本着自给有余的原则制定种子队繁育计划，统一繁殖生产队大田用种；统一保管，种子队各种作物的良种，做到单收、单打，晒干后，分品种专仓统一保管，严格执行种子保管制度，做到登记入账，插上标签，注明数量和质量。保管过程中，要定期检查，发现问题，及时采取措施，严防霉变、虫鼠危害；统一供种，按照生产队的品种布局和实播面积，有计划供应种子。应做到发芽试验和拌药处理等。

大队种子队（场）本身是一个生产单位，队员直接从事农业生产劳动，实行评工计分，按劳分配，没有务工补贴和非生产性开支，本身又是面向生产，服务大田，既是生产单位，又是繁种基地，也是创高产的样板。大队供种深受广大干部和贫下中农的欢迎。会议期间，大家谈了许多好处，归纳起来，主要有七条：

1. **有利于发挥人民公社“一大二公”的优越性。**实行大队供种，便于公社、大队加强对良种繁育的组织领导和技术指导，比生产队更有条件建立种子专用库，增添种子加工机械和必要的种子检验仪器设备，做到良种繁育专业化，生产队可以集中力量搞好大田生产，不会顾此失彼。

2. **有利于落实种子工作“四自一辅”的方针。**真正做到选、繁、留、用配套和单收、单打、单晒、单管，保证按照社会主义大农业持续发展的要求，事先有计划地安排好数量足、质量高的大田生产用种。更好地克服大调大运、以粮代种和品种“多、乱、杂”的现象。山东栖霞县推广大队供种前，玉米制种是由生产队搞的，由于有的生产队没有隔离条件，没有专门的晒场、仓库，也没有专人管理，所以制种质量差、产量低。现在，实行大队供种，加强了对玉米制种的领导，隔离区选择得好，制种计划落实得早，技术措施把得严，提高了制种质量和产量。1975年全县9 200亩玉米制种田平均亩产达320斤，比供种前增产二成以上。种子质量显著提高，90%以上达到了国家规定的一、二级标准。

3. **有利于保证国家种植计划的落实。**一些地方，由于生产队种子田流于形式，每年到用种时，就发生“良种靠外调，缺种向上要”，甚至发生以种易物，高价买种的现象，影响了国家计划的完成。实行大队供种后，大队党支部可以根据国家分配的种植计划，提前安排品种布局，落实繁殖推广计划，达到留种数量足（有些作物留足一套半或二套），避免了因种子不足或因灾缺种而改变种植计划的现象发生。

4. **有利于开展提纯复壮工作，充分发挥良种的增产作用。**栖霞县车家泊大队，实现大队供种前，大搞农田基本建设，生产条件虽然改变了，粮食产量由100多斤上升到500斤左右。但是由于生产队只有个别作物建立了种子田，另外，生产队也没有专用种子晒场和仓库，做不到单收、单打、单贮。结果，种子严重混杂退化，又没有新品种及时更换，所以，使大队产量平均亩产一直徘徊了五年。1971年实现大队供种以后，各种作物都搞了提纯复壮，提高了良种的质量，另外，又选了当家品种和接班品种，良种良法一起推，充分发挥良种的增产作用，使产量大幅度上升。1970年粮食平均亩产496斤，1975年就上升到985斤；花生平均亩产1970年是270斤，1975年就上升到383斤。1976年在春旱、夏涝、低温光照不足等自然灾害严重影响下，粮食产量平均亩产仍达855斤；花生亩产达287斤。

5. **有利于节约人力、物力。**黑龙江省呼兰县永安等六个大队，共37个生产队。大队供种前，生产队种子田分散在588块地上，用工量达63 000多个；实行大队供种后，繁种集中在126块地上，仅占原来的22%，用工量48 000个，比原来节约24%。保管种子库也节省了。永安大队6个生产队，过去保管种子的仓库需240平方米。现在只需150平方米。过去6个人保管，现在一个人就行了。目前，全国有480多万个生产队，如果76万个大队都实行大队供种，留种单位可以大为减少，人力和物力都可以大量节省。

6. **有利于提高科学种田水平，成了创高产的样板。**栖霞县车家泊大队农科队在繁育良种的过程中，不断掌握品种的特征、特性，不断摸索丰产栽培技术措施，做到良种良法配套，使粮食产量大幅度上升。1971年平均亩产745斤，1975年上升到1 075斤，就是受严重自然灾害的1976年也达到1 024斤。建队7年来，平均亩产每年比生产队大田平均亩产高131斤。另外，农科队劳动生产率高于生产队，生产费用却低于生产队。1976年农科队每个劳力平均生产粮油6 055斤，比生产队每个劳力多420斤；农科队每斤粮油费是6.3分，而生产队是6.9分。农科队成了创高产的带头队，带动了全大队粮油的均衡增产。

7. **有利于壮大、提高种子技术队伍。**大队供种后，种子员在选育和繁育良种的过程中，可以得到很好的锻炼和提高。据黑龙江1976年统计，大队种子队培养农民技术员达73 537人，其中1/3人员能掌握一般良种繁育技术，成为一支以贫下中农为主体的又红又专的种子技术大军，在三大革命运动中发挥其骨干作用。

近几年来，各地在推广大队供种过程中积累了许多好的经验，从这次会议交流的经验来看，主要有六条（略）。

根据水稻、玉米、高粱的杂优利用要求隔离条件严格的特点，昔阳县按照大寨公社玉米制种的经验，提出了集中与分散相结合的办法，即60%的杂交种由公社统一制种，统一管理，统一分配，40%由有条件的大队自己配制。湖南省对水稻杂交种采用县繁不育系，由公社配制杂交种统一供生产队大田用种。湖北荆州地区对棉花种子采用县原种场、原种繁殖区和良棉轧花厂三结合的形式生产原种，做到一个县的棉花生产用种一年一更新，或三年一更新。这些供种办法，同样收到了很好的效果。

根据各地的实践，证明了建立健全良种繁育推广体系，常规品种实行大队供种，杂交优势利用主要实行公社或有条件的大队供种，棉花原种采用县或有条件的公社、大队供种是适应当前社会主义大农业发展要求的。我们种子部门必须充分认识，认真抓紧抓好，就能变被动为主动，就能使种子工作更快地走在农业生产前头，为农业生产的持续发展做出更大的贡献。

三、认真做好秋季作物选种、留种和秋冬播种子准备工作

毛主席指出：五年看三年，三年看头年，每年看前冬。这是教育我们要善于掌握时机。当前，为实现今年初见成效，三年大见成效，使种子工作走在农业生产的前头，就必须从现在做起。目前，大秋作物快要成熟了，秋冬播快要来临，这对我们抓种子工作同志来说，是一个关键时刻，抓住这个战机，对实现今年初见成效，三年大见成效，促进农业大上快上具有很重要的作用。

秋收前，一定要加强领导，做好部署。采取专业队伍和群众运动相结合，充分发动群众开展评选良种的运动，对新品种的试验、示范要及时进行评选鉴定，选好接班品种，部署明年良种繁育推广计划；同时，要搞好备荒种子的贮备工作，有些作物要留足一套半或二套，立足于抗灾夺丰收。

三年大见成效，明年是关键的一年，夺取明年夏粮丰收有重大的政治意义和经济意义。今年秋季雨水好，各地应充分做好思想上、组织上、物质上的准备工作，适时地种足、种好秋冬播粮油作物，为夺取明年夏季丰收打下较好的基础。秋冬播前，各地应进一步检查落实秋冬播作物种子保管、发芽和余缺情况，缺种的单位，应立足于自力更生，在省内大挖潜力，切实组织好余缺调剂，保证麦播计划任务完成。已确定省间调剂的良种，应当尽快把种子运到生产单位去，保证不误农时。播种前，还要安排好品种布局，深入发动群众，采用各种选种工具，普遍进行精选和拌药处理。同时，部署好新品种试验、示范、繁殖等工作。对油菜、绿肥、饲料作物等种子也要认真检查落实。认真做好种子准备工作，为夺取明年夏季粮、油、绿

肥、饲料大丰收做出贡献。

积极做好新品种、新技术推广工作。水稻在我国粮食生产中，占有重要地位，面积占30%，产量占44%。杂交水稻的推广，这是我国南方稻区继单季改双季、高秆改矮秆之后又一项重大改革，是发展水稻生产，实现晚稻赶超早稻的重要途径。今年种植达3 000万亩，明年就要进入大发展阶段，预计到1980年可以超过1亿亩。我们应当像湖南省那样，书记动手，全民动员，大搞群众运动，在继续搞好常规育种工作的基础上，积极推广杂交水稻，充分发挥杂交水稻的增产潜力；玉米、高粱杂交优势利用，对提高玉米、高粱大幅度增产起了显著的作用。制种产量和质量如何，直接影响我们能不能充分利用杂交优势，压缩制种面积，降低制种成本的关键。根据各地区制种实践，要使制种产量高、质量好就必须做到：省、地、县要建立“两杂”的亲本繁育基地。省、地提供原种，县要按照“两杂”推广计划，繁殖亲本种子，公社负责组织配制繁殖杂交种，实行公社统一制种供应生产队大田用种，有条件的大队亦可以由大队统一供种；做好“两杂”亲本的提纯复壮，这是提高制种质量，充分发挥杂交优势的重要措施；各地要认真贯彻优质优价，以质论价的政策，提高制种的积极性。地瓜用种量大，种薯不易保存，损失较大，要积极推广栖霞县建大屋窖实行大队统一保种、供种的经验。同时，积极试验地瓜蔓越冬育苗法。河北饶阳县大官厅大队创造了地瓜蔓越冬育苗法，不仅节约了种薯，而且防止了黑斑病的发生；马铃薯利用茎尖培养繁殖无病毒种薯和用实生苗繁殖的方法，可以防止坏腐病、晚疫病和防止马铃薯的退化现象发生；在山东即墨县试验红麻短日照处理，在北方可以开花结果，取得可喜成绩，各地可以多点试办；“高粱蔗”、“甜高粱”杂交培育成功，为我国实现食糖自给，摘掉吃进口糖的帽子，开辟了一条新的途径，各地明年可以试种。

四、全面规划 加强领导

……

当前，形势喜人，形势逼人。在党的十届三中全会的鼓舞下，只要我们认真学习马列、毛泽东思想，深入揭批“四人帮”，鼓足干劲，大干快上，我们种子工作一定会有一个新的更大的发展。各地要积极开展社会主义劳动竞赛，赛思想，赛作风，赛干劲，赛风格，赛贡献。先进单位要再接再厉，更上一层楼，后进单位，要鼓足干劲，急起直追，共同努力，把种子工作搞上去，为加速农业生产的发展和国民经济新的全面发展，为实现“四个现代化”而做出新贡献。

刘锡庚[①]同志在种子公司座谈会上的讲话

（1978年11月9日）

这次种子公司经理座谈会，开了13天，会上学习了中央领导同志对种子工作的重要指示，交流了种子工作的经验，会议开得是好的，今天要结束了。

党中央对种子工作极为重视。中央领导同志对种子工作的一系列重要指示，极大地鼓舞了我们种子战线的每一个同志，感到种子工作艰巨、光荣，想想它在农业现代化中的作用，大有奔头，有干劲。尤其是中共中央1977年49号文件和国务院1978年97号文件，决定成立种子公司，这标志着我国的种子工作进入了一个新的发展阶段。在党中央的关怀下，在各级党委的直接领导和各有关部门的大力支持下，各级农业部门对建立种子公司做了大量工作。目前，全国绝大多数省区市已先后成立了种子公司，尚未成立公司的地方，也在积极筹建。

在这样的大好形势下，召开这次种子公司经理座谈会，具有十分重要的意义。这次会议讨论了种子工作带有根本性的一些问题。例如，大家讨论修改了农林部向国务院提出的"关于加快种子公司建设的请示报告（草稿）"和"关于加快种子公司建设的通知"（代国务院拟的讨论稿）。这两份文件，涉及种子公司的性质、任务、机构设置、人员编制、资金物资、基地建设等方面，都是种子公司建设带有根本性的大事。大家还讨论了"种子法（草稿）"，也就是说种子工作要立法，要用法律的形式把我国种子工作总结起来，形成法规，使大家有所遵循。大家还讨论了"四化一供"的问题，这是涉及今后种子工作发展方向的大问题。因此讲，这次座谈会所讨论的，确实是种子工作中带有根本性的大问题。这些问题讨论好了，弄清楚了，思想认识上统一了，那么就能加快种子工作的建设速度，就能使种子工作在农业现代化的进程中，做出较大的贡献。

在会议期间，杨立功部长和张副部长到会讲了话，普遍反映对今后如何加快种子工作的建设，思路开阔了，认识明确了，信心增强了。归纳起来，有这样几点：加深了对当前农业发展形势的认识，对过去种子工作的成绩，既做了充分的肯定，也指出不适应农业生产发展的状况；明确了成立种子公司的重要性和种子公司发展

① 刘锡庚，1978年至1990年任农林部、农业部副部长，曾兼任中国种子公司总经理。

的方向，弄清了“四自一辅”与“四化一供”的关系，弄清了“四化一供”的基本做法，解除了一些思想顾虑。大家还对今后种子工作提出了很好的意见和建议。但是，由于种子公司才开始建立，缺乏经验，很多问题需要我们在今后工作实践中逐步研究解决。下面，就讨论中的一些问题，讲几点意见。

一、关于种子公司

成立种子公司，是中央对加快农业发展速度所采取的一项重要措施。我们国家的经济能否持久地稳定地高速发展，根本上决定于农业能否高速发展。十年规划规定，1985 年粮食产量要达到 8 000 亿斤，这是一个关系全局的指标。为此，党中央正在考虑作出一系列重大决策。加速种子公司的建设，就是其中的一项。这就是中央领导同志一再督促我们加速成立种子公司的根本原因。

成立种子公司，是总结了我国 29 年来种子工作实践，吸取了农业发达国家的先进经验，也是发展社会主义大农业的客观要求。种子工作中大量的工作属于经济工作。建立种子公司，改变过去单纯依靠行政手段管理经济工作的做法，按经济规律来管理种子工作，这是种子工作的革命，也是组织农业生产的一个大变革。种子公司把良种的产、供、销统一组织到一个专业公司里，密切了种子工作各个环节之间的联系。在专业人员的指导下，进行科学的管理，保证大田生产所用的种子：质量好，纯度高，用量少，成本低，增产大，供应及时。

从以上所讲的说明可看出，成立种子公司势在必行，种子公司的建设速度必须加快。要求目前还没有成立种子公司的省、地、县，至迟在明年第一季度都要建立起来，已经成立种子公司的，要积极开展工作，抓出成效。

关于种子公司的建设，我们要遵照中央领导同志的指示，选派强有力的干部担任种子公司的领导工作，要配备思想好，有干劲，对种子工作热心，具有一定农业科学技术水平和经济管理水平的骨干，组成精干的工作班子。要求技术业务干部占 80%，一般行政干部要控制在 20%以内。种子公司的人员要保证他们有 5/6 的业务时间，希望不要“拆机器，用零件”，妨碍他们的本职工作。值得引起注意的是，在建立种子公司的时候，有的地方安插干部家属、长期病号等。这种情况应该立即制止、纠正。这种做法显然与中央领导同志的指示精神相违背的。

关于种子公司组织建设和业务建设的有关具体问题，在向国务院的请示报告中都提出了明确的意见。我们将根据这次讨论中所提出的意见，进一步修改补充。在国务院未批准之前，仍按 97 号文件精神办事。

种子公司要办成企业，这是中央已经肯定了的，这是方向，也是种子业务能否兴旺发达的关键。因此，我们要加快步伐，把种子公司办成企业。要研究新的生产组织形式和管理办法，要学会办企业的本领，采取积极而又负责的态度，创造条件，逐步把种子公司转到企业的轨道上来。成熟一个，过渡一个。切不可消极等待，犹豫观望。

二、关于“四化一供”

种子生产专业化，加工机械化，质量标准化，品种布局区域化，以县组织统一供种（简称四化一供），这是种子工作上的一次大革命。自从今年6月正定会议筹办“四化一供”试点到今天，只有5个月的时间。从全国来说，也只有12个县在搞试点。这次会上部署明年再搞260个试点（粮食200个，棉花60个）。我们搞试点的目的是，创造经验，培训技术力量，尽快普及大田良种化。虽然我们现在还没有一个比较完整的“四化一供”经验，但是，“四化一供”的试点实行以后，在种子工作上已产生了很大的影响。一致认为种子“四化一供”是我国种子工作现代化的目标，是前进的方向，它符合我国农业生产实际。“四化一供”不是凭空造出来的，它是在“四自一辅”和公社、大队统一供种、县繁社制的基础上产生的。“四自一辅”的种子工作方针，在过去一段时间，对种子工作起过促进作用，但随着农业生产的发展，生产条件不断改善，特别是杂交种的普遍推广，以生产队种子田为特点的自选自繁自留自用，已不能适应形势发展的需要，这就出现了大队供种、公社供种，以至县繁社制等供种形式。我们要十分注意从实际情况出发，种子工作同其他事物一样，它必须有一个由小到大的发展过程，决不能不顾条件一哄而起。目前，就绝大多数地区来讲，工作的重点还是要搞好大队、公社统一供种。大队、公社供种搞好了，就为以县为单位组织“四化一供”创造了条件，铺平了道路。

“四化一供”究竟怎样搞，我们经验还不多，有待于大家在今后的实践中创造。从现在12个试点县的初步摸索中，有这样三件事值得考虑：

1. **要选好试点县。**要选择县委领导重视，种子工作基础较好的县。例如湖南省东安县，是位于广西、湖南交界的一个偏僻小县。湖南省同志说开始选它为试点县时，很多人不理解，认为湖南有很多农业生产搞得好的县为什么不选。后来大家了解到，东安县对种子工作很重视，种子工作基础好。在确定它为试点县之前，这个县由于尝到了良种增产的甜头，在县委的支持下，每个公社已经建立了供种站。确定它为试点县后，县委书记亲自抓，各个部门主动配合，群众发动得好，因而基建工程进度也较快，很快就能形成供种系统，做出成绩。因此，选择像东安这样，领导重视，积极性高，种子工作基础又好的县，国家再给予必要的扶持，就可以比较快地把“四化一供”试点搞起来。

2. **做好规划。**“四化一供”是个新事物，要认真做好规划，外地经验也不能生搬硬套，必须根据本县的自然区划、品种布局、道路交通、供电系统和经济发展条件对基地设置、仓库建设等各个方面作全盘考虑。既要立足于当前，又要照顾到今后。否则会造成很大浪费，耽误时间，影响工作。

3. **逐步发展。**“四化一供”有一个逐步发展的过程。究竟先抓哪一“化”呢？一般地讲，“四化”的重点应放在种子生产专业化和加工机械化上，然后逐步达到质量标准化、品种布局区域化。加工机械化，包括精选处理、烘干、分级、拌药、包装等一整套机械设备。因此，“四化一供”试点上的投资，主要解决机械设备、种子仓库、晒场和必要的交通工具，其他附属设施，能利用的应充分利用，减少投资。在供种问题上，首先是组织供给杂交种、常规种原种和新品种，进而增加数量，扩大范围，逐步做到大田统一供种。总之，“四化一供”有一个由少到多，由低到高的发展过程。我们要不断总结经验，不断提高，不断前进。

“四化一供”是种子工作的一场革命，既要靠各级党委的正确领导，又要发挥人民公社的积极性。一个县的“四化一供”要靠这个县自己的力量来实现，地区和省也是这样。国家只能对一些试点县给予必要的支持。黑龙江省的同志说得好：“一不等，二不靠，四化一供县县搞”，体现了大家来办“四化一供”的革命热情和自力更生的精神。他们试办以县社联办的宾县方式和建立集体所有制中心站、分片供种的通河县方式，正是这种精神的体现。当然所谓“四化一供县县搞”，是指各个县都可以根据自己的情况和条件发挥积极作用。在具体做法上，在工作进展上可以因地制宜，有所不同，而方向是一致的，那就是最后达到“四化一供”。

为了加快“四化一供”试点工作，国家明年将拿出相当大的一笔经费，支持和推动各地把“四化一供”试点县开展起来，以便各省都能取得经验。希望各省使用好这笔经费，收到应有的效果。

我们相信，在中央加速农业现代化的决策鼓舞下，依靠各级党委，依靠广大群众，加上我们从事种子工作同志们的共同努力，“四化一供”工作是一定可以搞好的。

三、关于种子基地

建立种子基地，是种子工作的一项基本建设，是做好种子工作的基础，也是实现种子生产专业化的前提条件。种子基地的主要任务，就是繁殖农作物原种、杂交种亲本、新品种和高纯度的良种，为人民公社培训种子技术人才。农林部和省、地、县各级种子公司一定要有计划、有步骤地建立起各种农作物的种子基地，生产出数量足、质量好的优良种子，以满足大田生产的需要。

种子基地有全民所有制和集体所有制两种形式。全国现有 2 000 多个国营良

（原）种场，耕地200多万亩，是全民所有制的种子基地，主要承担提供原种、杂交种亲本、新品种等任务，一定要把国营良（原）种场整顿好，充分发挥其出良种、出人才、创高产的作用。在讨论中，同志们反映现在各地良种场的供应渠道不通，亏损严重，有的转向成了副食品基地、外贸基地。良种场的职工子女、基建投资、经营管理等方面都存在不少问题，迫切需要进行一次整顿。对良种场所存在的问题，我们在“国营原种场工作条例”修改稿中，已提出了解决的途径。一些必不可少的基本建设，准备给予适当安排，以期分期分批解决。

应该指出，建立种子基地，最大量的还是要靠人民公社，充分发挥其一大二公的优越性。根据目前用种量估算，全国要建立8 000万亩种子基地，才能满足需要。很清楚，国营良（原）种场，甚至加上全部国营农场，也没有那么多的耕地。所以建立种子基地要依靠集体所有制的人民公社。要选择生产条件较好、自然气候适宜、交通方便、技术和领导力量较强的社队。繁育“三杂”（指杂交水稻、杂交玉米、杂交高粱）还要求隔离条件好，适当集中连片。但过于集中，也有许多问题不好解决。比如一个公社内，一般应使繁种制种任务不要影响社员自留口粮。

各级种子公司和自己的种子基地，实行合同制度，各自承担经济责任。为了使繁种、供种、用种三方都不吃亏，要认真执行优种优价，种粮合理折算，奖售化肥和其他经济政策。国家对于国营良（原）种场，要优先装备必要的技术和设施，给予资金和物资保证；对于集体所有制的种子基地，也要在农业机械的分配上给予照顾，帮助培训种子技术人员，可从流动资金中预付的办法解决。

四、关于加强种子队伍建设

随着各级种子公司的建立，种子工作队伍将扩大，人员将增多，工作将出现新的情况。这就要求我们加强种子队伍建设，改变工作作风。只有这样，才能适应新的形势。

前面已经提到，在建立种子公司时，要选择对种子工作有事业心，有干劲，熟悉业务的人员，组成精干的班子。我们希望种子战线的所有同志，刻苦钻研技术，精通业务，认真研究种子工作中的经济管理方法，反对那种滥用行政方式、行政层次、行政便利的作风。学会按客观经济规律办事，讲究经济核算、经济效果、经济责任，用经济手段管理好种子公司。要对现有的种子工作干部，首先是各级领导干部有计划地分期分批轮训，不断提高他们的思想认识水平和业务技术水平。

我们的干部作风，必须提倡实事求是，走群众路线，勤俭办企业的作风，反对按“长官意志”办事，反对“官商”和“衙门”习气。一定要全心全意为农业生产服务，努力为人民公社办好事。

五、关于面上的工作

上面讲的都是明年要抓好的重点工作，但是在抓好重点的同时，也要注意面上的工作。

1. **要抓好良种推广和技术指导。**明年“三杂”推广面积将增加1亿多亩，这关系到明年能不能增加一百几十亿斤粮食的大问题。所以要认真抓好，切实安排好繁殖制种计划，要在提高杂交种子的纯度上狠下功夫。种子亲本不纯，不仅没有杂种优势，甚至会比常规种产粮更低。

在抓好“三杂”推广的同时，要做好常规新品种的推广工作。现在有的水稻新品种产量已超过杂交稻。小麦、棉花更是常规种当家。因此，对新品种要积极进行试种、示范、推广，对现有当家品种要认真做好提纯复壮。

2. **种子加工机械。**目前还是一个十分薄弱的环节，虽然做了一些工作，但成效还不显著。现在，国务院机械化领导小组对种子加工机械已做了安排，我们还必须发挥中央和地方两个积极性，分工协作，组织生产，逐步成龙配套。同时，将引进一些先进的种子加工机械，进行仿制，加快我们机械化的步伐。

3. **抓紧修订各项种子工作的规章制度。**例如经营管理条例，原种场工作条例，品种审定办法，种子检验办法等。最近，党中央和国务院领导同志强调指出，要逐步制订和完善各种经济法律，其中包括种子法。种子法在种子工作上讲是根本大法，希望大家都能参加拟定种子法的工作，共同拟定出种子法，使我们的工作有章可循，有法可依。

4. **做好种子调剂的备荒良种的储备工作。**今年有的地区受灾严重，明年的种子就有困难，从现在起就要抓紧做好种子余缺调剂，保证明年春耕用种。

5. **经营一定数量的种子进出口业务。**现在有不少国家向我们要求提供种子，各地应有计划地安排好出口种子的生产。对国外引进的种子，应进行试种。

做好种子工作的关键一靠各级党委的统一领导，二靠党的政策，三靠公司和基地广大干部和群众的共同努力。我们相信，在党中央领导下，在社会主义建设新时期大好形势的鼓舞下，依靠广大干部群众的积极性和创造性，我们的种子工作一定能够大踏步前进，我们的管理水平一定能够大大提高，为实现国民经济十年发展纲要，为农业现代化，在新的长征中作出应有的贡献！

赵修[①]同志在全国国营原良种场工作会议上的讲话

（1980年8月25日）

一

新中国成立以来第一次召开的全国国营原良种场工作会议，从8月16日到25日在北京召开，共进行了10天，出席会议的代表85人，其中各省区市种子公司的经理28人，国营原良种场书记、场长30人，原良种场业务干部15人，国务院有关部委和新闻单位代表12人。

这次会议是在我国种子工作逐步向"四化一供"方向发展的新形势下召开的。会议过程中，大家交流了贯彻《国营原种（良种）场工作试行条例（草案）》和办好国营原良种场的工作经验，研究了办好原良种场的措施，征集了对试行条例的修改意见，表彰了102个国营原良种场先进集体。大家认为这次会议很重要，通过会议，进一步统一了思想，提高了对种子工作在农业增产措施中的重要地位和原良种场在种子工作中所起作用的认识。更加明确了办场方向，学到了解决问题和改好工作的方法，进一步增强了办好国营原良种场的信心和决心。

目前，我国正在贯彻执行"调整、改革、整顿、提高"的方针，对农业内部结构进行调整，同心同德搞四化建设。发展农业生产，实现农业现代化，当前的主要措施，一靠党的政策，二是靠科学。在推广应用农业科学技术成果中，良种是一项重要的科学技术成果，选育和推广良种确实是投资少、见效快、收益大的农业增产措施。中央许多领导同志对加强种子工作先后作过多次重要指示，中央和国务院早在60年代初期（1962），就曾经发出"加强种子工作的决定"，1978年国务院又进一步作出了成立种子公司，建立种子基地，进行种子"四化一供"试点的决定。各级领导和广大农村干部群众对种子工作的重要性也有了较明确的认识，认为：种子是农业生产中主要的、不能取代的、有生命的基本生产资料，良种是科学种田的物

① 赵修，1979年至1982年任农业部副部长。

质基础。种子搞好了可以直接促进低产变高产，高产更高产。俗语说："母壮儿肥"，"好种出好苗，苗好产量高"。种子建设是一项基本的农业建设。

但是，良种在当地农业生产上增产成效的大小，决定于繁育推广良种质量的高低，我国农作物一年用种量需要300多亿斤，如果都用保证增产的良种，增产效果就是很可观的了。但是，这个任务是光荣而艰巨的，我们没有一套适应我国农业增产特点的良种繁育体系是办不到的。总结新中国成立30年来种子工作发展的经验和近两年来种子"四化一供"试点工作的经验，良种繁育必须根据作物布局和品种区划分级建立相应的种子生产基地，有计划地繁育常规品种和配制杂交种，通过精选加工，质量检验，才能保证大田生产用种纯度高、质量好，生长整齐健壮，获得稳产高产的效果。我们现在的国营良（原）种场，担负着繁育高质量农作物原种和杂交种亲本种子的重要任务，它生产的是基础种子，一般不是直接提供大田生产用种，而是提供给公社、大队种子生产基地继续繁殖和制种，它必须保证纯度高、质量好，否则大田用种的纯度和质量就成了一句空话。国营原良种场是实现种子"四化一供"的骨干力量，是种子基地的基地，也是种子繁育体系中的龙头。只有国营原良种场办好了，有了高纯度、高质量的原种和亲本种子，大田生产才能用上高纯度、高质量的良种，才能真正发挥良种增产的作用，这是很简单、很明白的道理。因此，国营原良种场在良种繁育体系中的地位及其在整个农业生产当中所占地位是十分重要的。

由于种种原因，我国国营良种场事业的发展，经历了迂回、曲折、几起几落的历程。国营原良种场多数是新中国成立初期建立的，当时叫作专县农场，属事业单位；农业合作化时期，担负繁殖良种、增产示范、培养干部、积累资金四项任务；三年困难时期，不少农场变成了机关生产农场；三年恢复时期，中央加强种子工作，经过恢复整顿，改为示范繁殖农场，承担繁殖良种、技术示范、区域试验的任务，明确为事业性质，企业经营，制定了示范繁殖农场的章程草案，场数和规模都有一些发展；这十年，示范繁殖农场又乱了套，有的改为"五七"干校，有的变成机关生产农场，也有的改变了性质和任务，耕地也被挤占，房屋被侵吞，人才被流散，只有一部分坚持了示范繁殖农场的方向。

粉碎"四人帮"以后，国营原良种场随着种子"四化一供"试点工作的开展，有了新的发展。目前，全国90%以上的农业县都有了国营原良种场，场数达到297个，拥有耕地225万亩，职工队伍近30万人，比第一个五年计划期间增加了300多处，30万亩耕地，近10万职工。近年来，一部分省和地区也办起了直属的国营原良种场。各种主要农作物基本上都有专业原良种场。据2 077个场的分类，以粮食作物为主的综合性原良种场1 922个，其他作物的专业原种场有155个，其中棉花场110个，花生场1个，大豆场2个，甜菜场2个，大麻场1个，蔬菜场9个，绿肥场1个，稻麦场19个，玉米场5个，马铃薯场3个，其他场2个。近年来，我们和有关部门共同修订了原国营示范繁殖农场工作暂行条例，由农业、财政、商业三部会签国家劳动总局印发了《国营原种（良种）场工作试行条例（草案）》，其后农业、财政两部又会同中国农业银行联合颁发了《农业三场财务管理的几项规定》。各省区市加强了对国营原（良）种场工作的领导，通过批判“四人帮”，端正了办场方向，加强了领导班子，生产、工作秩序得到恢复和发展，初步建立、健全了必要的规章制度，培训了部分场长、会计和技术人员，提高了繁育原良种和经营管理的水平，在一定程度上改善了生产条件，取得了显著的成绩。据1979年不完全统计：全国国营原良种场繁育农作物原良种5.1亿多斤，比“一五”期间增长了二倍多。其中新品种和提纯复壮的原种有1.53亿多斤，杂交亲本种子1 800多万斤，这就为全国建立1 000多万亩常规品种繁殖基地和300万亩杂交制种田，提供了纯度较高和质量较好的基础种子，对近两年农业大幅度增产作出一定的贡献。同时，不少国营原良种场选育了一批增产显著的新品种，已在生产上推广应用。此外，还为社、队提供了优良种猪21.6万多头，鱼苗6.5亿多万尾，果苗1 480多万株和一些种禽、种羊等，对支援农村集体经济做出了贡献。还提供了一定数量的农副产品，支援了国家建设、市场供应和出口贸易。在搞好繁育原、良种工作的同时，全国国营原良种场职工在极其困难的条件下，自力更生，艰苦奋斗，俭勤办场，积极开展多种经营，改善经营管理，使经济状况有了改善。据1979年1 974个场决算，经济上自给有余的场有824个，占41.7%，以省为单位计算：已有湖北、江苏、浙江、四川等8个省盈余1 265万元，其他各省经营亏损也比前二年大为减少，这对于我们一般规模小、基础差、底子薄、社会性政策性负担大的国营原良种场来说，确实是一个了不起的成绩，是一个很大的进步。它鼓舞着国营原良种场既要繁育好原良种，又不断发展经济争取自给有余的胜利信心。总之，国营原良种场正在向着好的方面发展，形势越来越好。

二

会议通过交流经验，认为办好原良种场的基本经验有以下几点：

（一）统一思想认识，坚持办场方针

粉碎“四人帮”以后，为了拨乱反正，规定国营原良种场实行“以繁育农作物原种良种为主，适当开展多种经营”的办场方针。规定国营原良种场是国家繁育农作物原种实现种子“四化一供”的重要基地，是繁育推广良种的骨干力量。对于这个《条例》，广大原良种场的职工是欢迎的。《条例》颁发后，已有二十八个省区市

先后转发，其中山西、黑龙江、福建、河南、吉林、青海、宁夏等省区，还结合本地区实际情况，由有关部门共同制定了补充规定，解决了一些“条例”中没有解决的问题。为了贯彻《条例》，交流经验，湖南、河北、云南、甘肃等十五个省区市先后召开了国营原良种场会议。与此同时，农业、财政两部和中国农业银行联合颁发了“农业三场财务管理的几项规定”，对于改进原良种场的财务工作起了重要作用。所有这些工作都有利于统一人们对国营原良种场的性质、任务、方针及其在“四化一供”中的地位和作用的认识，大家进一步明确了国营原良种场的首要任务就是为农业生产提供数量多、质量好、品种对路的原种和良种，特别是要把繁育原种放在首位，认真搞好当家品种的提纯复壮和新品种的繁育工作。在人力、物力、财力的安排上，要优先满足原良种的需要，保证按计划完成各项繁育任务，以满足农业生产的需要。同时各地的实践经验教育了我们，国营原良种场单纯繁育种子，不搞多种经营，不广开财源，就会使经济陷入困难境地，必然影响原良种的繁育工作；相反，如果不以繁育原良种为主，而以赚钱为唯一目的，就会背离原良种场的正确方向。因此，原良种场必须在繁育原良种为主、完成繁育原良种任务的前提下，积极发展多种经营，广开财源，增加收入，做到主副业结合，以副养主，才能把经济搞活。国营原良种场在繁育良种方面也应多样化，即除了繁育农作物原良种之外，还要根据需要与可能，搞一些种畜、种禽、鱼苗、果苗等良种，为发展当地农、林、牧、渔生产多做贡献。开展多种经营必须因地制宜，就地取材，发挥优势，扬长避短，一般是发展种植业、养殖业和加工业生产，有条件的场，也可以兴办其他工副业，改变单一经济结构，发展生产，增加收入。开展多种经营要自力更生，量力而行，逐步发展，要安排些贷款给以支持。河北、湖北、四川等省为国营原良种场提供了发展工副业的专用资金，促进了多种经营的发展。实践证明，凡是贯彻了“以繁育农作物原良种为主，适当开展多种经营”这一办场方针的，不但保证和促进了原良种生产，而且国营原良种场生产条件和职工生活也得到了相应的改善，这次会议上表彰的102个先进单位，绝大多数都有这样的好经验。据1979年材料，国营原良种场的工副业产值9 100多万元。约占全年生产总值的34%，这对改善原良种场的经济状况，起了显著的作用。

（二）加强生产责任制，提高经营管理水平

经验证明，采取经济手段，搞好经营管理，建立生产责任制是办好国营原良种场的重要措施。为了正确处理国家与原良种场和原良种场内部的相互关系，调动原良种场职工的积极性，各地在不同程度上恢复、建立、健全了各项经营管理的规章制度。四川、河北、河南、吉林、陕西、福建等省，对国营原良种场实行了财务包干、定额补贴，节余留用，超亏不补的办法，收到了积极的经济效果。国营原良种

场对生产队（组）比较普遍地实行“包、定、奖、罚”制度，如“五定一奖”，就是定产量、定质量、定产值、定成本、定盈利，超产有奖，减产受罚，也有的是“四定一奖”或“三定一奖”。把职工的生产劳动和经济收益紧密地联系起来，把国家、场队和职工个人的经济利益结合在一起，调动了生产队（组）和职工群众的积极性，加强了集体和个人的责任心。有不少国营原良种场还建立岗位责任制，制定劳动定额，物资消耗定额，加强了计划、劳动、财务、技术、物资、机务和产品的管理，建立健全经营管理制度，讲究经济效果，实行经济核算，用经济手段管理经济，大大提高了国营原良种场的经营管理水平。江苏省练湖农场、武进奔牛稻麦原种场、福建省的建瓯县良种场等不断提高经营管理水平，不仅生产发展了，收入增多了，贡献更大了，而且职工的经济生活也有了显著的改善，为我们树立了好榜样。人们越来越清楚地认识到，改善经营管理不是一件小事，而是一件大事，非抓不可。湖南省专门制定了《国营原良种场经营管理办法》，有不少地方也开始注意总结交流原良种场改善经营管理的经验，举办经营管理训练班，提高原良种场领导干部和业务干部的管理水平，对提高原良种场的经营管理水平起了显著作用。

（三）勤俭建设，努力改善生产条件

长期以来，许多国营原良种场发扬自力更生、艰苦奋斗的精神，在国家投资很少的情况下，依靠本场职工，勤俭建设，平田整地，兴修水利，利用本场积累的资金购置农业机械，兴建种子设施，取得了很大成绩。近几年来，中央和地方也从财政、物资等方面给予支持，使原良种场的生产条件，有了一定的改善，不少原良种场经过多年建设，已成为稳产高产的原良种繁育基地。目前，全国原良种场的旱涝保收面积已达 70 多万亩，拥有大中型拖拉机 4 395 台，农用汽车 783 辆，种子仓库 97 万平方米，晒场 220 万平方米，生产用房和职工住房 327 万平方米。近两年，国家每年拨给原良种场的基建投资和周转金 3 000 多万元，地方财政去年用于原良种场的资金也有增加，原良种场的固定资产已达 5.1 亿余元。山西省去年一年新增深井 17 眼，新修水渠 1.1 万多米，蓄水池 5 个，可蓄水 1.9 万立方米，平整土地 5 000 亩，新增灌溉面积 500 多亩，使近万亩耕地改善了灌溉条件，有 30%的原良种场，基本实现了耕、种、收、脱粒、运输等作业的机械化和半机械化。虽然国营原良种场的生产条件逐步得到了改善，但多数原良种场的生产条件还比较差，如旱涝保收的耕地只有 1/3，种子库、职工宿舍、加工机械、仪器设备等严重缺乏，有的场生产条件还不如相邻的公社、生产队。因此，必须重视和加强国营原良种场的生产建设，迅速改善生产条件，以适应繁育原良种的需要。国营原良种场的基本建设项目应列入地方计划。

（四）加强领导班子，培养技术队伍

加强领导班子建设是办好原良种场的关键。几年来，各地对国营原良种场进行了初步整顿，在整顿中调整充实了领导班子，不少场把年富力强，有专业知识和能力的技术干部提拔到领导岗位上来。山西省已有61个场提拔了63名技术干部，进入领导班子，担任书记、场长、副场长等职务，这些同志到职以后，干劲十足，朝气蓬勃，充分发挥了他们的技术专长和业务能力，把国营原良种场的工作提高到一个新的水平。各地在加强领导班子的同时，还重视对技术人员和管理人员的培训工作，通过举办技术人员、财会人员等各种专业训练班，提高职工的技术水平和业务水平，培养了一批又一批又红又专的技术队伍和管理队伍，加强了国营原良种场的种子繁育和经营管理工作。有的已对技术人员进行了技术职称的评定工作。各地的经验证明，凡是办得好的国营原良种场，领导班子和技术队伍都是比较强的，而且是比较稳定的。如江苏泗阳棉花原种场、武进奔牛稻麦原种场、福建省的建瓯良种场、同安良种场等先进单位，领导班子和技术骨干在场的工作时间都在十几年以上，有的已经长达二十多年，他们积累了丰富的办场经验，业务熟悉，热爱本场，热爱种子事业，成了办好国营原良种场的带头人，贡献很大。

三

为了办好国营原良种场，虽然已经做了大量工作，取得了一些成绩，积累了宝贵的经验，但是存在的问题仍然不少。主要是有些地方办场方针不够明确，经营管理制度不健全，多数国营原良种场的生产和生活条件较差，社会、政策性负担比较重，职工的福利待遇偏低，领导班子和技术力量还不适应，这些问题需要我们认真对待逐步加以解决。

（一）发挥优势，继续提高原良种的产量和质量，为种子“四化一供”和农业现代化作出更大的贡献

当前，大田良种不良的现象还相当普遍，这是影响农业增产的突出问题，原因虽然很多，国营原良种场生产的种子数量和质量不能满足大田用种基地的要求，也是一个重要的因素。繁育农作物原良种是原良种场的主业，在任何情况下，都不允许妨害主业。它有极其严格的技术要求，我们应根据各地制定的各种农作物原良种生产的技术操作规程，严格实施。繁育原良种是我们每个国营原良种场独具的技术优势，因为我们的国营原良种场一般都有几年、十几年从事种子工作的历史，造就了一批种子技术队伍，熟悉当地的品种和农业情况，有了一些良种资源和繁育原良

种必需的设施，积累了丰富的种子工作经验，在农民群众中享有较高的信誉，所有这些条件就是我们的优势和长处。因此，繁育原良种最能发挥我们的优势。但是，农作物品种繁多，每个国营原良种场又各有所长，各有所短，这里也有一个扬长避短的问题。一般说来，国营原良种场的耕地少，规模小，家底穷，装备差，这是我们明显的短处。我们如果不因场制宜，因地制宜，以繁育对路的原良种为主，而是像国营农场和人民公社那样，去生产一般农产品，或者像农业科研单位那样，去专门培育农作物新品种，我们就会失去竞争能力，不能发挥自己的优势，不能保证原良种质量。国营原良种场只有坚持搞好良种繁育，不断提高原良种的产量和质量，才能为种子“四化一供”和农业现代化作出更大的贡献。

国营原良种场一定要充分发挥技术业务人员的作用，凡是没有评定技术职称的，要按国家规定，评定技术职称，使他们有职、有权、有责。

（二）按经济规律办事，争取最大经济效益，努力做到自给有余

原良种场不能做到自给有余的状况还是较严重的，以场为单位计算：约占60%；以省为单位计算：约占2/3。虽然自给有余的状况一年好似一年，但是，我们不能以此满足现状。从一些材料看来，国营原良种场之所以出现亏损，主要有两个原因：一是有些场经营单一，管理不善；二是有些场的原良种补贴和政策性等开支没有得到合理解决，有些场是二者兼而有之。对于前一个问题，国营原良种场自身可以解决，有许多场已经解决了。他们的办法是在不影响主业的前提下，积极开展多种经营，不断改善经营管理。后一个问题，《农业三场财务管理的几项规定》中，本来写明了解决办法（七、八两条），福建、山西等省已经这样做了。但是有些地区没有得到落实。据统计去年全国国营原良种场政策性、社会性支出达1 200多万元。还没有落实的地方，要回去向上级党委汇报情况按《规定》贯彻落实。在目前各省实行财务包干的条件下，各级农业部门要主动商请财政部门协同落实。

在实行“包、定、奖、罚”生产责任制度的时候，也可以根据生产需要，组织专业队、专业组，有的责任到组（队），有的责任到人。按照客观经济规律办事，进行经济核算，明确经济责任，讲求经济效果，争取最大经济效益。逐步做到自给有余。

（三）解决具体问题，要因地制宜，注意灵活性

《条例》颁发一年多以来，贯彻执行情况是好的。同时，也提出了许多新问题，这些问题，实际上有的地方已经解决了，我们印发的《种子工作参考材料》（6），就是为了交流这些方面的工作经验。我们准备根据大家提出的修改意见，与有关部

门协商，修订成正式《条例》，争取由国务院颁发。在没有颁发正式条例之前仍要按试行条例（草案）贯彻执行。这里就其中共同关心的几个主要问题，谈点意见。

关于性质和方针。国营原良种场是全民所有制的农业事业单位，办场方针实行“繁育农作物原良种为主，积极发展多种经营”的提法为好。国营原良种场是事业性质，这是毫无问题的，但是要按照企业经营的办法，实行经济核算，努力减少国家补贴，力争经济上自给有余。一定要坚持以繁育原良种为主，完成规定的种子生产任务，在这个前提下，多种经营应积极开展，这是发展经济的客观需要，也可以促进繁育原良种这一主业的发展。原来的“适当”二字容易被误解为束缚手脚的意思。当然，发展多种经营应该因地制宜，量力而行。如果影响完成种子繁育任务，那就偏离了正确的方向。

关于管理体制。我们农业部是由种子局分管国营原良种场的工作。中国种子公司和种子局是一套班子两块牌子，既担负行政任务，又担负企业经营任务。目前看来，这种形式比较符合我国当前的实际情况。黑龙江、河南两省农业局规定由种子公司代行对国营原良种场的业务领导。河北、山西、福建、吉林、湖南等省实际上也由种子公司负责业务领导和管理工作。其中河北省石家庄地区种子公司直接领导县原良种场的业务，效果比较好。国务院 97 号文件规定，种子公司是行政、技术、经营三位一体，对外称公司，对内称种子局，因此种子公司分管国营原良种场的工作，是责无旁贷。国营原良种场是种子公司的重要种子基地，关系密切，这种做法有利于推动生产和经营环节的联合。逐步形成“产、购、销”一条龙。这样的管理办法比较好，但有的地方是多头领导，实际无人负责，各级农业部门应早日研究解决。明确领导关系，以加强对国营原良种场的领导。

关于定型建设。山西、黑龙江提出逐步把良种场定型建设成原种场的规划，定员定编，规定了建设原种场的标准，在任务、规模、基建、种子设施等方面做好定型设置，积极加以实现。山西、河北等省根据农作物布局，对原良种场开始进行重点建设，这些做法，可资借鉴，各省可结合本省农业内部结构的调整和农业生产建设规划做出国营原良种场定型建设规划，先搞些点，要求 1985 年以前，分期分批完成定型建设。

关于自主权。四川省已经有了一个办法见《种子工作参考材料》。各省可以根据当地的实际情况和需要，与有关部门商定自主权的范围。但在发展“种、工、商”联合体的时候，不要改变性质、方针、所有制和隶属关系。

关于干部培训。场长、生产队（组）长，技术干部，财务会计、保管等人员的培训，关系原良种场的前途极大，应由省、地种子公司做出规划，协同有关单位共同搞好培训工作，争取二三年内对现有职工轮训一遍，不断提高他们的业务技术和管理水平。这次会上我们印发了福建省国营原良种场场长训练总结提纲（摘要），他们的做法不错，希望各省在今冬明春抓一抓培训工作，从培训场长抓起，逐步形成定期培训的制度。智力投资，不可吝惜。

关于资金。为了改善国营原良种场的生产和生活条件，各级农业部门在分配农业资金的时候，要考虑国营原良种场的实际困难，把国营原良种场的基建投资、流动资金、事业费补贴等列入同级财政计划，贷款也要列入计划，保证他们必要的生产和生活条件，这对农业增产有重要意义，原良种搞好了，农业才能大幅度增产。

关于福利待遇问题。大家对户粮关系，职工退职退休，子女升学就业，工资福利等问题，反应很强烈，这是可以理解的，这些问题涉及面广，情况很复杂，我们请有关部门参加了这些会议，我们准备把大家的意见集中起来，和他们一起研究解决办法。虽然国家的困难还很多，各有关部门还是给了我们许多支持，最近，国务院以国发〔1980〕212号文件批转了国家农委、粮食部、公安部、民政部四个单位《关于解决国营农业企事业职工户口粮食关系的几个问题的请示报告》解决了一部分问题。有些问题，在福建、山西、河南、宁夏等省区的“补充规定”中，已经有了解决办法，可供各地参考。

最近有的省反映，有的县继续发生擅自改变国营原良种场方向，侵占耕地等无视党纪国法的行为，可按国务院有关规定，向国家检察机关提出，请求严肃处理。

今天就讲这些问题。总之，国营原良种场的形势很好，这次会议也开得很好，相信这次会议之后，各地国营原种场的工作一定会得到进一步发展和提高。

郑重[1]同志在种子标准化会议上的讲话

（1980 年 12 月 3 日）

这个会开得很好。会议进行了种子标准化的学术交流，并且讨论修改种子标准方面的一些规程、办法，解决实践问题。如果说从开始抓种子标准化工作算起，这一次就是第三次会议，这次会增加了学术交流的内容。那天国家标准总局吴伯文副局长说，我国种子标准化工作还处于启蒙阶段。前两次会应该说是属于启蒙性质的，但这次会却是种子标准化工作在理论上、实践上进入了一个新的阶段，正如大会发言的一位同志说的，会议是我国种子标准化工作的一个新的里程碑。种子标准化工作，我们农业部在抓，国家标准总局给了很大支持。这次会议我们与国家标准总局共同召开的。现在我准备向会议介绍一些全国农业生产的情况，讲下面三个问题。

一、今年农业生产的形势

……

第五，农业科技部门的努力，科学种植的水平进一步提高。广大农业战线干部和科学技术人员，不怕苦、不怕累，常年奋战在农业生产第一线，指导、推广先进技术，做了大量的技术培训工作。这方面也包括种子工作的干部、搞种子标准化工作的同志在内。这次会上介绍的典型材料，很多讲到种子标准化工作为农业生产服务所起的作用。

总之，重灾之年能取得这样成就是来之不易的，是广大农村干部和群众辛勤劳动的结果。

二、积极建设现代化的农业

……

---

① 郑重，1979 年至 1982 年任农业部副部长。

三、进一步加强种子标准化工作

标准化是组织现代化生产的重要手段，是科学管理的重要组成部分。农业标准化是组织农业现代化生产的重要手段，是科学管理农业生产的重要组成部分。它随着农业生产的社会化、专业化、商品化的发展，将日益显示出其重要性。因为生产社会化，人们在共同劳动中，在生产建设、科学实验中，在相互交换劳动产品中，需要有衡量事物数量质量和技术要求的共同的统一标准，检验这一标准的方法和程序，以及表达这一标准的共同语言、词汇。否则，在社会经济活动中不仅不能获得应有的经济效果，而且还会造成经济上的混乱。

种子是农业生产的基本生产资料。种子标准化是组织现代化农业生产的重要环节之一，是种子现代化的重要标志。它对提高农产品产量和质量，提高劳动生产率，提高农业经济效益都具有重要的作用。它随着种子生产的社会化，“四化一供”事业的发展，将日益显示其重要性。中央《决定》指出，“在继续搞好大队、生产队种子田和县、社良种繁育场的同时，尽快建立省、地、县的种子生产基地。有步骤地实现种子的生产专业化、加工机械化、质量标准化、品种布局区域化”。为我们指明了种子工作的方向，其中种子质量标准化列为“四化”的内容，是我们广大种子标准化工作者的一项光荣任务。

我和种子局的同志们谈，种子标准化从 1975 年第一次标准化会议算起，已经 6 年了，从 1977 年第二次会后进行实际工作以来也 3 年了。3 年来，各级农业部门、标准部门做了大量的工作，种子标准化工作展开了。第一，提高了种子质量，在一定程度上促进了农业高产稳产；第二，制定和颁发了主要农作物的种子分级标准和检验办法，使种子标准化有了科学的依据；第三，加强了种子繁育体系的建设，为种子标准化提供了良好的基础；第四，开展了种子检验工作，起到了种子质量把关的作用；第五，抓了种子加工机械化，提高了种子质量标准；第六，加强了技术培训，初步形成了一支种子标准化工作的队伍。

这些工作既为当前农业生产服务。保证农业增产，获得经济效益，也为实现种子现代化打下了良好的基础。使农业现代化符合技术经济的要求，促进农业现代化、专业化、商品化、高质量、高速度。这方面取得了一定成就。各级农业部门要做宣传工作，建议新华社、人民日报、农民报等新闻单位，多做报道，要讲种子标准化的经济效益，为现代化服务，对农业生产所起的作用，以取得领导的支持。各级农业部门都要重视农业标准化工作，把种子标准化工作列入议事日程。当前农业行政部门在抓经济立法，种子标准化就是农业经济立法中一项重要内容。

下面我对今后种子标准化工作讲几点意见。

第一，加强种子标准化学术交流和科研，提高理论和技术水平。建立在现代化基础上的种子标准化，这方面，在座的同志是我国第一代的工作者，是开拓者。这次会上在学术交流上有好几篇论文从理论和实践的结合上阐明了很多问题，还介绍了国际上种子标准化的情报。加强学术交流很重要，农业部鼓励开展国内农业院校、企事业间、国际间的学术交流。党和国家的政策是鼓励开展学术交流。近20年国际上发展很快，要借鉴。我们也有很多成就，在国际上有很高的评价，如耕作制度改革等。在种子标准化科研项目上，可搞合同制，也可委托某单位或专家研究某课题，打破部门所有制。大家提出要成立种子标准化学会，可以和全国科协、全国标准化学会及农学会商量，研究筹建。

第二，加强种子分级标准、操作规程和检验办法的立法工作。这是各级农业行政部门应该抓的一项工作，是农业现代化的一项基本建设。各省标准局同志过去给了很大支持，今后继续加强合作。

第三，加强技术培训和种子标准化知识普及工作。建议有条件的农业院校增加种子学课程；现在委托浙江农业大学、山东农学院、西北农学院代培训种子工作在职干部，根据需要可以增加几处，这些是智力投资，很重要。同志们建议，1981年举办种子学研究班，提高种子学师资水平的问题，种子局可以研究一下，进行筹办。为了借鉴国际上种子科学上的成就，也可以约请外国专家来华讲学。再一点是要做宣传工作，普及工作。要把种子标准化工作与其在农业生产上发挥的经济效益联系在一起，进行宣传，这很重要。

第四，逐步建立、健全种子标准化的专业队伍，添置种子标准化所需要的仪器设备。关于装备的问题，要花点钱，逐步装备。大家可以规划一下，掌握情况。现在农业部门往往是国家给点钱，给点外汇，临时抓还抓不起来，结果一耽误，到年终冻结了。所以要做长远规划，在国家拨给资金时，我们就可以按规划办。像国家种子标准化检验实验室，各级种子检验站。种子部门可以有个设想，有个标准的设计。我这个区域内需要供应多少种子，这样的规模应该有怎样的设备，都要做个规划。人员队伍也应该有个设想，逐步来，因为经济发达国家搞农业的人口只占百分之几，而我国高达80%，这是现实。一年、两年不行，几年之后是要搞的，要逐步来搞。因为过去耽误了很多事情，现在国家经济也有困难。我们不要笼笼统统地提出来了。要办的时候，又没有准备好。当然种子标准化工作不能慢慢来，应该抓紧。希望大家闯出一条路子来，像前面体制改革方面举的几个例子一样。要注意调查研究，总结经验，把种子工作搞活。农业部门有一任务是服务嘛！大家有好经验，我们组织交流，这方面潜力很大。种子标准化工作是个新的课题，我也是到会来向同志们学习，上面讲的一定会有很多错误的地方，请同志们批评指正。

朱荣同志在种子加工精选工作会议上的讲话

（1981 年 8 月 14 日）

这次会议我不能参加完了，要赶回去参加太谷核不育小麦协作会。我看了会议的材料，听了大家的发言，很有启发，本来应该后面讲，现只好先讲了。这次会议主要是研究种子加工精选问题，我想结合农业生产方面的一些问题讲三点意见。

一、今年农业生产的情况

今年的农业生产，由于进一步贯彻了党的十一届三中全会以来的方针、路线和一系列政策，总的看来是好的。今年贯彻了中央工作会议精神和 75 号文件、13 号文件精神，还有国务院批转农委关于粮棉挂勾、粮糖挂勾和东北商品粮基地建设的报告，批转农、商两部关于生猪生产和蔬菜生产的报告，以及社队企业的 16 条。由于这些文件精神的贯彻，进一步调动了广大农民和干部的积极性，战胜了今年上半年比较频繁的自然灾害，使今年夏粮获得增产，夏油大丰收，经济作物和多种经营继续发展，畜牧业全面增长，社队企业健康发展。

（一）粮油生产情况

夏粮播种面积 4.3 亿亩，预计总产 1 200 多亿斤，比去年增产 80 亿斤，已超额完成征购任务。早稻 1.6 亿亩，在前两年减少 1 600 万亩的基础上又减少 660 万亩，但单产提高了，预计总产 1 000 亿斤以上，增产 20 多亿斤。中稻和一季晚稻，前二年扩大 1 800 万亩，今年又扩大 300 多万亩，达 1.44 亿亩，今年秧苗壮、栽插早，良种和杂交种面积大，日照多，积温高，除四川严重洪灾，贵州严重干旱外，一般的长势比去年好，预计可以增产。北方秋粮由于春夏季干旱，部分春播推迟，夏播作物晚种，适时种上的有些也缺苗断垄，前期不理想。东北三省前期苗情较好，但 6 月低温，7 月部分受涝，对增产有一些影响。南方双季晚稻 1.6 亿亩还大有可为，今后三个月如无特大自然灾害，全年粮食预计可能增产 150 亿到 200

亿斤。

油料形势很好，全国油菜籽大丰收，播种 5 700 万亩，预计总产 6 800 万担*，增产五成。已入库 48 亿斤，完成计划 147.7%。春夏播油料 7 580 万亩，比去年多 109 万亩。花生、向日葵也有较大的发展，芝麻、胡麻稍微减一点。全年预计可超额完成计划。

（二）经济作物全面增产

棉花播种 7 425 万亩，比计划多 358 万亩，预计总产可达到 5 500 万担，比去年的 5 414 万担增产。今后三个月不下连阴雨，台风不登陆，还可以多收些，也有可能达到 5 700 万担。

糖料，甘蔗和甜菜的总产，预计可能达到 330 万吨，比去年增产 30 万吨。烤烟比去年多种 200 万亩，预计增产 500 万担。茶叶、水果比去年增产，黄红麻、蚕茧与去年持平。

（三）畜牧业继续全面增长

上半年猪存栏 2.98 亿头，比去年同期少 1 500 多万头，比去年年底少 700 多万头。但是出栏提高，出栏 9 000 多万头，比去年同期多 120 万头，头重增 7 斤，出肉量多 8 斤，这样总产肉量还是增加了。现在“卖猪难”的问题，有地方还没有解决，“买肉难”的问题，有些地方也没解决，主要是流通环节方面的问题。现正在研究解决。

大牲畜，六月底达到 9 560.2 万头，比去年同期增加 34.9 万头，增长 0.4%。

绵羊和山羊达到 2.08 多亿只，比去年上半年增加 210 多万只，增长 11.1%。

禽、兔、蜂、奶牛、奶山羊都有较大发展，特别是兔子，兔毛很值钱。农民养兔很积极，把那本养兔小册子都买光了。肉、皮、毛、蛋、奶、蜜蜂等预计全面增长。

（四）社队企业在调整中继续健康发展，预计上半年总产值增长 11.6%，比轻工还要高

总之，今年农村形势是很好的。但今后三个月，旱、涝、病、虫、连阴雨、低温、早霜、台风、寒露风等灾害还是少不了的。我们要进一步加强和完善各种形式的生产责任制，进一步调动群众的积极性，加强责任心，抓好抗灾夺丰收。

---

* 1 担＝50 千克。

二、当前种子工作的形势和任务

（一）当前种子工作的形势很好

1. 三中全会以来党和国家对种子工作越来越重视。 1978年，国务院批转了农林部关于加强种子工作的报告，提出要逐步实现种子“四化一供”。1979年，党中央在《关于加快农业发展若干问题的决定》中，提出当前发展农业生产力的二十五项政策和措施，其中第十四条就是积极选育、引进和推广良种。1980年，国务院批转国家农委关于东北商品粮基地建设座谈会纪要，又强调指出“抓好种子建设，搞好‘四化一供’，对重点产粮县应当积极扶持，提前实现”。

今年6月，国务院第一次授予籼型杂交水稻特等发明奖，新中国成立30多年来，还没有发过特等发明奖，只发过一等发明奖。这次由科委提出来，经国务院批准，给籼型杂交水稻特等发明奖，这不仅是奖励发明，而且对我们搞推广普及工作的同志也是最大的鼓舞。同时授予鲁棉1号一等奖，还召开了授奖大会。特别是把籼型杂交水稻的育成和推广，载入了划时代的历史文献——《关于建国以来党的若干历史问题的决议》。种子工作上了党的历史问题决议，也是头一次。为了今后能够继续保持杂交水稻在国际上的领先地位，决定今年还要召开杂交水稻协作会议。最近国务院领导同志对邓景阳同志关于太谷核不育小麦的报告做了批示，决定8月17日召开太谷核不育小麦协作会议。党中央和国务院的领导同志，最近多次提出发展农业生产，一靠政策，二靠科学。科学投资少，来得快，良种增产最快。邓小平、万里等同志都提出靠科学，来得快的还是种子。我看从中央到地方，对种子工作是够重视的了，当然还有些地方重视不够，关键是我们如何把工作做好，只要把工作做好了，领导就会重视的。

2. 实行多种形式的联产计酬责任制以后，广大农民群众要科学、学科学、用科学的要求越来越迫切。 我看到一个材料，说湖南华容县农业局出的科学种田的小报，二分钱一份，有50%的农户订阅了，很不简单，说明群众迫切需要科学。贵州湄谭、思南等县，大部实行包产到户和包干到户，这些地方的群众要科学，首先是要良种，往往背上大米，走几十里路，用3斤大米换取1斤玉米杂交种子。山西省去年经营种子7 000万斤，比前年增加55%。忻县地区的原平县种子公司，1980年购进杂交高粱种子16.5万斤，只售出12.2万斤，1981年不仅把新生产的30万斤全部售完，而且库存积压的也卖光了，还从外地调入12.4万斤，共销售46万斤，比去年增加224%，种子公司出现了前所未有的门庭若市、兴旺发达的盛况。所以我们要足够估计到群众的生产积极性和对良种的迫切要求，努力做好工作，适应新形势的需要。

3. 种子“四化一供”有了新的发展。1978年开始搞种子“四化一供”，到现在3年多了，中央花了很大力量，拨了较多专款，先后办了123个种子“四化一供”试点县，这是空前的。省、地、县投资办了200多个县。当农村推行了多种形式的生产责任制，特别是包产到户和包干到户时，我们确实有些担心。后来看到农民对良种的要求更加迫切，证明“四化一供”在调整当中没有垮掉，不但巩固下来了，而且有了新的发展。说明我们这次搞的“四化一供”是比较稳当的，做法也是对头的，是适应农村这一新形势的。当然，开始时有些问题我们没说清楚，如“四化一供”和“四自一辅”的关系问题说得就不够清楚。我们搞“四化一供”的精神，是先试点，逐步推广，不可能一个早上就全部实现，而且有一个从少到多、从低到高的发展过程。1977年我们推广了山东栖霞县的大队统一供种经验，以后又总结推广了公社统一供种和杂交种的“县繁社制”、“县繁县制”的经验。“四化一供”就是在“四自一辅”、大队统一供种、公社统一供种、“县繁社制”和“县繁县制”的基础上发展起来的。所谓“一供”，是指由县种子公司组织各方面的力量供应种子，包括公社和大队供种。我到山东、黑龙江省看到的大队供种、公社供种、县社联合供种和县、社、大队联合供种，都是好形式，都发挥了很好的效果。他们都是因地制宜、自力更生搞起来的，形式多样，不搞一刀切。黑龙江省的69个县（市），都不同程度地开展了“四化一供”工作，其中8个县由县统一供种，17个县分片供种，25个县由县、公社联合供种，19个县实行县、社、大队三级联合供种。我看这样搞是很好的，符合当地的实际情况和群众的要求。我到巴彦、呼兰、绥化等县看了杂交玉米制种田，靠生产队自己搞，隔离带有困难，大队搞，也不完全符合要求，所以需要适当集中，连片制种，逐步由生产队过渡到大队供种，然后过渡到公社供种、县社联合供种，这个我看是合乎规律的。常规品种，主要由县供给原种和新品种，大部分靠公社、大队供种，一部分由生产队自己留样，包产到户或包干到户的地方，可以搞种子专业户，有些小品种，农户可以自选、自留、自用。

搞“四化一供”建设，不花钱不行，但要少花钱，要两个积极性。今年钱少了，可能对你们有点好处，步子慢一点，搞得稳一点、细一点，摸索出更多的好道道来。钱多了以后大少爷就来了，我看这是个很大的问题。去年对你们的舆论不少，说试点县建了不少仓库，没有种子放，批评的意见不少，但经过实践说明“四化一供”工作已经取得了显著成效，保证了种子数量，提高了质量，节约了用种量，加快了良种推广速度，有力地促进了大田增产，确是一项投资少、见效快、收益大的措施。不要以为钱少了一点，就是又不重视了，应该看到“四化一供”工作的好形势。

4. 种子公司和原（良）种场的管理水平有了提高。总的来说，我们的管理水平还不高，还是个大问题。据你们的统计材料表明，去年种子公司和原（良）种场，在全国范围内，盈亏相抵后，都是第一次实现了扭亏为盈，这说明只要加强经营管理，按照经济规律办事，是可以做到不赔钱的。前年在湖南东安会议上，大家对扭亏增盈的信心不足，经过两年的实践，走出了路子，增强了办好种子公司和原（良）种场的信心。

1980年全国各级种子公司经营良种36亿斤，比1979年增加8亿斤，供应的良种，一般都达到国家种子质量标准二级以上。经营范围逐步扩大，过去只经营粮食、油料，棉花是后来抓起来的，现在扩大到绿肥、黄红麻和蔬菜等，草种是个大问题，我们不知道草的重要，所以对草种不重视，今后也要抓起来。在良种经营上，各项费用全面下降，平均费用率由1979年的8.2%降低到7.49%，转商率由7.7%减少到4.6%，我看这个变化很好，转商是最头疼的，一转就亏损，等于外贸转内销一样，一转就要赔大钱。全国经营良种盈亏相抵后，净盈2 425万元，这是个很大成绩，当然还有一部分种子公司是亏赔的。我们应该要求每个种子公司做到不赔钱，但赚很多钱，我们也不提倡。我们经营的是生产资料，是为发展农业服务的，不能从农民身上赚很多钱。

目前全国90%以上的县都有了国营原（良）种场，场数达2 297个，耕地225万亩，职工近30万人，我看这个队伍很重要。1980年坚持了“以繁育农作物原（良）种为主，积极开展多种经营”的方针，提供了各种农作物原（良）种5亿多斤。实际生产了7亿多斤，因良种场职工吃自产粮，吃掉了两亿斤，这太可惜了。我们准备向国务院联络组汇报，研究解决良种场职工吃种子的问题，如果不吃掉，就可提供良种7亿斤。由于加强经济核算，提高经营管理水平，全国盈亏相抵后，净盈283.2万元，说明良种场也可以扭亏增盈，这也是新中国成立以来第一次摘掉了亏损的帽子，但是我说这帽子还没有完全摘掉，因为还有相当一部分的场仍然亏损，要继续努力，全面提高。

（二）种子工作与目前形势不相适应

种子工作的形势虽然很好，但是与总的形势要求还不相适应，主要表现在三个方面：

1. 思想上和大农业、大粮食的战略要求不相适应。我们搞种子工作的同志，要认真学习贯彻中央13号文件的精神，从13号文件的战略要求出发。研究我们种子工作如何更好地为大农业、大粮食服务。过去抓粮食，也只抓了水稻、小麦、玉米、高粱，其他小粮食就没有抓。要为逐步改变农业结构服务，为逐步改变人民的食品结构服务，不仅为农业服务，还要为畜牧业发展服务。我们搞种子工作的，不能只考虑人吃的东西，还要考虑牲畜吃的东西，要像重视粮食那样，把牧草、饲料、绿肥种子抓好，把适应畜牧业发展的秸秆和副产品抓好，如解决好油菜籽的低芥酸、低硫代葡萄糖苷问题。绝不放松为粮食服务，同时要大力为发展多种经营服务，为多发展工业原料服务，为多发展商品生产、发展出口商品服务。在继续为高产服务的同时，要为高质量低成本服务，要特别重视为高蛋白豆类作物服务，为培养地力服务，为部分地区人民和少数民族需要的特种作物服务。你们要和农科院合作，研究提高大豆产量、蛋白质含量和固氮量问题，尽快发展大豆生产和其他豆类生产。小孩食用蛋白质高的豆类制品，长得高，发育好，这是关系到我们后代的问题。豆科作物还可以固氮，培养地力。在世界上，60 年代提出了“绿色革命”，现在又提出了 80 年代的“豆类革命”。美国已开始压缩玉米种植面积，重点发展大豆生产。我国野生大豆资源非常丰富，蛋白质含量高达 52%～53%，抗病性能又好。我们要充分加以研究利用。也要研究特种需要的，如北农大选育的“农大 101”玉米，赖氨酸含量高，新疆有个地方患的一种皮肤病，就是缺赖氨酸，吃了“农大101”玉米就见效。还要研究木本粮食、油料植物，如板栗、核桃、柿子、枣子等。我们的思想要进一步解放，才能把 13 号文件贯彻好，才能从中央提出的农业战略思想的高度来指导种子工作，在为 18 亿亩服务好的基础上，大力为合理利用 960 万平方公里国土服务，特别要为 66%的山区生产服务，为 50%以上干旱、半干旱地区的农牧业生产服务，总起来就是要为建立大农业良好生态系统服务。

2. **种子工作和多种形式的联产计酬责任制不相适应。**各种形式的生产责任制发展很快，我们的种子工作如何为各种形式的生产责任制服务，特别是为包产到户、包干到户的生产责任制服务，还未解决。要进一步克服“左”的思想影响，充分认识各种生产责任制还要因地制宜地真正按照群众的要求向前发展，堵是堵不住的。包产到户、包干到户批了多少年，堵了多少年，结果都没有批倒、堵住，老百姓说你们为什么不研究是什么道理，这里有个内在原因，经济规律问题，就是生产关系和生产力相适应问题。我们要承认群众的创造，承认群众的自主权，尊重群众的民主权利，允许群众进行试验比较，不要强迫命令，更不要顶牛，但也不能撒手不管，要加强领导，研究办法，采取措施，满腔热情地做好种子的服务工作。

要研究良种场种子基地建设，繁种、制种、“三圃”制提纯复壮，如何适应各种形式生产责任制的新情况，特别是解决隔离带和技术操作规程问题。要研究种子收购、贮藏、调运、供应如何适应新情况。要研究种子烘干、精选、消毒如何适应新情况。

如何逐步学会使用经济手段，运用合同制，承担技术责任、经济责任，不仅要推广良种，还要传授良法。在新情况下，不仅要懂种子，还得懂植保，懂栽培技术，懂土壤肥料，不然你就不敢签订合同。

种子工作如何适应各种形式的经济联合，保护正当竞争，保护合法经营。有条件的可以搞跨行业、跨地区的联合。上下之间可以搞单项业务联合，也可以搞多项业务联合，还可以合资经营，按股分红。总之要把种子经营工作搞活。

种子公司不仅要与繁种、用种单位或农户密切联系，而且要与技术推广站、植保站、土肥站、农业科研、院校密切联系。同时还要和商业、外贸、粮食、财政、交通等部门通力协作，共同做好种子工作。

既要搞好杂交种，又要搞好常规良种。既要抓好县、公社、大队的统一供种，也要抓好适合“四自一辅”的品种的提纯复壮，还要逐步加强预备种、备荒种的选优、繁殖和储备工作。

3. **领导工作方法不相适应。**要进一步加强领导，改进经营管理，改进工作作风。种子公司、良种场和种子生产基地都要落实生产责任制，认真解决好权、责、利问题，调动干部职工的积极性。怎样才能做到既有自主权，又有责任制，又要和利益密切结合起来，调动积极性，使我们的工作开展得更好呢？完全按我们过去的领导方法，是办不到的。我们一定要走群众路线，要深入调查研究，倾听群众的意见，总结大家创造的经验，逐步加以推广。

（三）当前种子工作的主要任务

第一，按照各地的农业区划和自然资源调查情况，按照13号文件的要求和各省区市的农业生产“六五”计划、十年规划和二十年设想，认真搞好种子工作的发展计划、规划和设想。

第二，认真组织种子公司、良种场等整个种子系统的职工学习六中全会文件，学习《关于建国以来党的若干历史问题的决议》，学习75号和13号文件。同时要进一步组织职工学政治，学业务，学科学，要分期分批组织轮训，结合业务学习，逐步实现革命化、专业化、知识化、年轻化，使我们整个种子系统的在职干部的思想和行动逐步和新形势的要求相适应。

第三，抓好今年秋冬播的良种供应、精选和药剂处理工作。同时要按照新的情况、新的要求、安排落实好繁种基地，普遍推广合同制。要抓好大秋作物和晚秋经济作物繁种完成的情况、制种的情况和提纯复壮的情况，要坚决兑现合同规定的政策。今年有些现场搞得好的，可以组织用种单位去参观，就地签订明年的用种合同。对受灾缺种的地方，要及早调剂解决。对明年春播种子，要早做准备。并结合今冬明春各种形式生产责任制的落实，安排好明年的繁种计划和合同。

三、关于种子加工机械化问题

种子加工机械化是种子“四化一供”的重要内容，是农业机械化的重要组成部分。

（一）种子加工机械化发展很快，效果显著

1975年全国种子工作会议上提出了种子加工机械化问题，实际上我们从1978年才开始抓的。在短短的几年里，由于各级党政领导的重视，各有关单位的支持，农机部是支持的，各省的农机部门也是支持的，种子加工机械可以说从无到有，由少到多，逐步地发展起来了。

目前，已有各种类型的种子精选机5 000多台，从全国来说，当然还是很少的，但这是一个良好的基础。另外还有种子高频处理机700多台，低频电流处理仪850多台，种子烘干机260多台，建造烘干室、烘干房和烘干炕1 400多个。这些机械设备，多数发挥了较好的作用，但也有少数没用起来，主要恐怕是我们工作上的问题。

我们引进了10套现代化种子加工厂设备。其中联合国粮农组织援助的两套，已经建成投产。其他几套，有的也已建成投产，有的正在抓紧施工安装。

全国29个省、市、自治区都有种子加工机械，有6省区市实现了县县都有精选机和筛选设备。精选种子的数量逐年增多，1978年精选种子2亿斤，1979年增加到4亿斤，1980年提高到12亿斤，都是成倍增长。并且涌现出精选种子量达到亿斤以上的省，达到总需种量60%以上的地区，90%以上的县。还出现不少年选种100万斤以上的单机。加工精选的作物种类逐年扩大，已由精选稻、麦、玉米，扩大到高粱、谷子、豆类、麻类和绿肥等。

种子经过加工精选，质量提高，用种量减少，收到了明显的增产效果。精选的种子同精量和半精量播种结合起来，则效果更为显著。

（二）调整期间，种子加工机械、精选烘干的指导思想

要采取积极稳步发展的方针。积极稳步发展，可以把工作搞得扎实一点，更好地为下一步的发展创造条件。所以指导思想以单机为主，小型为主，烘干可以土洋结合。近几年主要搞单机，小型配套逐步来。搞单机，要考虑有利于将来的配套。先买个单机先上，等有条件把两头加上就行了，你们可研究一下。烘干房要研究综合利用。特别要求出厂的烘干机、精选机、精量和半精量播种机，要不断提高质量。有些制造厂的同志参加了这个会，希望保证质量，降低成本，提高效益，做到农民欢迎。我们要深入到社队，为生产队，为生产组，为农户服务，这是个大问题，用什么形式，大家可以研究。随着农业生产的发展，生产责任制的逐步完善，种子的加工精选和烘干工作，要因地制宜、积极稳步地发展。

（三）要制订好发展规划

我们要把种子加工机械化的建设，作为一项重要内容列进农业“六五”计划、

十年规划和二十年设想。我们在搞“六五”计划时，要坚持因地制宜，积极稳步，量力而行。这个期间，主要靠自己仿制，自己创造，走我们中国自己的路子。“六五”计划还是打基础，创造经验，培养队伍，能够创造出一批效率很高、质量很好、成本较低、节省能源的种子加工机械，为“七五”计划较快地发展创造条件。全国计划到八五年，做到县县有精选机，数量达到8千至1万台，这不算多，可以说是积极稳步的。精选种子数量达到50亿斤，也是可以做到的。每个省安装一二套小型的成套设备，可以量力而行，不勉强。研制出蔬菜种子加工机械，逐步扩大加工精选作物种类。

（四）抓好几项关键措施

首先，要加强技术培训，建立一支专业队伍。通过培训、考核，提高机手的技术水平，发给合格的机手证书。实行定额管理，任务到机，责任到人，单机核算，超产奖励，把权、责、利结合好。保持机手的相对稳定，便于技术业务的提高。加强对机手的政治思想工作，并关心他们的生活待遇和劳保福利。

第二，要继续抓好试点，及时总结，做好宣传。有好的现场，要组织参观，让广大干部和群众对加工精选的效果看得见，摸得着，信得过。凡是这样做的地方，就能顺利开展工作。

第三，积极开展代社队加工。建立专业选种队，带机下乡，分片设点，巡回加工的办法很好，既方便群众，又有利生产。

第四，要落实有关经济政策。对种子加工精选中的粮食指标亏损和价格补贴这些问题，有的省已经解决了。在全国没有统一解决以前，各地应主动与粮食、财政等部门协商，采取措施，妥善解决。要合理收取加工费，坚持薄利经营、微利多选的原则。

第五，积极试制、生产、配置种子加工设备。我们要与农机部门和制造厂，紧密配合，通力协作，积极进行技术革新，研制出新产品，走出一条适合中国情况的种子加工机械化的路子来。

最后，希望通过这次会议，把种子加工精选工作进一步搞好，为发展农业生产，实现农业现代化做出更大贡献。

赵修同志在品种审定委员会成立大会闭幕会上的讲话

（1981 年 12 月）

全国农作物品种审定委员会成立大会，今天就要胜利闭幕了，刘瑞龙同志原来计划到会讲话，会前他把他的意见向我们做了交代，他就不来讲了，种子局刘春同志在大会上就种子工作讲了话，我完全同意。同时，有的委员也有很好的发言，而且都印发了材料。

因此，我只简单地讲几点意见，有不妥当的地方请大家指出。

一、谈一谈这次会议

这一次大会开得很好。全国农作物品种审定委员会的委员 179 名，其中科研、教育工作者 91 名，种子部门 53 名，中央有关部局和各省农业厅局长 35 名。人员组成情况表明，全国农作物品种审定委员会是由农业行政领导干部、种子公司、科研教学单位几个方面组成的。几个方面联合起来，拧成一股绳，有利于调动有关方面的积极性，这对于搞好种子工作是十分重要的。这样，才可以从科研到推广、到生产紧密结合，把科研成果变成生产力。

这次大会开了 7 天。选举了常务委员会和主任、副主任；建立了专业组，推选了正、副组长和顾问，讨论了 1982 年工作计划，审议了《全国农作物品种审定试行条例（草案）》；交流了种子科研、区域试验、品种审定、繁育推广等方面的经验。为了适应农业全面发展的要求，全国农作物品种审定委员会常委会第一次会议还决定再迅速筹建烟麻、果茶桑、糖料、药材花卉四个专业组。今后，随着工作的开展，还将根据需要成立其他专业组。关于《全国农作物品种审定试行条例》，委员们提出了很好的修改意见，常委会责成办事机构根据各位委员提出的意见进行修改，然后上报，争取尽快批准下发试行。

成立全国农作物品种审定委员会，有计划地推广良种，这是克服品种多乱杂的有效措施。在成立种子公司后，去年成立了中国种子协会，现在又成立了全国品种审定委员会，这表明，我们的种子工作更加提高、更加完善了。

现在全国已有19个省区市成立品种审定委员会，他们做了大量的工作。但是，还有1/3的省区市没有建立。已经建立的还需要进一步完善，我们全国品种审定委员会也要进一步完善。我相信，这次会议之后，在各级政府的领导下，经过同志们的努力，这方面的工作一定会有个新的发展，取得新的更大的成绩。全国情况不同，地、县级审查小组的建立，由省区市审定委员会报请同级农业行政部门或人民政府根据当地的具体情况决定。

二、种子工作要适应农业发展的形势

新中国成立30多年来，种子工作做出了很大的成绩。据不完全统计，1949年至1979年的30年里，我国先后育成农作物新品种3 000多个，其中25种主要大田作物有2 700多个。世界闻名的杂交水稻就是首先由我国育种家培育出来的，每亩比常规稻增产100斤以上，近五年来累计推广2.5亿多亩，增产粮食260多亿斤。我们有很多好的品种，在生产上起了显著的作用，这里不再一一列举。从这里可以看到种子的重要性，选育和推广良种确实是投资少、见效快、收益大的一项重要增产措施。我代表农业部和品种审定委员会，向战斗在育种、试验、审定、繁殖、加工和推广岗位上的所有同志，表示真诚的谢意，感谢同志们为我国种子工作做出了很大的贡献。

三中全会以来，由于党中央采取了一系列正确的政策，农业出现了一马当先，方兴未艾的大好形势。最突出的是农民的积极性空前高涨，他们认真种地，放心种地，迫切地要科学、学科学、用科学。种地有很多措施，首先是从种子开始，种瓜得瓜，种豆得豆，优良种子和不良种子在产量上的差别是很大的。现在，广大农民迫切需要良种，为了买到好种，他们不怕跑路，不惜花钱，不少地区种子公司出现前所未有的门庭若市的盛况。我们要适应当前这种大好形势。

要适应多种形式的生产责任制的要求。农村实行生产责任制以后，对种子供应提出了新的要求。过去，一般是由社队统一成批的购买种子，现在农户也自己买种。种子公司要方便群众，采取多种形式，把供种工作搞活。要主动宣传品种特征特性，栽培要点，良种良法一起推。好种没有良法也得不到高产，而且还会引起变异、退化。

要适应开展多种经营，农业全面发展的要求。中央13号文件提出“决不放松粮食生产，积极开展多种经营”，这就是我们的方针。我们要认真贯彻执行，树立全面发展的观点，在抓好粮棉油良种的选育推广的同时，认真抓好麻、丝、茶、糖、菜、烟、果、药、杂等各项经济作物的良种选育和推广。在粮食作物中，还要抓好小杂粮的种子。

要适应不同地区的要求。高产地区、中产地区、低产地区，对种子有不同的要求。一些重点开发地区，如黄淮海、黄土高原、三江平原，对种子的要求也不相同，要选育和推广适合这些地区的良种。还要研究商品粮基地和各种经济作物基地，如柑橘基地、苹果基地、茶叶基地、油料基地等的种子工作如何搞上去。

良种培育上，运用遗传和变异自然选择与人工选择的原理，我们采取常规育种杂交优势利用相结合，充分运用现代育种科学技术，如遗传工程等。根据遗传和变异的原理，环境条件的改变，也会使生物体发生变异，给种子生长制造好的条件，就会使它们向好的方面发展。农业增产是一个综合性的措施，必须由栽培、施肥、水、土、植保等相应综合措施相配合，才能发挥良种作用，良种必须有良法才能达到增产的目的。良种从培育到推广都必须由综合措施相配合才行。

三、种子工作的目的

农作物种子工作的目的，就是为农业增产服务。农业要增产，就得有良种。良种的概念，一是高产；二是抗逆性强，抗病虫，抗旱，抗涝等；三是品质好。同时还要纯度和发芽率高。良种也是相对的，有个区域适应性问题。干旱地区、易涝地区、寒冷地区、盐碱地区、瘠薄地区等都应选择相适应的种子。

目前，全国有国营良种场 2 000 多个，耕地 230 万亩，再加上集体所有制的种子基地，全国共有种子生产基地 3 000 多万亩，每年生产种子近 100 亿斤，约占全国总需种量的 1/3。为了从根本上改变品种多乱杂的状况，我们要逐步做到种子生产专业化，使农民都采用种子基地生产的种子。争取到 1985 年，或稍长一点的时间，把种子生产基地扩大到 5 000 万到 6 000 万亩，每年生产种子 300 亿到 400 亿斤。这个要求行不行，请同志们考虑。

四、关于种子“四化一供”

在繁育推广良种中，50 年代、60 年代我们实行的是“四自一辅”。在这个基础上，近几年发展为“四化一供”。实践证明，没有“四化一供”，种子质量就提不高，一个好的品种，搞一二年就混杂退化了。现在，“四化一供”已经取得很大成效。今后，还要进一步发展，逐步做到所有种子都是专业化生产，都经过机械加工，布局都区域化，都统一组织供种，种地的基本上不再自己搞种子。很多农业比较发达的国家就是主要由种子公司供应种子。例如美国有 1 000 多家种子公司，农民都用种子公司的种子。我们各县都有种子公司，一个县算一个公司，也有 2 000 多个种子公司。我们的种子公司，就是要逐步做到“四化一供”。

首先是生产专业化。没有专业化，要搞出好种子是不可能的。生产专业化主要是抓基地。

其次是加工机械化。我们引进了十套种子加工的成套设备作为样机。目前，加工机械应以单机为主，小型为主。现在主要是加工玉米、小麦、水稻，今后要发展到棉花、蔬菜、绿肥、多种经济作物等，全面一点。种子经过加工，不仅增产，而且还节约种子。如玉米，现在每亩下种5～7斤，加工后3斤就可以了，真正精量播种只要一斤半到两斤。我到美国去看过棉花，在种子工作上他们有许多方面走在我们前头，如专业化生产，机械加工，泡沫酸处理，精量播种，播种后不用间苗。在机械化播种、管理、收获方面我们目前还不具备条件，在种子上还是可以学的，专业化生产和机械加工这两条我们可以学。万里同志最近接见外宾时也说过，种子上要学国外的有益经验。

品种布局区域化问题，你们都是专家，我就不详细讲了。

关于供种，要组织各方面的力量。有的经过种子公司经营，有的组织串换，有的联合供种，要采取多种形式。

“四化一供”的重点在县，要一个县一个县的搞。现在已有300多个县。要规划一下，明年搞多少县，后年搞多少县，到1985年搞多少县。有的中央投点资，有的地方投资，有的县里办，兰考县就是县里自己办起来的。今后，要采取多种形式，各方面的力量都调动起来。

关于“四化一供”和“四自一辅”的关系。必须明确，种子“四化一供”是方向，种子工作都要朝这个方向努力，要创造条件逐步做到全面的“四化一供”。同时又要看到，我们是在“四自一辅”的基础上发展到“四化一供”的，“四化一供”还要有一个发展的过程。在没有做到“四化一供”以前，还需要生产队或农户自繁自用。由于我国作物种类繁多，将来，有些小品种，如果供应不了，也可以由生产队或农户自繁自用来作补充。要加强对生产队和农户自繁自用工作的领导，帮助他们把种子搞好。

五、建立和健全良种繁育推广体系

新中国成立30年来，我们已逐步地建立了一套良种繁育推广体系。良种繁育推广体系由各级种子公司，公社种子站，大队种子队，各级种子生产基地，加工厂、品种审定机构和种子检验部门等组成。

种子公司是良种繁育推广体系的龙头。目前，全国各级种子公司（站）2 400多个，3.8万人。公社种子站和大队种子队是集体所有制的，是一支宏大的力量，也是种子公司的一条腿。

各级种子生产基地是良种繁育体系的基础。包括国营良种场、特约基地、公社良种场、大队种子队等。

品种审定机构和种子检验部门还处于初创阶段，有待进一步加强。它们的建立和健全，对于良种繁育推广体系的提高和完善是非常重要的。

区域试验又是品种审选的基础，从我国的情况来看，这项工作应该在农作物品种审定委员会的统一领导和组织下，由种子部门和农业科研单位共同负责，要互相信任，密切协作，认真抓好。

我们的良种繁育推广体系还只是初步建立起来，地区之间还很不平衡。例如，还有少数县没有成立种子公司；有的种子公司的领导班子还不健全，技术力量不足；有的种子公司缺乏必要的种子仓库、流动资金，开展不了工作；国营原良种场的生产条件差，规模小，等等，这些问题，我们要逐步解决，使良种繁育推广体系逐步完善和提高。

六、企业化经营的问题

我所说的企业化，不是说要种子公司立即变成企业，也不是要取消行政、事业经费。种子公司现阶段实行的是行政、技术、经营三位一体的体制，除了搞经营以外，很大一部分力量是做行政管理和技术推广工作。因此，行政、事业费应该照给，不能少。我所说的企业化，是说种子公司要按经济规律办事，主要用经济的办法来搞好种子工作。要解放思想，打破行业和地区的限制，搞联合，搞多种经营，搞种工商。

三中全会以来，种子公司在按经济规律办事方面，做了大量工作，取得了很大成绩。经营管理水平有很大提高。1980 年，全国各级种子公司经营种子 36 亿斤，盈亏相抵，净盈 2 400 万元。这是新中国成立以来第一次摘掉了亏损的帽子。今年的情况更好。但是，这是全国平均数，地区之间还很不平衡。就是盈余的地区和单位，这个成绩也还是初步的，在讲究经济核算、注意经济效果方面，还有许多工作需要我们去做。

多种经营方面，现在刚刚起步。要解放思想，提高认识。多种经营，全面发展，是发展农业的一个指导思想，也应该是种子工作的一个指导思想。公社企业部门搞农工商，畜牧业搞牧工商，种子公司要搞种工商。要搞加工，种子精选后的剩余部分可以搞饲料加工。辽宁省金城良种场，生产西红柿、柿子椒种子后，把果皮和汁加工成罐头，这种做法很好。要搞联合，打破行业和地区的限制。这样，可以用多种经营的收入来发展种子事业，不但不会影响种子工作，而且会有利于促进种子工作发展，种子工作就会搞活，就会有广阔的前途。

七、加强领导

种子在农业生产中的作用很大。在新形势下，广大农民迫切要求良种。党中央和国务院领导同志对种子工作很重视，做了许多指示。我们农业行政部门，一定要真正把种子工作当作重要的增产措施来抓，加强对种子工作的领导。

要加强种子公司的建设。种子公司是在党中央和国务院的指示下建立的。它是采用经济的办法搞好种子工作的好形式。除了经营种子，做买卖以外，还承担着大量有关种子的行政管理和技术推广工作。这样做，是符合中央关于把大量的行政管理工作交给经济组织去办的精神的。我们要对种子公司的性质、任务有个正确的认识，不能一说种子公司就是单纯的做买卖。农村实行各种形式的生产责任制以后，农民更加要求种子公司供应良种，种子公司的担子更重了。因此，种子公司的建设要进一步加强。

要把科研、教学、种子部门几方面的力量组织起来，调动起来，共同搞好种子工作。种子工作是由育种、审定、繁育推广等环节组成的。农业行政部门的责任，是把负责这些环节的有关单位的力量协调好，组织好，拧成一股绳。只有这样，才能充分调动一切积极因素，发挥社会主义制度的优越性，把种子工作搞好，使科研成果尽快变成生产力。我们这次大会，就是一次各方面密切配合，互相协作的大会。我希望，大会以后，我们能相配合得更好，取得更大的成绩。

陈耀邦[①]同志在全国种子总站召开的种子经营管理会上的讲话

——认真搞好种子经营管理工作

（1987 年 8 月 27 日）

一、农业生产要持续稳步增长

今年整个农业形势是好的。从农村经济来讲，是个发展趋势，从种植业来讲，除了糖料以外，粮棉油等主要农作物都增产，形势是不错的。今年灾害多，生产资料供应不足，增产来之不易。去年下半年开始，从中央到地方都为今年的生产发展做了很多工作，包括调整政策，增加投入。在科技推广工作上，今年良种面积扩大很多，其中就有种子部门的功劳。由于这些工作，促使了今年农业生产的进一步增长。但也要看到，今年的生产情况与国民经济发展的要求和人民生活水平提高的需要还不适应；与我们预定的计划相比，也还有差距。我国的粮食生产，如果每年只增加 100 多亿斤，仅能维持上一年的生活水平。目前城乡消费增长非常快，加之我国耕地的后备资源很少，可以开垦的土地少，而人口又不断增长，这对农业始终是一个严峻的问题。从主要农产品来讲，在一个相当长的时间之内，都将是一个紧张状况。起码到 20 世纪末，都将处于紧张的状况下。而且，目前还有相当一部分是贫困地区，几千万人口还没有解决温饱问题，迫切要求改变面貌，改善生活。

应该看到，在目前的生产条件下，要大幅度地提高粮食产量，难度是不小的。按照粮食生产发展规划，到 20 世纪末粮食总产要达到 10 000 亿斤，1990 年必须达到 9 000 亿斤。要实现这个目标，从农业生产的安排和技术上分析，这个目标是可以实现的。例如，扩大复种是有潜力的，南方有 2 亿多亩冬闲田，除一部分不能冬种外，有相当一部分可以冬种。此外增加间套作，扩大种植面积也是有潜力的。在科学技术方面，推广优良品种，扩大杂交水稻、杂交玉米的种植面积，再加上模式栽培，配方施肥、地膜覆盖等栽培技术的推广应用，一年增加二三百亿斤粮食，是

① 陈耀邦，1986 年至 1993 年任农牧渔部、农业部副部长；1998 年至 2001 年任农业部部长。

可能的。其中推广良种具有很重要的作用，希望种子部门为粮食增产多做贡献，为发展经济作物多做贡献，把种子生产、经营搞好。为实现明年的农业生产计划，种子部门首先要抓好今年的种子生产这一关，组织田间检查，搞好收购、加工、贮存，保证明年有足够的、质量好的种子。

二、种子事业要发展

种子事业的发展主要包括三个方面，即优良种子生产、经营数量的增加，种子质量的提高以及经营业务范围的扩大。

1. **优良种子生产、经营量的增加。**目前，通过种子系统的供种量只占全国用种量的百分之十几。当然就全国来讲，供种量不可能达到百分之百。但能不能逐步做到，种子系统的供种量达到百分之五六十，甚至70%，起码做到主要农作物的供种量达到70%以上。这个目标应该是能实现的。所以，在增加良种供应量方面，种子部门是大有可为的，大有文章可做的。增加供种量，要从生产抓起，从基地抓起，要和科研单位、农业院校，育种工作结合，从新品种选育到种子生产抓起。

2. **质量的提高。**广义地讲，质量的提高，一是优良品种种性的提高，一是种子本身质量的提高，还有一个是种子的后处理，包括精选、拌药。这方面的工作与高标准要求相比，还有相当大的差距。现在很多种子公司的种子用大麻袋装，常规种子与群众的自留种子差异不大，所以群众仍喜欢用自留种，不习惯买种子公司的种子。要改变这种状况，必须从提高种子质量上下功夫，做到精选、加工、改进包装，逐步创造条件，使种子公司销售的都是经过系列化处理的商品化种子。

3. **业务范围的扩大。**种子公司的业务范围应该逐步拓宽，除经营粮棉油主要农作物种子外，其他作物种子都可以纳入业务范围内。至于纳入哪些种子，要因地制宜。拓展业务范围，是生产的需要，是群众的需要。对种子公司来说，也是使经营工作搞得更活，得到更多的收入，用来解决在经营粮食作物种子中所存在的价格限制带来的困难的办法。

种子事业有广阔的发展前途。种子公司要大力开拓业务，不要只守着现有的摊摊。值得提出的是，在考虑种子事业的发展时，也不要包揽天下，产生垄断思想。种子公司作为国家的专业性公司，毫无疑问，我们是鼓励的、支持的。种子生产、经营、供应是种子公司的主要责任。种子公司要努力增加供种量，保证种子质量，扩大业务范围，提高信誉，提高竞争力。有的同志经常反对别人垄断，但在反对别人垄断时，自己却要垄断，这也是不对的。我们在讨论修改种子法时，贯穿了这一思想，就是不能垄断。我们不是控制哪个部门能不能生产种子，而是控制种子质量。凡是符合种子生产、经营条件的，种子质量符合标准要求的，就允许干；不符合的不准干。种子事业要大发展有广阔的前途，主力是各级种子公司。从事种子工作的同志眼光要宽一些，要开拓业务范围，发挥主渠道作用，以高质量的种子去占领市场，在竞争中求生存。

三、认真解决种子事业发展中的一系列问题

种子事业的发展，需要解决一系列的问题。

首先，是种子公司的经营业务指导思想。是以服务为主？还是以盈利为主？当然，首先是服务，服务农业，服务农民，不然，国家建立种子公司干什么。这个问题处理不好，是有矛盾的；处理得好是统一的。建立种子公司的出发点是从发展生产着眼的，要通过经营搞好服务，要使经营继续下去，必然要有利润，亏本生意是做不长的，国家也不可能无限期敞开口地补贴，但经营所得的利润应该是正当的，同时这些利润首先要用于扩大再生产，扩大业务范围，搞好服务。种子公司是属于国家支持的主管种子生产经营的单位，由国家投资建设、盖仓库，给流动资金。种子公司经营是手段，服务促进生产是目的，种子公司为农业搞好服务，责无旁贷。绝不能以营利为目的，更不能不择手段，坑农害农。目前种子工作中出现的许多问题，必须引起我们高度重视，切实加以解决，而其中首要的问题是端正经营业务指导思想，纠正不正之风。

第二，政策性问题。种子生产经营，既然是属于商品性生产，又是“保本微利”，必然要有一系列的保护性经济政策。但有两点应该明确：①政策的解决不要只着眼国家的补贴，而应该考虑经济政策的调整，要把种子作为商品来对待，而不是作为产品来对待；②我们有很多工作要干，不要等经济政策解决了再干，而应该在干的过程中逐步解决问题。例如，对待备荒种子贮备，是由种子部门来管，还是推给粮食部门。我认为应该由种子部门来干，这个大前提要定下来。因为粮食部门不可能按品种分别存放良种，遇到荒年只能是打开粮仓把商品粮做种子，这就会把良种推广、品种布局一下子搞乱。所以，种子部门应该承担起备荒种子的贮备任务，再逐步解决贮备条件和经济政策等问题。

在解决政策性问题中，从长远来讲，地方财政有补助，国家有补贴，当然很好。但事业发展到一定程度后，必然出现补贴不够的问题，或者在财政出现困难不能补贴的情况下，就会影响事业的发展。从另一方面讲，在依赖于国家补贴的情况下，往往产生“大锅饭”思想，不注重经济效益，反正亏损了有补贴，领导人也没有责任，这也是不利于事业发展的。因此，我认为既然把种子作为商品，就要按照价值规律，用合理调整价格的方法，来解决经济上的问题。

有关种子经营上的政策，现在有的中央已决定了，有的省贯彻落实了，有的没

有贯彻；有的省内大多数县解决了，有的县没有解决。哪一级没有贯彻落实的，工作就要做到哪一级。有些政策属于全国性的，由中央解决；有的种子是全国调剂的，财政支持要由中央承担；但属于地方性的事，就应由地方来办。所以，在考虑解决政策性问题时，要上下共同努力，分级负责。

第三，管理方面的问题。种子管理一要有法规，二要有机构，人员，包括经费。最近，对种子生产和经营，由我部和国家工商行政管理局联合下达了《加强种子生产、经营管理的暂行规定》。符合规定内所要求条件的，才能发给种子生产许可证、经营许可证，经过检验合格的发给质量合格证，需往外调运的，还要由植检部门签发检疫证。希望各省根据《规定》拟定实施细则和管理办法，使种子法规更加完善起来。有了法规，谁来执法？要有一个种子管理行政机构，或者是行政授权的事业单位。但是，管理必须和经营分开。有同志提出，事业单位也可以搞经营。我们认为在不具备办企业条件的情况下，种子公司采取事业性质企业管理，作为一种过渡是可以的。但当这个机构从事经营活动时，就不能同时具有行政职能。种子行政和企业部门是监督和被监督的关系，而且种子公司和其他经营种子的单位是处于平等的地位，是受行政机构或行政授权的事业单位监督的。所以各省都有一个健全管理机构的问题。机构的健全，允许有一个过渡，包括事业单位承担行政授权的工作，包括公司在一定时期内作为事业性质。但是，从管理角度上讲，种子管理机构一定要健全起来，强化起来，不然，种子混乱状况是无法改变的。

第四，良种繁育推广体系和农业技术推广体系的关系问题。这两个体系要健全起来，这是毫无疑问的。同志们反应强烈的是乡一级综合办站的问题。综合办站，是使农业内部协调配合，做到良种良法一起推。乡一级专业系统的人力很少，把工作分得很散、很细，是不可能的，生产是综合性的，分散也不行，到了基层，都要综合才行。所以，从方向来讲，我们是主张“综合办站，服务经营”的，事实上有很多地方，特别是经济发达地区，综合办站，综合服务，搞得很好。例如，苏南一带的乡一级都是综合办服务站的，供种，供秧，机耕，灌水，植保，农技推广和机电管理，都是统一在乡服务站内，相互之间没有矛盾。同志们谈到综合办站要因地制宜，我是赞成的。综合办站的目的，是加强农技推广工作，包括加强良种繁育推广工作，而不是削弱。在处理这个问题时，有些地方良种繁育推广体系比较完整的，良种工作搞得好的，要充分发挥作用。不能用“共产”的办法，把种子系统已经建的设施进行瓜分，使他们没法工作，因为这对事业不利。所以，我们讲综合办站有个前提，就是要加强我们的工作，把工作搞得更好，而不是要把已经建立的，能够开展工作的种子系统机构搅乱，把他们的工作削弱，我们不主张这种办法。有的同志讲到，现在有的乡里供种站已建立的好好的，一换牌子，人财物都弄到一起，采取简单“共产”的办法，瓜分他们的财产，这当然是不行的。我们应该采取加强的办法。有的地方原来的农技，植保工作很弱，我们可以先在工作上结合起来，同时在设施上、物质上加强这个部分，增强这部分的基建投资，给予一定的经费，安排一定的人员，让他们充实壮大。在一定条件下和种子公司的供种站结合起来，成为综合站，这应该是可以的。另一种情况，对于平地起家，种子系统还没有基层机构，植保、农技推广等也没有，需要新建，那么就统起来综合建站。所以要因地制宜，不要搞一刀切。我在河南看到，有的乡综合站作为种子公司的代销点，以后综合办站，都给大家创造工作的条件，就不会有矛盾。总的来讲，综合办站，是为了加强我们的工作，而不是削弱我们的工作，更不能破坏我们的工作，这是基本点。

综合办站过程中，还要注意国家财产和集体财产的关系，因为乡站也有两种类型，一是国家办的，一是乡集体办的。乡集体办的，不能平调种子系统的国家财产，不能把种子公司的供种站，挂个牌子就弄成了集体综合站，因为有个所有制问题。总之，综合办站是为了加强我们的工作，而不是削弱我们的工作，这是基本出发点。

第五，农业系统内部要搞好协作。现在农业系统内部各有各的摊摊，矛盾不少，根子是利益问题。能不能考虑一个协作的办法，围绕发展农业生产，共同协作。我们要善于找到工作中的共同点，树立协作思想，通过协商、对话来解决矛盾。我们主张“三农合作”，各系统互相协作，这个问题，只要有强有力的组织领导工作，在经济上有适当的政策，是不难解决的。我们都是围绕着发展农业生产而开展工作的，在这个共同目标下，我们一定能团结起来，紧密配合，我相信，只要我们同心同德，齐心协作，我们一定能把工作搞好，一定能打开创新的局面。

陈耀邦同志在《中华人民共和国种子管理条例》颁布实施三周年新闻发布会上的讲话

（1992 年 5 月 14 日）

今年 5 月 1 日是《中华人民共和国种子管理条例》（以下简称《种子条例》）颁布实施三周年。为了深入广泛地宣传、贯彻执行《种子条例》，农业部决定今年 5 月在全国开展《种子条例》宣传月活动，值此机会，我们举行这次新闻发布会，目的是请新闻界的朋友出主意、想办法，发挥新闻媒介的宣传、监督作用，提高全社会依法治种，依法兴种的意识，揭露生产、销售假劣种子，坑害农民，破坏农业生产的不法行为，推动《种子条例》贯彻，加强种子管理工作。

推广良种历来是发展农业生产的重要措施，也是当今科技兴农的第一要素。正因为种子对农业生产所起的特殊作用，种子作为商品进入市场流通，就需要有相应的种子管理法规，规范种子选育者、生产者、经营者、使用者的行为，保证种子质量，满足生产要求，促进农业持续、协调、稳定地发展。

世界上农业发达国家，都十分重视种子立法工作，把良种的选育、鉴定、繁殖、推广和种子的检验、检疫、收购、销售、贮备等方面的管理制度，以法律、法规形式固定下来，并严格执行。1861 年瑞士共和国颁布了世界上第一个种子法令，禁止出售掺杂种子；1869 年英国联邦议会通过法令不准出售丧失生命力的种子、掺杂种子、含杂草率高的种子；1939 年美国颁布了“联邦种子法”，对州际间种子贸易以及种子质量标准作出了法律规定；其他国家如加拿大、阿根廷、意大利、法国、日本等国家也都颁布了种子管理法令。虽然各国规定了不同的种子质量控制办法，但是，立法目的是相同的，就是要保证农业生产能用上高质量的种子。

新中国成立以来，党和国家领导人对我国种子立法工作一直很重视，1962 年李先念同志就向农业部门提出要搞种子法；1979 年中共中央在《关于加强农业发展若干问题的决定》中就指出：“要建立健全种子公司的经营系统，搞好品种审定，早日制定和颁布种子法”；1982 年邓小平同志曾多次提出：“要尽早制定种子法”。原农林部从 1978 年开始起草《农作物种子法（草案）》，1986 年加入了林木种子内容，由原农牧渔业部与林业部一起联合起草《中华人民共和国种子法（草案）》，

1988年国务院法制局通过广泛征求意见，建议改为《中华人民共和国种子管理条例（草案）》，1989年1月20日国务院第三十二次常务会议通过，3月13日国务院第31号令颁布，5月1日开始施行。从此，我国开始有了适合中国国情的种子管理法规，种子工作纳入了依法管理的轨道。《种子条例》对种质资源管理、种子选育与审定、种子生产、种子经营、种子检验和检疫、种子贮备等方面都做出了法律规定，在管理上体现了“放开、搞活、管好”的原则。对良种的生产经营，实行了许可证制度，主要农作物杂交种子为了保证生产用种需要，对生产负责，实行有计划管理制度。同时还体现了国家支持种子事业发展的原则，规定了国家对良种选育、生产、经营和推广，给予优惠，以促进种子事业发展。

《种子条例》颁布实施三年来，各级农业主管部门都做了大量的宣传、贯彻工作。

（一）加强了配套法规建设

农业部相继颁布实施了《中华人民共和国种子管理条例农作物种子实施细则》、《种子检验管理办法（试行）》、《主要农作物杂交种子省（自治区、直辖市）间预约生产、供应管理办法（试行）》、《全国农作物品种审定委员会章程（试行）》、《全国农作物品种审定办法（试行）》、《果树种子苗木管理暂行办法（试行）》等与《种子条例》相配套的部门规章。许多省（自治区、直辖市）制定了地方种子管理规章和办法。初步统计，全国已有14个省（自治区、直辖市）人大颁布了地方种子条例，有4个省（自治区、直辖市）政府颁布了种子管理办法。一些省（自治区、直辖市）为了更好地贯彻《种子条例》，积极会同有关部门制定了具体政策，如黑龙江省农牧渔业厅和财政厅联合制定了《违反种子管理处罚办法》；河南省农牧厅为了解决杂交玉米种子畸多畸少状况，加强管理工作，促进种子生产，与省物价局联合制定了《关于收取种子发展基金和经营种子管理费的通知》。一些省（自治区、直辖市）还根据本地情况，制定了“三证”管理办法、种子作价办法、种子技术转让办法、品种审定办法等配套法规，初步形成了种子管理法规体系。

（二）开展了《种子条例》的宣传活动，提高了广大干部群众依法治种的自觉性

农业部组织绘制了《种子条例》宣传画，印发了《种子条例》单行本，摄制了宣传《种于条例》的电视片《为了大地的丰收》。各省（自治区、直辖市）也做了大量宣传工作，如福建、河南、湖南、湖北、浙江、陕西、辽宁等省都开展了宣传月、宣传周活动，通过举办新闻发布会、座谈会、知识竞赛等形式进行广泛宣传；辽宁、陕西、黑龙江、湖北等省录制了《种子条例》宣传电视片；河南、四川等省

编印了学习《种子条例》辅导材料。一些省（自治区、直辖市）宣传《种子条例》实行三个结合，一是领导和群众结合，领导带头学习，带头宣传；二是农业系统与新闻单位结合，充分发挥新闻媒介作用；三是集中宣传和持久宣传相结合，通过宣传增强了广大干部群众执法、守法的自觉性。

（三）加强了种子管理机构和执法队伍建设

一部分省（自治区、直辖市）建立或恢复了种子管理站，有的省（自治区、直辖市）在种子公司内部成立了种子管理科，配备了专门执法人员。如河南省省、地、县三级都建立了种子管理机构，约有 1/3 的地、县实行了种子经营和管理机构分设；经省农牧厅审查考核，批准了 1 030 名种子管理员，342 名种子质量监督员，350 名种子检验员，初步形成了一支种子管理队伍。

（四）开展了“三证”发放和种子质量监督检验工作

根据《种子条例》规定，种子生产和经营要领取《种子生产许可证》和《种子经营许可证》，销售的种子要有《种子质量合格证》。通过“三证”管理，保证了种子生产、经营秩序，提高了种子质量。如北京市几年来共核发《种子生产许可证》1 000 多份，全市现领有《种子经营许可证》的单位和个人 200 余家，同时还对生产、经营单位的生产、经营条件进行审查，对于条件不合格的单位和个人进行坚决取缔。

为了提高种子质量，各级农业主管部门开展了种子质量抽检工作，起到了监督作用。农业部分别在四川、北京建立了部级杂交水稻、蔬菜种子质量监督检测中心。1990 年受国家技术监督局委托，对杂交水稻种子质量进行了抽检，抽检结果公布后，在全国影响很大，去年又对蔬菜种子进行了抽检。玉米、小麦、油料、棉花等作物种子的质量检测中心正在建设之中。许多省、地、县种子部门也都建成了种子质量监督检验站，开展了种子质量抽查工作，促进了种子质量的提高。

（五）查处了一批违法案件

安徽省农牧渔业厅针对省内种子市场较为混乱，无证、无照经营，假劣种子泛滥的现象，和工商管理机关联合发出了《关于加强种子市场管理，严厉打击违法经营种子活动的通知》。1990 年全省共发生种子案件 219 起，已查处 172 起，没收种子 44.7 万公斤*，罚款 30 多万元。河南省近年来共有 2 312 人参加种子违法案件的调查工作，查处违法案件 1 643 起。去年，陕西、安徽等省的一些单位和个人，

* 1公斤=1千克。

乘缺油菜种之机，倒卖假劣“秦油 2 号”杂交油菜种子。案情发生后，陕西省农牧厅、公安厅、工商局立即发出通知，立案调查，并通知有关省，防止假劣种子继续扩散和下地播种，共查处伪劣种 47 多万公斤，减少了假劣种子给生产造成的损失。

（六）逐步落实了《种子条例》规定的优惠政策，促进了良种推广

《种子条例》规定：国家对良种的选育、生产、经营和推广给予优惠；国营种子生产基地的粮食合同定购任务，依照国家有关规定减免；国家特约种子生产基地的粮食合同定购任务，依照国家收购种子的数量核减；种子储备产生的政策性亏损，由同级财政部门给予适当补贴。通过各级农业部门的努力，使一些优惠政策得到落实，如建立了种子储备制度，仅国家每年落实贮备种子即达 5 000 万公斤，所需周转金由财政部解决一半贴息资金；国家每年拿出 25 万吨化肥用于种肥挂钩。贵州、江苏、新疆等省区也根据具体情况，制定了许多优惠政策。

总之，《种子条例》颁布以来，各级农业主管部门做了大量的宣传贯彻工作，收到了可喜的效果。但是，工作开展得很不平衡，还存在不少问题，如宣传的广度和深度不够，还有相当一部分乡村干部和农民不了解《种子条例》；种子管理机构不健全，种子管理人员不足；各部门间配合不够协调，有法不依，执法不严的现象仍较普遍；一些地方优惠政策得不到具体落实；种子购销合同未能严格信守等。因此，为了进一步全面深入地贯彻落实《种子条例》，促进良种繁育推广，各级农业主管部门要进一步加强依法治种工作。

党的十三届八中全会通过的《中共中央关于进一步加强农业和农村工作的决定》明确指出：“加强农业立法工作，逐步把国家对农业和农村工作的宏观管理纳入法制轨道。已经颁布实施的法律法规，要认真贯彻执行。”当前，全国各地都在加快改革开放步伐，在加快改革开放同时，要加强法制建设。贯彻《种子条例》，加强种子管理，打击销售假劣种子坑农害农行为，是我们各级农业主管部门的一项重要工作。

（一）继续做好《种子条例》的宣传工作

守法必须知法，要提高广大干部和农民的种子法制观念。继续做好《种子条例》宣传工作，是我部“二五”普法计划的主要内容之一。今年五月份全国开展《种子条例》宣传月活动，各地要组织力量，采取多种形式大力宣传，认真贯彻。希望新闻单位给予支持和配合，以提高种子选育者、生产者、经营者和使用者的种子法律意识，自觉遵守《种子条例》，更好地贯彻《种子条例》，真正实现依法治

种、依法兴种。

（二）继续贯彻落实《种子条例》的各项规定

各级农业主管部门要加强种子管理执法队伍的建设。要搞好执法人员培训，提高人员素质。积极会同工商行政、技术监督、物价等部门，落实《种子条例》的各项规定，落实好“三证一照”管理、计划管理、品种管理等制度，加强种子市场管理，严厉打击违法经营活动。做到有法必依，执法必严，违法必究，保护种子选育者、生产者、经营者和使用者的合法权益，促进农业生产发展。希望新闻单位对假劣种子案件给予揭露和曝光，发挥舆论监督作用，使我们的工作搞得更好。

（三）完善配套法规

种子管理工作要适应当前改革开放的需要，农业部和各地都要研究新问题，不断完善配套法规，把改革、开放取得的成果用法律、法规固定下来，建立具有中国特色的种子管理法规体系，做到微观搞活，宏观管好，加快良种推广，促进种子现代化的发展，为我国农业的进一步发展做出应有的贡献。

谢谢大家！

刘成果[1]同志在全国种子管理工作会议上的讲话

（1994年3月30日）

借全国种子管理工作会议的机会，来看看大家。刚才崔世安同志做了会议总结，我都同意。

全国种子战线，包括行政的、事业的、企业的，在种子工作上都做出了很大的成绩。全国农业的发展，各种农作物产量的提高，都凝聚着全国种子战线同志们辛勤的汗水和心血。在这里我代表农业部，向在座的诸位，并通过你们向全国的种子工作者及其家属表示感谢和慰问。

现在，就大家关心的问题讲几点意见。

一、关于体制问题

现在种子体制上下都有不顺的地方。上边不顺很清楚，部里有几摊子，需要通过机构改革、三定，把它理顺。从省里说，有的可能是三摊、有的是二摊，但大多数是“三位一体”。多了不顺，少了也不顺。不顺的原因是政企合一、事企合一。行政、技术、经营三位一体，不符合市场经济发展和国际惯例，在实际运行中也是矛盾重重。所以，从方向上必须改变。种子的执法管理与经营必须分开，好像足球运动一样，当裁判的下场踢球，既是裁判员，又是运动员，人家不服，没权威，裁不好；同时，踢球的也不能集中精力，聚精会神，结果两耽误，管理搞不好，经营也搞不好。

现在种子管理的问题很多。在向市场经济过渡的过程中更需要加强管理，必须首先从体制上解决问题。体制怎样解决？必然要走政企分开、事企分开的道路。什么时候分？这次机构改革就是机遇。既然非分不可，我看还是宜早不宜迟，要抓住机构改革的机遇，促进政企、事企分开。谁来分？属哪一级就由哪一级负责，省一级由省里分，地市级由地市分，县一级由县分，因为编制、财政在地方。做分的工

---

① 刘成果，1993年至1998年任农业部副部长。

作谁来做？我看重要的问题是我们种子部门同志要从大局出发，积极主动地提出切实可行的建议。建议给谁？建议给主管部门，建议给省农业厅，由农业厅再向编委建议，向省政府领导建议，一定要通天，摆到桌面上，让决策者明白解决这个问题的必要性和紧迫性。下决心解决这个问题。同志们要把部里的态度向省厅领导认真地汇报。很可能会出现这样的情况，有些省搞明白了，认识了，问题就解决了；有此省没有认识或认识得迟，也可能得不到解决。我们要尽最大努力争取在这次机构改革中解决这个问题。个别解决不了就错过了机遇。为什么说这件事，这次不说，没部里态度，再解决就难度更大，不知要拖到什么时候，这样会耽误大事的。第一，事实摆着，形势逼着，不分不行。如果糊涂地混下去，三位一体，经理（站长）主要精力必然是抓经营，无法顾及管理，市场又要求加强管理。搞管理利益在经营上，要忽视管理。第二，执法，市场经济是法制经济。现在的体制没办法认真执法，执法中缺少权威性。由于执法不力又造成了管理的放松。《种子条例》之所以无法上升为种子法，其主要原因之一就是没有执法机构。《种子条例》必须上升到法。权威性要少一个台阶，从长远考虑，实在一点好处也没有。目前执行条例就很难办，自罚自，显得很不严肃，很不利于在《种子条例》基础上上升为法。同时，搞市场经济，争取恢复我国在关贸总协定中的缔约国地位，还要与国际惯例接轨。所以，必须有一个明朗的态度，否则，时机就没有了。谁来操作？厅里认识解决了，工作必须提前做，要做很多细致工作。要从大局考虑，问题不解决对全国种子建设不利，种子行业受影响，最终影响整个农业发展。

对种子工作的重要性大家认识可能都很深刻。“一粒种子可以改变世界”，这句话把种子工作的重要性全都说清楚了。种子是种植业生产的母体，种植业离不开种子；种子也是科技进步的载体，科研成果物化到种子里边去。90 年代农业主要靠科技、靠种子。种子是增产的最主要因素，种子潜力大、效益高，没有种子，什么化肥、农药都使不上劲。种子作为特殊的、重要的生产资料，在农业生产发展当中具有十分重要的战略地位。部里研究工作，研究生产时第一位的是种子，研究技术推广第一位是种子，研究科研第一位的还是种子。种子从品种选育到推广使用，都在农业部门，种子搞不好就是农业部门的责任，这个责任推卸不掉。

体制问题有这么个态度，请你们回去汇报。种子体制改革的模式就是政企、事企分开。至于设几摊子是另外一回事。种子行政管理部门要解决行政编制，如果实在解决不了可用事业编制，授予行政职能。规划制订，法规建设，政策制订，还有大量的协调工作，一些服务性工作，检测、鉴定、品审都是行政部门的。分开后种子行政管理肯定能加强，这样整个种子宏观管理上就可以加强了。

二、关于当前加强种子市场管理的问题

种子作为最重要的生产资料要纳入生产资料市场管理中去。现在，国家对农业生产资料市场很重视，都在搞调查、搞检查、搞整顿。化肥、农药市场管理，特别是化肥，国务院领导要有关部门去搞，我们可以参与配合。农药检定所在我们部，我们要协同有关部门去查。种子，我们负有全责，什么责任都不在外面，都在内部。在生产资料市场秩序整顿中，自己首先要整顿好，否则无权说别人。要在管理上下功夫，要先整顿农业部门内部。种子出问题，无论哪个环节都是农业部门的责任。要认识到这是不可推卸的责任，必须认真、自觉地贯彻《种子条例》，带头执行《种子条例》。当前最主要的是要认真贯彻执行国家工商行政管理局、农业部〔1993〕373号文件，认真清理和整顿种子市场。主要工作：一是开展好五月“宣传月”活动；二是认真开展种子执法大检查；三是不定期抽查。发现问题要及时严肃查处，尤其是农业部门内部，不按《种子条例》办事，违反373号文件的，更要从严处理。

三、关于搞活种子公司内部经营管理的问题

诸位既是站长，又是经理，几乎都是双重身份。有政策原因，更重要的是体制问题。从经理的角度来讲，你是企业，就有如何搞活种子公司内部经营管理的问题。据我掌握，种子公司作为企业，真正按企业规范管理衡量，相差得很远。为什么差得远？没有聚精会神地去办企业，未按真正企业要求自己。这也是种子企业经营不理想、不好的重要原因之一。企业的中心工作就是经营。当然种子公司不同于其他经营部门，种子是特殊的商品，和其他的商品不一样，要为农业服务，承担社会责任，要为社会服务。上边给的权力、优惠政策要力争，而且要用好用足，但要以政企分开、事企分开为前提，加大内部改革的力度，按照转换经营机制要求认真转换。要在内部人事制度、分配制度、社会保障制度等方面按企业转换机制，用人、工资、分配、奖金、社会保障等制度要按企业要求建立起来，转换内部经营机制，改造自己、塑造自己、完善自己，调动全员职工的积极性，解放生产力。再就是按现代企业制度去规范自己。在现有基础上，在转换经营机制基础上，建立现代企业制度。怎么建？这方面的书籍、文章及有关材料、资料很多，大家要刻苦认真地学一学，看一看，全国大中型企业正在试点、探索。不要求你们一步到位，但要逐步探索、前进。政企、事企分开为前提，不分开的体制是两耽误，即使未分开之前，也要力所能及地转换机制。目前一些企业仍然是内部吃大锅饭、端铁饭碗、靠

上级，亏损就赖，往政策上推。由于分不开，上面糊涂，也要求不严。这样是难以为继的，要有改变这种现状的紧迫感。

对种子工作未做过多接触，讲一下，供大家参考，关于体制问题，你们回去要汇报。这个事必须办，农业部就是这个态度。

刘江[①]同志在全国农业种子工作会议上的讲话

——积极推进种子产业化，开创种子工作新局面

（1995年9月4日）

这次会议是在党中央、国务院高度重视和加强农业，国民经济稳步增长要求农业有一个新的大发展的形势下召开的。这次会议主要是进一步贯彻落实《中共中央 国务院关于加速科技进步的决定》和全国科技大会、全国农业科技工作会议精神，集中研究农业种子工作，讨论制定《农业部关于进一步加强种子工作的决定》和《全国种子发展95计划和2010年规划》，积极推进种子产业化，开创种子工作新局面。

下面我就加强种子工作讲几点意见。

一、分析形势，认清种子在农业增产中的重要作用

全国共育成40多种农作物新品种5 000多个，粮、棉、油、果、菜、糖等主要农作物的生产用种完成了4～5次大面积更新更换，每次的增产幅度都在10%以上。与新中国成立初期相比，粮食作物的平均单产由69公斤提高到1994年的270.9公斤，增长4.2倍；皮棉单产由11公斤提高到52公斤，增长4.7倍。在耕地面积逐年减少的情况下，粮食作物总产由1949年的2 264亿斤提高到1994年的8 902亿斤，皮棉总产由1949年的880万担提高到1994年的8 682万担。目前我国主要农作物的良种覆盖率达90%以上，种子在农业增产中的贡献份额占到近30%，有力地促进了我国农业生产的发展。同时，种子事业本身也取得了巨大的成就。

一是育种科研已初步形成了体系。目前我国地（市）级以上农业科研机构已发展到1 100多个，拥有一支12万余人科研队伍，其中从事育种工作的专业研究所400多个。新中国成立以来共育成各种农作物品种5 000余个，搜集、整理种质资源35万份以上，其中的27万份经过鉴定存入国家长期资源库，为育种工作提供了

---

① 刘江，1986年至1990年任农牧渔业部、农业部副部长，1992年至1998年任农业部部长。

大量的原始材料。科研育种取得了巨大的成就，特别是杂交水稻、杂交玉米、杂交油菜新品种的选育，有的已经达到了世界先进水平。在育种方法上，植物细胞和组织培养技术已达到国际先进水平，单倍体育种及其应用研究处于国际领先地位，在基因工程和生物工程等方面也已取得较大进展。

二是种子繁育经营服务已有了一定的实力。目前，全国共有各级国有种子公司2 700多家，职工近8万人，其中各类技术人员2.4万人，占职工总数的34%。每年生产良种约50亿公斤，经营良种35亿公斤，占全国总用种量的27%，其中杂交玉米、杂交水稻种子经营量达10亿公斤，占全国用种量的95%。

三是基础设施的建设有了一定的规模。目前全国共建成各级原良种场2 000多个，总面积386万亩，同时还建成了一批高产稳产的种子生产基地，形成了一大批基础条件好、农民素质高、制种质量过得硬的种子生产专业乡、专业村。种子部门的综合生产能力有了很大提高。目前，全国县级以上（含县级）各级种子公司共有各种类型的种子库300多万平方米，可储藏种子22亿公斤，种子加工成套设备近600套，加工单机9 000多台，经营的种子1/2以上得到粗加工。检验仪器近4万台件，国有种子公司经营的种子90%以上经过检验。其他如运输工具、经营门市、办公条件及生活设施等的建设也都已初具规模。

四是规范化的管理已经形成了制度。生产制度方面，从70年代末、80年代初开始，对杂交玉米、杂交水稻、杂交高粱等主要杂交作物的种子生产逐步采用了省级提纯亲本、地级扩繁亲本、县级公司统一配制杂交种，组织统一供种的“省提、地繁、县制”模式。近年来，不少省已采用“省提、省繁”的制度，提高亲本纯度和控制计划外制种。小麦、棉花和常规水稻的种子生产一般采用“三圃”或“两圃”法繁殖原种，由特约乡、村扩繁良种的“县提、县乡联繁联供”模式。在管理制度方面，自1989年国务院颁布实施《中华人民共和国种子管理条例》后，我部根据该“条例”先后制定和颁布了《中华人民共和国种子管理条例农作物种子实施细则》、《种子检验管理办法》、《种子管理员证、章管理办法》、《全国农作物品种审定委员会章程》等部门规章，并有20多个省区市人大或政府颁布了地方性种子管理条例、办法，为各级种子部门强化种子管理提供了法律依据。

五是种子对外贸易和国际技术交流有了新的进展。我国作为国际水稻研究所和国际玉米、小麦研究所的常务理事，多年来与他们广泛开展了品种资源交换、合作研究以及互派学者、培训技术人员等方面的工作。我国作为FAO亚太地区种子项目的成员，已有5个种子公司加入了新成立的亚太地区种子协会。中国种子公司参加了国际种子贸易协会，同40多个国家和地区的100多家种子公司建立了贸易业务往来。各省级公司还与世界范围内特别是欧、美各国种子公司互相访问和进行技术交流，建立种子贸易关系。自1980年我国科学家将杂交水稻转让给美国后，目前已在美国、日本、墨西哥、印度尼西亚、越南、印度等十几个国家试种。

但是，我国目前的种子工作也存在诸多与新形势发展不相适应的地方，亟待改革。

——政事企三位一体的管理体制存有弊端。我国现有的种子管理体制是在原计划经济体制下建立起来的，管理机构以行政区域为单位设置，并且是行政、事业、企业三位一体。这一体制在计划经济体制下对种子管理、推广良种、保证生产用种发挥过重要作用。但是随着市场经济体制的建立，它的弊端也越来越明显：政企合一，一方面使行政执法难以公正，另一方面，搞生产经营的也不能集中精力，结果管理和经营都难以搞好。

——科研与生产经营严重脱节。我国的种子科研与生产经营按两个体系建立，长期处于脱节状态。科研由国家包起来，育种成果无偿提供给种子公司。这种体制，不但国家负担大，而且科研单位也没有动力，结果造成科研经费不足，育种成果少。种子公司缺乏优良新种源，导致许多品种超期服役，混杂、退化现象严重，影响农业生产。

——种子科研力量分散，且在低水平上重复。国家、省、地三级都建有科研院所，上下一般粗，重点不突出，三级科研单位和农业高等院校都搞育种，力量分散。育种理论和方法研究投入力量极少，因此后劲不足。

——种子基础设施薄弱，加工水平低，种子质量不高，统一供种率低，商品化程度不高。有相当数量的种子公司缺乏种子生产、经营所必需的仓库、晒场、加工机械、检验仪器和营业场所。种子加工大部分是粗加工，通过精选、分级、包衣、包装的少，影响种子质量。另外，杂交种一些组合由于使用年限长，种性退化，严重影响产量；常规种，特别是小麦、常规水稻、大豆等种子绝大部分为农民自留种，种粮不分，混杂退化严重，纯度低，质量差。

——种子储备制度很不完善，调控手段乏力。国家种子储备工作薄弱，种子生产受自然灾害影响，时多时少，供需波动大，影响农业生产。所有这些，如不迅速改变，将会影响农业生产上新台阶，影响粮、棉和其他农作物增产目标的实现。

二、明确任务，抓住种子事业发展的良好机遇

从现在起到本世纪末，是我国现代化建设的一个关键时期，国民经济的快速发展和人口的增长对农业发展提出了更高的要求。最近几年，我国国民经济的年增长率都在百分之十几。按照世界各国的经验，农业的年增长率起码要达到4%～5%，才能支撑起工业的增长速度。然而，近几年我国工农业增长速度比达到5：1，产业发展的不协调，影响着国民经济的持续快速健康发展。另一方面，我国每年仅人

口增加一项就需新增口粮100亿斤以上，而近四年，粮食年递增率只有0.4%。从长远看，中国农业面临着人口增加、人民生活改善和国民经济快速发展对农副产品需求的巨大压力，面临着耕地减少和基础条件脆弱等因素的严重制约，确保农产品特别是粮食有效供给稳定增长的任务将十分艰巨。针对这一形势，部里于去年提出了“四个一千”的增产目标，在这一目标中粮棉的增产将主要依靠科技、提高单产来实现。

种子作为农业生产特殊的、不可替代的、最基本的生产资料，是农业科学技术和各种农业生产资料发挥作用的载体，是农业增产的内因。根据部里的规划，在完成新增1 000亿斤粮食中，种子将要承担36%的份额。基于种子在农业增产中的重要作用及目前种子工作存在诸多不适应的地方，今年初部党组决定实施种子产业化工程。通过这一工程，带动整个种子工作的发展。到2000年种子工作的发展目标是：

1. **提高良种在粮棉增产中的作用。**通过选育推广有突破性新品种，提高种子质量等措施，不断提高良种在粮棉增产中的作用，从目前的近30%，力争2000年达到35%～40%。

2. **选育、引进、推广一批优良新品种。**到2000年，选育出一批适于不同生态区域、不同熟制，产量比现有主推品种增产10%以上，并在遗传基础、综合性状、品质和抗性等方面有新突破的粮棉新品种（组合），尤其在“两系”杂交水稻、杂交早稻、杂交粳稻、高产抗病玉米，专用型小麦、杂交小麦、杂交棉花等品种上有新的进展，使主要农作物的主推品种基本上更换一次，良种覆盖率达到95%以上。加快国外引种步伐。针对我国玉米、水稻、小麦棉花等作物遗传基因狭窄问题，有组织地广泛引进种质资源和优良品种。对引进的品种，加快试验、审定，及早用于生产。

3. **提高国有种子公司的供种面积。**到2000年，国有种子公司的种子经营量将由目前的35亿公斤增加到50亿公斤（占全国用种量的比重由27%提高到40%）；供种面积由目前的7.5亿亩增加到10亿亩；小麦、水稻等常规作物统一供种率由目前的20%提高到50%。

4. **提高主要农作物种子纯度。**大田生产用种质量主要指标种子纯度提高5～10个百分点。实现商品种子全部经过精选加工包装，质量达到国家二级标准以上，实行标准包装销售。

5. **节约生产用种数量。**通过种子精选加工、包衣处理，提高种子的质量，节约大田生产用种量20%。

6. **初步形成现代种子产业。**到本世纪末，要初步建立起适应社会主义市场经济体制和产业自身发展规律要求的现代种子产业管理体制，形成结构优化、布局合理的种子产业体系和科学的管理制度，建立一批具有世界一流水平的“育繁推”一体化的现代化种子企业或企业集团。

种子工作要实现以上目标，所承担的任务是艰巨的，但也面临着发展的大好机遇，具备许多有利的条件。

第一，党中央、国务院对种子工作给予了高度重视。邓小平同志早在 1978 年就对种子工作作出过重要指示：“种子很重要，要办好种子公司，在全国组织好这事，每年都用上新种子。要搞好种子公司，几个县或一个县搞一个种子公司，搞种子，繁殖良种。”今年，中央农村工作领导小组在听取我部汇报时，姜春云同志再一次突出强调了种子工作的重要性：“解决农业问题要靠科技，科技的重点又在于种子……农业和粮食的希望在于种子……”这是中央领导同志对种子工作提出的要求和寄予的厚望。国家计委、国家科委、财政、银行等部门都对种子工作给予了积极支持。现在可以说，种子工作有了一个比较良好的、宽松的外部环境。

第二，在新增“四个一千”中，种子大有用武之地。在新增 1 000 亿斤粮食中，玉米需要增 330 亿斤，亩单产需提高 132 斤；水稻增 280 亿斤，亩单产需提高 55 斤；小麦增 260 亿斤，亩单产需提高 75 斤。单产的提高在很大程度上要依靠种子的增产潜力，所以种子在实现增产 1 000 亿斤粮食中是大有作为的。

第三，种子的发展潜力巨大。新品种潜力，目前水稻、小麦、玉米、棉花等作物大田应用品种推广 5 年以上的约占 40%以上，通过筛选和推广一批优良新品种（组合），可增产 10%；杂优利用潜力，扩大杂交水稻 4 500 万亩（其中两系水稻 2 000 万亩）杂交玉米 3 500 万亩，杂交小麦、杂交棉花、双低杂交油菜组合的应用，单产可比常规种提高 20%左右；种子生产潜力，全国每年需要种子 125 亿公斤，通过组织专业化大生产，推广先进的种子繁育技术，种子生产单产提高 10%，便可减少种子生产用地 500 万亩，用于大田生产至少可增产粮食 15 亿公斤；种子防杂保纯潜力，现有的 2.35 亿亩杂交水稻和 2.6 亿亩杂交玉米的种子纯度只有 90%左右，常规种也出现混杂退化，通过防杂保纯，良种更新，产量可提高 5%～10%左右；加工潜力，目前种子粗加工量只有 20 亿公斤，仅占种子经营量的 57%，通过精选加工、包衣、拌药、精播，一是可节种 20%左右，全国可节种 25 亿公斤；二是节工，减少农民拌药、间苗，节工增效；三是包装的种子同时有品种特性和栽培要求，促进良种良法结合，种子精选包衣保证苗齐、苗壮、减少病虫害，可增产 5%左右；统一供种潜力，目前水稻、小麦、棉花等常规种 80%左右仍靠农民自留种，通过统一供种，确保农民用上提纯复壮、经过加工的种子，据测算，统一供种率每提高一个百分点，可增产稻谷 1 亿公斤、小麦 1 亿公斤、棉花 8 万担*。

---

* 1 担＝50 千克。

第四，我部推进种子产业化工作得到了各有关部门的大力支持。国家准备拿出1亿美元，引进包括种子在内的1 000项国外新技术；国家开发银行同意支持种子产业化第一期项目贷款；财政部今年开始实施“科技兴农”计划，新增加了科技兴农经费，主要用于农作物新品种推广。部里今年也准备投入一部分专项经费用于“产业化工程”的实施。只要我们抓住机遇，用好资金，强化措施，努力工作，就一定会使我国的种子事业有一个新的发展。

三、加大力度，积极推进种子产业化工作

今年初，农业部党组从实现“两个一千”的客观需要出发，经过反复研究，决定实施种子产业化工程，以种子加工、包装、统供为突破口，反弹琵琶，从中间环节抓起，带动科研育种和良种良法推广。向中央农村工作领导小组汇报后，得到了姜春云等领导同志的充分肯定和高度重视。随后，我部成立了由三位副部长组成的领导小组和由几个司局组成的种子产业化实施小组。

种子产业化是种子科研、生产、加工、销售各环节有机联系，相互促进，共同发展的一项系统工程。通过改革目前种子体制行政、事业，企业行为不分，良种选育、生产，经营、推广相互脱节的状况，建立现代种子产业良性循环机制和新型管理体制。促进“四个转变”由传统的粗放生产向机械化、现代化大生产转变；由行政区域封闭的自给性生产经营向社会化、国际化市场竞争转变；由分散的小规模、“小全散”的生产经营向专业化的企业集团转变；由科研、生产、经营相脱节向育繁推销一体化转变。通过组织大生产，建立大市场、组建大集团，开展大联合，最终实现种子管理法制化、生产专业化、加工机械化、质量标准化、经营集团化、育繁推销一体化。各级农业部门要增强紧迫感和使命感，深刻理解全面推进种子产业化的目的、意义和作用，充分认识推进种子产业化的必要性和紧迫性。

第一，推进种子产业化是种子管理体制改革的要求。我国目前种子管理体制不顺，政事企合一，育繁销脱节，这种状况如不尽快改变，科研单位育种经费不足与种子公司经营无新品种的矛盾就会日益突出，恶性循环。

第二，推进种子产业化是种子事业发展的要求。农业的发展在很大程度上取决于良种的推广应用程度而我国目前商品供种率还比较低，种子质量还有很大差距。增加供种量和提高供种质量，需要组织大生产、建立大市场、组建大集团、开展大联合，促进科技、资金、市场有机结合，形成现代化的种子产业。

第三，推进种子产业化是实现2000年农业增产目标的要求。推广良种是一项投资少、见效快的增产措施，是农业靠科技的现实选择，是2000年前就能发挥作用的主要措施。

第四，推进种子产业化是农业服务体系建设的要求。良种的繁育、生产、推广、销售都在我们农业部门，实现种子产业化可以做到良种的繁育、生产、销售有机结合，实行统一供种。种子产业化是农业服务体系建设的重要组成部分，是农业服务体系的一大支柱，是我们农业部门办服务实体、开展农业社会化服务、并在服务中增强自我发展实力的重要途径，是我们义不容辞的责任。

第五，推进种子产业化是参与国际竞争的要求。在一些发达国家，种子已经成为一个新兴产业发展起来，他们采用先进的育种技术、信息处理技术、种子加工技术，实行专业化生产、标准化加工、集团化经营、现代化管理，具有很大的经济实力和市场竞争力，都在跃跃欲试，想方设法打入中国市场。如果我国种子产业不加速发展，将在国际种子市场竞争中处于不利地位。

到目前为止，在各地的大力支持和配合下，种子产业化工作有了以下进展：

1. **完成了全国种子加工（精选、包衣）总体规划和布局设计。**按耕地面积、作物种类、种子生产量、加工要求划分不同类型地区，并以实现 2000 年加工种子 50 亿公斤为目标，对全国种子加工布局进行总体规划。按照大、中、小县（农场）的规模，规范了每个县（农场）的统一建设模式，进行标准化设计。根据这一规划，全国种子加工基础设施建设分五年完成。

2. **以加工为突破口，实行“四统一”供种。**部产业化实施小组已经先后召开了部分省农业厅厅长和全国种子站长（经理）会议，重点研究小麦、水稻、玉米、棉花四大作物的种子加工、包装问题，经实施小组先后三次实地考评，重点在 23 省（垦区）组织落实，实行统一质量标准、统一加工要求、统一标志包装、统一标牌销售。今年秋冬种小麦统一供种面积将达到 1.3 亿亩，比去年增加 6 个百分点，包衣面积增加 17%，包装供种面积增加 2 倍；明年水稻、玉米、棉花三大作物种子计划经过精选加工供种量达到 19 亿公斤，增加 50%，包装供种数量达到 6 亿公斤，比去年增加 20%。今后，要求不是工业加工的种子，不是商品化的种子，不是标牌包装的种子，不许上市，不许销售给农民，不许用于生产。部里要求利用 3～5 年时间，使商品种子全部达到加工、包装和标牌化统一供种。

3. **组建中农种业集团，发挥示范带动作用。**为了推动种子科研、生产、经营向集团化发展，组建以中国种子公司为核心企业，农业、农垦系统种子企业、农业科研院校、种用相关工业参加的种子集团，形成育，繁、推、销一体化的跨区域的经济联合组织，发挥示范带动作用，促进种子生产专业化，经营集团化。

4. **争取项目资金，申报了种子产业化第一期项目。**国家计委和国家开发银行非常支持我们的种子产业化工作，拟解决 1.9 亿元项目资金用于第一期项目建设。

5. **抓短平快，挖掘现有良种的增产潜力。**为了进一步加速新品种的推广应用和挖掘现有主推品种的增产潜力，组织 112 个苗头新品种（组合）参加全国统一区试和筛选，安排249个主推品种（组合）的提纯、扩繁，从种源上入手，提高种子纯度和繁制能力，这两项近期就能在生产上发挥增产作用。

为了搞好种子产业化，要重点抓好以下几项工作。

1. 要深化改革，解决种子育、繁、推、销脱节问题。要认真贯彻落实党中央、国务院关于加强科技进步的决定精神，推动种子科研、生产、经营单位的联合和合作。种子生产经营企业要发挥主体作用，把推动科技进步与建立现代企业制度结合起来，引进和培养科技人才，开展科研育种和科技服务工作。同时，主动与科研育种单位进行联合育种，或合资、合作建立育种开发中心，直接投资或回报科研。要积极支持和鼓励科研单位以多种形式进入种子生产经营企业和企业集团，引导具备条件的科研单位成为种子生产经营企业，逐步向育、繁、推、销一体化方向发展。实现人才、技术，资金等要素的联合和有限资源的合理配置，发挥整体合力和综合优势。

2. 要“政企”分开，改革管理体制。市场经济既是开放经济，又是法制经济，市场机制和宏观管理都是不可缺少的手段。目前种子上“一套人马，两块牌子，三位一体”的体制，既不利于种子企业自主经营，建立现代企业制度，也不利于严格执法，加强宏观管理，必须加以改革。不改革就无法适应市场经济发展的需要，就不能与国际市场接轨，就会阻碍种子事业的发展。至于怎么改，总的一点，政、事、企要在机构上分开，在职能上划清理顺，各司其职。政府种子管理机构主要进行宏观管理，不直接干预企业的生产经营活动；事业单位承担规定或委托的事业性业务，不从事种子经营活动；种子公司办成从事良种选育、生产、经营业务的企业法人。

3. 要突出加工，实现商品种子标牌化销售。当前，一些地区、一些作物的良种质量不高，精选、包衣和统供水平低，增产潜力还未充分发挥出来。各级农业主管部门和种子生产经营部门要急农民所急，急生产所需。一方面，建立健全良繁体系，建设良繁基地，开展苗头新品种的筛选、扩繁和现有主推良种的提纯更新，提高良种的推广速度和普及率；另一方面，加强种子加工、包装基础设施建设，狠抓种子精选、包衣和包装工作，提高种子科技含量和商品质量。我认为，我们有能力在“九五”期末实现国有种子公司统供种子全部经过加工、包装，实行标牌销售。今后种子经营企业之间的竞争就是质量的竞争，没有经过加工、包装的种子和质量不高的种子就没有竞争力。这一点，谁早认识，谁就会在市场竞争中掌握主动权、处于有利地位。

4. 要强化管理，切实保护农民利益。最近连续发生几起假冒伪劣种子给农业生产造成损失的案件，种子生产、经营和使用基本都在农业部门，搞好种子管理是我们义不容辞的责任。我们绝不能熟视无睹。我们一直提倡“心系九亿农民”，各地要严格按照《种子管理条例》有关规定，依法加强种子生产经营管理。要加强《种子生产许可证》、《种子经营许可证》、《种子质量合格证》的管理，保证种子市场秩序稳定。要加强种子质量监督，保证农民用种放心。要加强主要杂交作物种子的计划管理，千方百计满足生产用种。要严厉查处生产销售假劣种子违法行为，对经营销售假劣种子案件，不管涉及哪个部门，什么人，都要一查到底，追究责任，决不姑息，保护农业生产，保护农民合法权益。

5. 加强领导，把种子作为一个产业纳入规划和政策之内。农业是国民经济的基础，种子又是农业的基础，各级农业部门要把种子工作提高到全局性、战略性高度来认识，今后要把种子工作的好坏，作为考核各级农业部门工作的标准之一。在制定发展规划和产业政策时，对种子这一基础比较薄弱的产业在基建投资、贷款和税收等方面给予优惠待遇，并在项目资金上给予倾斜。各地也要大力扶持种子事业的发展，加速建立现代化种子产业。各级农业主管部门要建立领导班子和工作班子，按照建立现代化种子产业的总体思路和具体要求，搞好规划，制定措施，精心组织，多方协调，及时解决工作中的具体问题（如政、事、企分开后的人员编制、事业费和执法办案经费等）。

同志们，在20世纪与21世纪的交接点，种子科技水平、生产经营水平将达到一个什么样的高度，不仅直接影响到农业乃至整个国民经济发展目标的实现，而且将决定种子产业自身在下个世纪竞争发展中的命运。时间紧迫，机遇难得，让我们在以江泽民同志为核心的党中央领导下，在各有关部门的大力支持下，进一步解放思想，更新观念，抓住机遇，深化改革，加速种子产业工程建设，努力开创种子工作新局面。

刘成果同志在全国农业种子工作会议上的讲话

（1995年9月6日）

这次为期两天半的全国农业种子工作会议今天就要结束了，会议期间，姜春云副总理到会作了重要讲话，刘江部长就实施种子产业化工程做了报告，山东、辽宁、江苏、山西、中国农科院花卉蔬菜所等八个单位作了典型发言，大家重点分析研究了我国种子工作所面临的新形势、新任务以及实施种子产业化工程的目标和措施，讨论修改了《关于进一步加强种子工作的决定》和《种子发展九五计划及2000年规划》等会议文件。这次会议时间不长，但收效很大。一是形成了共识。大家认识到，农业要上，就要抓科技；抓科技，就要抓种子。代表们反映，这次会议使大家认识明、方向清、决心大。二是理清了思路。按照产业化的路子抓种子，非常明确、清楚，这符合市场经济发展的要求和产业发展的规律。三是明确了种子产业化建设的目标。即到2000年，种子体制、机制、生产、加工、统供、节种和商品化应达到一个什么样的水平，很具体，很明确。今后五年的种子工作就是要瞄准这个目标。四是选准了起步点。种子工作环节很多，从哪里抓起？我们选择了以加工、包装和统供为突破口，反弹琵琶。这是因为在这个环节有潜力可挖，而且短平快，从这里入手，还可以带动两头。当然，还有一些具体问题，如种子收购资金、税收储备、风险基金和执法主体等，这次会上研究不够，有待会后与有关部门协商解决。总之，大家认为，这次会议开得很及时、很成功，增强了紧迫感、使命感、责任感，坚定了建设现代化种子产业、推动农业再上新台阶的信心和决心，必将对推动我国种子事业和农业的进一步发展产生重大作用和深远影响。

下面我就贯彻落实这次会议的精神讲几点意见。

一、要把会议精神领会好

这次会议的主题是创建种子工程，推进种子产业化，要明确种子产业化的基本内容和总体思路，正确理解种子产业化的目的、意义和作用，搞清会议的主题、目标、思路和启动点。只有这样，才能掌握会议的精神实质，回去汇报和贯彻时才能抓住纲。种子产业化重点要解决存在问题的那四句话（即大田用种“多、乱、杂”，种子经营“小、散、低”，机构设置“政、事、企”不分，“育、繁、推、销”脱节），最终实现姜副总理提出的“五化”，所以要把种子工作的重心放在提高商品种子数量、质量和科技含量，扩大良种覆盖面和市场占有率上。这是种子产业化工作的一个衡量标准。

二、要把产业化工程规划好

种子产业化是一项系统工程，所以各地要统筹规划，整体要有一个布局和设计。各地的具体情况不尽相同，各作物的特征、特性又不一样，因此，搞种子产业化也不能一刀切、搞一种模式，各地要从当地的实际情况出发，制定总体规划，要把种子产业化工程的目标落实到种子选育、生产、加工销售的各个环节，落实到作物，落实到年度，落实到项目，要有可操作的实施方案和具体措施，分阶段、分步骤组织实施，狠抓落实。各地在规划中一定要注意充分发挥农垦系统规模大、技术力量强、组织化程度高等优势，纳入当地种子发展的总体规划，农垦部门本身也要积极主动地去参与，去配合，去争取。

三、要把“四统一”供种安排好

根据种子产业化的总体思路，从今年开始在主要农作物上逐步实行“四统一”供种，即统一质量标准、统一加工要求、统一标志包装、统一标牌销售。各地要加大工作力度，确保今秋明春“四统一”供种有大的突破，在生产上见效，使农民受益。一是今秋小麦“四统一”供种计划，各地要扎扎实实地落实，除试点县（农场）外，非试点县和农场也要积极开展这项工作，努力扩大统供面积。二是明年水稻、玉米、棉花统一加工、包装、供应的种子安排好。三是为明年进一步扩大统供面积，安排好制种、繁种工作。

四、要把项目资金使用好

今年，在各有关部委的大力支持下，我部在种子产业化方面重点安排了一些项目，投入的资金比往年多，如种子产业化一期建设项目、科技兴农计划中的良种筛选、扩繁及其相关技术推广项目、种质资源保护项目、棉种泡沫酸脱绒和包衣项目等，这些项目的目的都是为了尽快拿出高质量的种子来，实行加工包装和标牌销售。产业化一期项目就是要搞加工包装，种质资源保护就是对亲本和原原种进行保纯和扩繁，资金不准挪做他用。种子产业化一期项目要按照填平补齐的原则，选准突破口，用在刀刃上，真正拿出成果来，就是拿出标牌化的种子来。资金使用要见效益，要有借有还，部里在项目安排和资金投向上要坚持择优、效益和信誉的原则，不搞平均主义。各省在选项时也要注意这些原则，要按照这次会议的精神和要求及早做好明年项目的准备工作。在此强调一点，一期种子项目的贷款，一定要千方百计按要求还款，不要影响二期项目和其他项目的安排。对不按期还贷的，今后一律不再安排其他项目。

五、要把种子市场管理好

各级农业部门和种子管理部门要从源头管起，严格种子生产经营的“三证”管理和计划管理，层层把好“三证”发放关，要将“三证”发放和跟踪监督管理结合起来，要会同工商行政部门对现已发放的种子经营许可证进行一次检查，对不符合规定和要求的，要坚决收回吊销。今后，对申请经营种子的单位要严格按规定进行审核，达不到条件的，坚决不能发证，谁为不符合条件的单位发了证，出了问题，谁就要负法律责任。不这样做，市场就会混乱，假种子就制止不了。加强种子质量管理，首先省级种子质量监督检验站要建立健全起来，负责其本省种子质量管理责任。建立种子质量认证制度，发挥国家监督检验职能，是一个有效的质量控制办法，有条件的省可以先搞起来。种子部门要制定国有种子公司种子经营行为规范，督促国有种子企业把好种子质量关，发挥种子经营的主渠道作用，首先要树立主渠道的信誉，管好自己才能管好社会。各级种子管理部门对销售假劣种子案件，一定要严肃查处。

六、要把会议精神贯彻好

各省代表回去后要将会议精神和自身体会结合起来，形成一个提纲，全面、系统地做好汇报传达工作。参加会议的厅（局）领导首先要向厅（局）汇报，在此基础上拿出贯彻落实意见，向省政府汇报，建议省政府召开一次全省种子工作会议，贯彻落实这次会议精神。各省农业厅（局）要有领导亲自抓，要有一个工作班子具体抓，全面落实各项工作。

刘成果同志在农业种子管理工作电话会议上的讲话

——认真贯彻农作物种子生产经营管理办法 彻底整顿种子生产经营秩序

（1996 年 5 月 3 日）

日前，农业部和国家工商行政管理局联合发布了《农作物种子生产经营管理暂行办法》，今天，又共同召开种子管理工作电话会议。下面我代表农业部讲几点意见。

一、充分认识种子管理工作的重要性，增强紧迫感和责任感

人大新近通过的国民经济和社会发展“九五”计划和 2010 年远景目标纲要中要求“突出抓好种子工程”。李鹏总理在去年中央经济工作会议上又特别强调进一步加大种子管理力度。在各级党委、政府的领导下，在各级农业部门的努力和有关部门的大力支持下，实施种子工程，加强种子管理工作取得了新的进展。

统一供种数量增加。农业部制定了种子工程总体规划，明确实施种子工程以加工为突破口，得到了各地的重视和响应。去年秋播开始，各地狠抓种子加工、包装工作，统一供种数量有了明显增加。去年我部在山东、江苏等省建立了 28 个小麦种子产业化试点县，突出抓好小麦加工、包衣、包装供种，起到了示范带头作用，推动了全国小麦统一供种工作，全国小麦统一供种数量较上年增加了 8 个百分点。杂交水稻、杂交玉米种子加工、包装供种工作也得到重视，初步统计，使用中国种子集团公司“中字牌”商标包装供种量就达 1 亿多公斤。

种子工程建设项目开始启动。农业部制定了种子工程总体方案，已上报国家计委。目前，进入论证和准备项目建议书及分步实施阶段。种子工程得到了有关部门和各级政府的支持。世界银行种子商业化项目已进入实质性的谈判阶段，种子工程一期八个重点项目已通过国家开发银行的评估。

查处了一批假劣种坑农案件。湖南省委、省政府查处汝城假稻种案件不手软，省纪委、监察厅、农业厅等部门联合组成专门调查组进行了认真调查，查清了案件发生的原因，对原县委书记、县长、农业局长、植保站长、种子站负责人等有关责任人员给予了党纪、政纪处分，并通报全省，引以为戒。该案的4名直接当事人已由公安机关逮捕，将依法予以严惩。安徽省1995年共查处假劣种子97.25万公斤，罚款103.98万元，种子案件中被罚人员1 028人，其中行政处罚1 008人，刑事处罚20人。河南省人大组织了对种子法规贯彻、执行情况检查评议活动，推动了各级政府和农业部门依法治种、依法行政工作。吉林、江苏、湖北等省去冬统一组织杂交玉米、杂交水稻种子到海南鉴定，对质量达不到国家标准的种子进行公开处理，吉林已查封和责令转商质量不合格杂交玉米种子300万公斤，有效地防止了假劣种子上市、下地，保护了农民利益不受危害。据不完全统计，去年秋收以来，湖南、湖北、河北等16省共查处假劣种子案件1 900多起，假劣种子500多万公斤。

实行政企分开，提高了种子管理权威。到目前为止，全国省级种子管理站与种子公司分开，经营与管理分设的有吉林、内蒙古、山西、湖南、广东、海南、甘肃，上海、贵州等省区市；沈阳市政府批准农业局设置了种子处和种子稽查大队，加强了种子管理机构和种子管理队伍建设，提高了农业部门种子管理执法的权威。

健全和完善种子管理办法。在国家和省颁布种子管理条例的基础上，一些省又制定了新的具体管理办法。江西、湖南、内蒙古、辽宁、安徽、陕西等省农业厅和工商行政管理局联合下发了关于种子市场管理的通知，提出了规范种子市场的具体措施。安徽、湖北、湖南、辽宁、山东、山西、吉林、江苏、四川、广西、天津等省区市制定了有关“三证”的管理办法。

种子质量有所提高。据国家技术监督局去年第四季度组织的玉米、水稻、棉花种子抽查，合格率和纯度、净度等指标平均数较上年提高，玉米种子纯度在90%以上的样品比率由上年的31%上升到45%，提高了14个百分点，净度合格率87%，比上年提高了6个百分点，水分合格率77%，提高了20个百分点；棉花种子合格率60%，提高了10个百分点。

但是，当前种子管理工作力度仍然不够，存在的问题还较突出，形势不容乐观。

一是部分地方农业行政主管部门对种子管理工作认识不足，没有很好履行种子管理职能。今年全国农业工作会议再三强调种子管理机构要实行政企分开，到目前为止，有的省种子管理站和种子公司仍为一套人马，既经营又管理，政企不分，种子管理没队伍、没威信、没力度问题仍然没有得到根本解决。个别农业厅一把手还没有把主要精力放在抓实施种子工程和种子管理上面，工作没有抓住重点，没有抓住要害。

二是有法不依、执法不严，假劣种子案件仍时有发生。在一些地方，无《种子生产许可证》生产种子，无《种子经营许可证》和营业执照经营种子，超范围生产经营种子，以及经营的种子无《种子质量合格证》等问题还没有得到有效解决。一些地方查处假劣种子案件态度不坚决，查处力度不够，致使种子生产经营仍较混乱，假劣种子坑农害农事件时有发生。

三是擅自推广未经审定品种，乱引、乱繁、乱推现象比较突出。陕西省咸阳农科所宣传推广未经审定的超大穗小麦，1993年秋安徽、河南、江苏、浙江等10个省种植45万亩，冻害、赤霉病严重，造成数十万亩减产、绝收；湖南农业大学擅自推广遗传工程稻，1995年广东省种植1.7万亩，一般亩产只有150～250公斤，平均亩减产250公斤，在湖南、河南等地也造成了严重危害。但是，目前仍有一些科研、教学单位以科研成果开发、弥补科研经费不足等种种理由，生产销售未经审定品种，未审先推现象还没有得到有效遏制。

四是种子质量问题仍较突出。据今年国家技术监督局公布的种子质量抽查结果，虽比去年质量有所提高，但总体质量水平仍然较低，特别是少数单位质量问题突出，甘肃张掖地区农科所生产的“张单476”杂交玉米种子，纯度仅为46.2%；张掖市种子公司生产的“户单1号”、新疆沙湾县种子工作站生产的“新玉7号”杂交玉米种子，纯度为66.5%；江西省贵溪县种子公司生产的“汕优10”杂交水稻种子发芽率为82%，比标准低8个百分点。

种子是农业生产的重要生产资料，是一种特殊商品，种子育繁推销都在农业部门，种子管理的责权也在农业部门，各级农业部门必须对种子管理工作的重要性、艰巨性有一个清醒的认识，增强责任感和紧迫感，加大种子管理力度，做好良种优质服务，加速种子产业化进程。

二、抓住重点，认真贯彻、执行《农作物种子生产经营管理暂行办法》

《农作物种子生产经营管理暂行办法》是针对目前种子生产、经营中存在的主要问题，根据《种子管理条例》和《农作物种子实施细则》制定的，是对我国种子管理法规、规章和制度的完善，是当前农业部门和工商部门相互配合加强种子管理的主要依据。各级农业行政主管部门要认真贯彻执行。

第一，任何单位和个人，必须持证照生产、经营种子。生产商品种子，必须取得种子生产许可证；经营种子，必须取得种子经营许可证和营业执照后，才能开展经营活动，没有领取“两证一照”的任何单位和个人，都不能开展商品种子生产经营业务。

第二，必须严格发证条件。为了确保种子质量，实行有计划生产和规范化经营，种子生产、经营企业必须具有相应的生产经营条件。种子生产单位应具备繁、制原种或良种的隔离、栽培条件的种子生产基地；有熟悉种子生产技术的专业人员等条件。种子经营单位应具有专职种子质量检验人员；有熟练掌握种子贮藏、包装技术的保管人员；有同经营种类、数量相适应的营业场所和加工、检验设备等条件。各级农业行政主管部门必须严格按此条件，把住核发《种子生产许可证》、《种子经营许可证》关。

第三，必须严格发证程序。《暂行办法》把主要农作物杂交种子的“两证”发放权授予省级农业行政主管部门，增加了省级农业行政主管部门的责任，省级农业行政主管部门要认真履行职责，要以此为契机，认真清理整顿经营渠道。其他农作物种子由县级农业行政主管部门核发，各省农业行政主管部门要加强监督检查，绝不允许超范围发证，越权发证。经营种子必须先领《种子经营许可证》，再到工商部门领取营业执照后，才可开展经营活动。

第四，经营的种子必须加工、包装。经营的农作物种子，应经过精选加工、分级、包装，质量达到国家或地方规定的标准，附有种子内外标签；每批种子应有持证检验员签发的《农作物种子质量合格证》。包装标识和内外标签必须载明品种名称、品种特征特性、栽培要点、质量、数量、适用范围、生产日期、销售单位等事项，并与包装内的种子完全相符。今后，任何单位和个人，不得销售未经加工包装、未附标签、没有质量合格证的种子。

第五，必须加强对乡镇农技服务组织的管理。乡镇农技服务组织在取得经营农作物常规品种的《农作物种子经营许可证》和营业执照后，可以接受有经营权单位的委托，开展主要农作物杂交种子代销业务，其代销种子必须是经审定通过适宜当地栽培的品种，同时必须纳入所在县农业行政主管部门供种计划，并与委托代销的单位签订载明双方权利、义务（包括责任）的代销协议书或合同，在本乡镇开展代销业务。不得自行采购主要农作物杂交种子，对代销种子不得转手倒卖。

第六，必须强化合同管理。目前，种子合同签订、执行不严肃，兑现率普遍较低，从一定程度上影响了国家对种子市场的计划管理和宏观调控。为加强种子合同管理，要求种子预约生产和购销一定签订合同，并使用统一合同文本；省间杂交水稻、杂交玉米种子预约生产、购销合同要经供种地县级农业行政主管部门审核、工商行政管理部门鉴证。各生产经营单位必须遵守本规定，认真签订合同，接受农业行政主管部门和工商行政管理部门的管理，严格履行合同，对无正当理由不履行合同的，要给予严肃处理。

第七，对销售假劣种子者必须严肃查处。要从保护农业生产、保护农民利益的大局出发，对销售假劣种子者不能手软，要严厉查处。查处假劣种子案件要起到震慑作用，要一查到底，特别是对农业部门的企业，决不能姑息迁就，不能护短。

三、加强领导，精心组织，加大种子管理措施

1. **政企分开，建立健全种子管理机构。**种子管理是各级农业行政主管部门重要职能，是不可推卸的职责，种子管理任务重、责任大、专业性强，因此，建立一支有威信的、能打硬仗的种子管理队伍，是做好种子管理工作的组织保证。种子管理和经营不分，种子管理没精力、没威信、没力度的局面就不会改变，种子公正执法、公正监督的机制就建立不起来。种子管理与经营机构分开符合党中央提出的实现两个根本性转变的要求，符合农业行政主管部门履行种子管理职能的需要。种子管理和经营机构要尽快分开，特别是省、地两级，要在今年完成。要向有关部门争取编制，解决经费和办公条件，尽快成立专门种子管理机构，配备专门人员。我今天在这里再强调一次，对种子机构改革不按国家要求去办的地方，要给予适当制裁，今后国家在种子方面的基本建设投资原则上将不予安排。

2. **明确职责，建立种子管理农业厅（局）一把手负责制。**种子是农业增产诸因素中最重要的因素，科技兴农，种子先行。抓农业首先要抓种子，种子管理的责权都在农业部门，利益也在农业部门，农业厅（局）长必须承担起种子管理职责，无论什么原因，发生假劣种子案件，厅（局）长都要负责任。今后，农业部对各省区市农业厅（局）工作考核，发生假劣种子案件的省，农业厅（局）不能评为先进。

3. **开展执法大检查。**各级农业行政主管部门要根据《暂行办法》规定，对现有的种子生产、经营单位进行一次大检查，大清理。要严格按照规定条件和程序，重新审核生产经营条件，核定生产经营范围，重新发证，对不符合条件的要坚决吊销许可证，这项工作要在今年8月底前完成，并将清理情况上报农业部。当前，要配合法规宣传，开展“六查三整顿”工作。一查生产经营单位是否证照齐全；二查种子生产经营单位是否具备生产、经营条件；三查生产经营的品种是否通过审定；四查销售种子是否具有《种子质量合格证》；五查销售种子是否包装和具有内外标签；六查假劣种子案件。三整顿即整顿种子管理队伍，要把少数不能依法行政，违法乱纪的人员清除出种子执法队伍，建设一支政治强、业务硬的执法队伍；整顿种子生产基地，不具备基地生产条件的，要取消生产资格，加强苗检、花检，不符合隔离等生产条件要求的种子田要坚决报废；整顿种子经营单位，对不具条件、倒买倒卖假劣种子的单位要坚决取缔。

通过“六查三整顿”，对违反种子法规和《暂行办法》的要认真严肃处理。吊

销一批不具备条件单位和个人的种子生产和经营许可证；查处一批违法案件；处分一批玩忽职守、违法乱纪、贪赃枉法的人员。

4. **五月份集中开展种子法规宣传活动。**今年5月1日是《中华人民共和国种子管理条例》颁布实施7周年，结合农业部和国家工商行政管理局发布的《农作物种子生产经营管理暂行办法》，在5月份集中力量开展种子管理法规宣传活动。要利用电视、广播、报纸等多种新闻媒介，宣传种子法规，各级农业行政主管部门要带头学习，并组织人员深入农村宣传种子法规。国有种子公司要带头遵守种子管理法规，发挥主渠道作用，做依法生产经营的模范，不与没有生产经营资格的单位开展生产经营活动；不推广销售未经审定的品种；不经营来源不清和质量不合格的种子；不销售未经加工、包装的种子。要优质服务，争取当质量信得过单位。要教育广大农民增强自我保护意识和维护自身合法权益的能力。要到持有《种子经营许可证》和《营业执照》的合法经营单位购买种子；要购买附有《种子质量合格证》和种子标签的种子；购种时要了解所购种子品种的特征特性和栽培要点，根据自己的种植需要选购审定通过的品种；要向售种者索取注明品种名称、数量和价格的售种发票；播种前要做发芽试验，发现问题及早处理，以免造成损失。

农业部和国家工商行政管理局将于5月份联合派调查组对各省种子法规宣传和执法检查工作进行检查，请各地认真配合。

5. **积极配合工商行政管理等部门，团结合作，齐抓共管。**各级农业行政主管部门要积极主动与工商部门配合，在市场管理、整顿经营秩序、合同鉴证、查处假劣种子案件方面，争取相互支持，相互配合，通过大家共同努力，彻底清理整顿种子生产经营秩序。

同志们，种子管理工作是国家赋予我们各级农业部门神圣而光荣的职责，我们要振奋精神，努力进取，开创种子管理工作新局面，促进现代化种子产业建设，为实现本世纪我国农业发展目标做出我们应有的贡献！

崔世安[①]同志在全国种子站长会议上的讲话

——采取硬措施　完成铁指标　加快实施种子工程

（1996 年 9 月 26 日）

这次会议开得很好，大家交流了很多经验，介绍了各省实施种子工程的进展情况，现场参观学习了昆山市全市实现统一供种的经验。大家统一了思想，开阔了思路，达成了共识，下面我讲几点意见。

一、认清形势，学习江苏

去年 9 月召开全国农业种子工作会议以来，各地积极实施种子工程，进展较快，成效较好，主要表现在以下几方面：

（一）种子工程得到了各方面重视

中央领导很重视种子工作，在多次会上强调种子工程，使种子工程写进了《中共中央关于制定国民经济和社会发展“九五”计划和 2010 年远景目标的建议》、《中共中央、国务院关于“九五”时期和今年农村工作的主要任务和政策措施》和《中华人民共和国国民经济和社会发展“九五”计划和 2010 年远景目标纲要》等重要文件中。各级地方政府也都把种子工程纳入“九五”期间要实施的几大重点工程之中，从农业部到各级地方农业行政主管部门都成立了种子工程领导小组和实施班子，有的地方还成立了由政府主管领导挂帅、有关部门领导参加的种子工程实施领导小组或协调机构。

（二）供种水平有了提高

据初步统计，全国统一供种率较去年提高了 8～10 个百分点，统一供种水平较高的有江苏、河南、山东、湖北、新疆、山西等省区，其中江苏、山东、内蒙古、山西、黑龙江、湖北等省区还大量采用“中华”牌包装袋进行统一供种；种子包衣

① 崔世安，1993 年至 2000 年任农牧渔业部种植业管理司司长，1996 年至 2000 年任部党组成员。

率比去年提高4～8个百分点，种子包衣工作进展较快的有河南、黑龙江、河北、安徽、山东等省区。

（三）种子管理得到了加强

各地积极贯彻农业部和国家工商行政管理局联合召开的电话会议精神，开展“六查三整顿”，加大了宣传声势，加大了打击力度，加大了办案力量，使今年假劣种子坑农害农案件显著减少，取得了明显效果。比如辽宁、四川、福建、湖南等省今年种子管理工作抓得较紧，有声势，有威慑力，抓出了成效。湖南省还登报公布了全省的合法种子生产、经营单位和持证种子检验员、种子管理员，并与有关部门协调取得了独立执法处罚权。

（四）与科研联合迈开了步

各级种子公司，尤其是省级种子公司与科研育种单位联合有实质性进展，如湖北省种子公司与武汉大学联合组建马协优开发联合体，中国种子集团公司、湖北省种子公司与华中农业大学、中国农科院油料所联合组建华杂油菜开发股份有限公司，取得了一些进展。

（五）质量意识有所增强

今年，部里在种子工程实施小组的统一部署下，在全国农业技术推广服务中心和科学技术与质量标准司等单位的配合下，重点抓了种子质量管理，加大了执法检查工作力度，各省也采取了一系列有效措施，广泛开展苗检、花检和室内检验，成效显著。在检查中发现不合格的，该拔的拔，改砍的砍，该报废的报废。通过这么一抓，我相信，明年的种子质量尤其是纯度肯定会有大幅度提高。

（六）一些政策问题得到了解决

比如江苏、四川、江西等省对制种免交国家定购粮、种子收购贷款资金、种子风险基金等政策问题解决较好，这反映了这些省农业厅、种子站工作的主动性，也反映了省政府真正重视种子工作。同时，也说明了这些问题并不是不能解决的。

（七）资金投入都有所增加

如山东省政府决定每年拿出3 200万元投入种子工程，河南省政府决定由省财政拿出约500万元为全省95个县各配置二台包衣机，江苏省“八五”期间投入种子上的资金近2亿元，省政府最近又决定，“九五”期间省财政要在“八五”的基础上每年再增加1 000万元，用于种子工程建设。

总之，由于各级领导的高度重视，各有关部门的大力支持，各级农业部门尤其是种子战线的同志们的努力工作，形势很喜人，成效很显著。但是，还存在一些问题。一是进展不快，特别是统一供种和加工、包衣工作进展不快，发展也很不平衡。江苏省已基本普及统一供种，而有的省还处于试点阶段。二是路数不清，对种子工程如何分期分批地实施，重点抓什么等问题仍然思路不清，包括一些投入较大的省，思路也不一定清楚，钱没用在刀刃上。三是思想不端正，主要是种子公司的经营思想不端正，有相当一部分种子公司不是本着科技兴农、为农服务的宗旨来开展经营活动，而是简单的做生意、销售种子。四是力度不够，主要是抓种子工程的力度不够，特别是有些省的农业厅长抓得力度不够，对种子工程工作了解不多、研究不深、思路不清、解决问题不具体。

我们这次会议之所以提出学习江苏，是因为江苏的工作抓得好，有很多经验值得学习和推广，我把这些经验概括为“四好”：一是行政统得好，统一供种必须加强行政的力度，用行政力量来推动统一供种，否则，农民户户留种，种粮不分，统一供种工作就开展不起来，良种更新更换速度慢，种子工作的落后状况就不会改变。二是政策落实得好，政府真正帮助解决了许多具体问题，如常规水稻和小麦以粮换种，农民将换种粮交给粮库，粮库将粮食钱转给种子公司，种子公司再通过乡种子站及村级服务组织向农户发放种子，县种子公司收（调）种子所需的周转资金由银行贷款解决。这里涉及农业、粮食、银行等部门和县、乡、村、农户等多个利益主体，一系列具体问题都解决得非常好。三是关系理得好，省公司、县公司、乡种子站和村级服务组织之间的关系理得很顺，业务分工比较明确，县种子公司帮助各乡种子站统一解决原种、包装袋、加工机械和种子收购贷款，乡种子站繁种、加工、储藏和供应，利益分配也比较合理，县、乡三七分成，大家都有积极性。四是农场办得好，每个乡种子站都办有一个500亩以上的小农场，大家看到的昆山市玉山镇种子站办有一个1 400亩的农场，种子田像花园一样。这样，制种、繁种都在自己的地里，种子生产的数量和质量都掌握在自己手中。

二、理清思路，真抓实干

（一）重点要抓“三率”，即标牌统供率、精选率、包衣率

为什么要这样抓？这是因为“三率”是目前的薄弱环节，抓“三率”不仅符合中间突破带动两头的思路，而且有以下几方面作用和好处：一可以正“本”，统一供种是种子公司的本职工作，抓统一供种就是强化种子公司的主渠道地位，可以净化种子市场，正本清源；二可以促“本”，抓标牌统供可以促使各种子公司往标牌包装袋里装好种子，不敢装假冒伪劣种子，还可以促使各种子公司主动与科研育种

单位联合，带动育种、引种和良种试验、示范、推广工作；三可以壮“本”，经营常规种子虽然利润微薄，但统一供种抓好了，可以薄利多销，同样能壮大种子公司的经济实力。所以，要重点抓“三率”，今后，整个种子工程工作都要围绕这“三率”，衡量一个省的种子工程抓得好不好，重点看“三率”。要求到1998年全国水稻、小麦、玉米、棉花四大作物统一供种面积达到11亿亩，统供率要达到80%，其中杂交种要达到100%，常规种要在60%以上；种子包衣面积要达到4亿亩，包衣率要达到40%左右，即除水稻外，其他作物统一供种的50%要包衣。要实现这一目标，要求每年的标牌统供率要提高10个百分点以上，包衣率要提高20个百分点以上。

（二）政府要抓“三推”

一是用行政力量去推动农民，让农民采用种子公司统供的良种，不要自留种。河南省今年夏粮总产达到410亿斤，比去年增加55亿斤（占全国的30%多），平均单产提高70斤，其中统一供种发挥了重要作用；各地出现的千斤县如山东的桓台县、河南的温县和博爱县等，主要经验都是抓了统一供种。所以，大家回去后要理直气壮地要求政府干预、行政推动，要抓出昆山市玉山镇这样的典型，我还建议你们请政府主管领导和有关部门领导来玉山镇考察学习，让领导下决心，行政推动统一供种。二是用行政力量推动种子公司去搞统一供种，利润高的杂交种子要搞统供，利润低的常规种子也要进行统供，即使没有利润，从农业部门要为农民服务的角度出发，也应该组织良种统供，要把统一供种作为种子公司的职责和任务，把“三率”作为考核种子业绩、考核种子站长（经理）是否称职的主要内容。三是用行政力量去推动有关部门，要向行政领导宣传这一观点：统一供种是科技兴农、科技富农的有效措施，是系统工程，仅靠农业部门和种子公司的力量是不够的，要靠政府发动有关部门来相互配合、共同完成；统一供种社会效益大，要靠全社会来支持。从而，争取行政领导出面，协调和推动粮食、银行等有关部门解决统一供种中的具体问题。

（三）关键要抓好“三统”

一是统一计划，近年来，杂交种子总是畸多畸少，今年种子紧缺你坑我一下，明年种子积压我再坑你一下，到头来吃亏的都是我们自己。这都是没有搞好计划所造成的，所以，不能没有计划，即使搞市场经济，也离不开计划，甚至要求比计划经济更精确、更严密的计划，我们种子管理部门就要抓好统一计划。二是统繁亲本，凡是杂交种子质量高的地方亲本都统得好，只有管住了亲本，才能避免私繁乱制，也才能保证种子质量。所以，一定要管住杂交亲本，要求杂交亲本必须统到省里繁，而且尽量由省原种场繁。三是统一价格差率，种子管理部门要会同物价部门制定一个既抑制暴利又体现优种优价的统一购销差价。

（四）联营要“三分”，即分工、分利、分层次

省公司、县公司和乡站要分层次经营，不要各搞各的，要实行联合经营，联营单位之间要有职能分工，不能上下一般粗，搞同一层次的“小而全”，比如省公司可以在经营杂交亲本和原原种以及筛选、扩繁新品种等方面发挥优势，县公司重点组织全县统一供种；联营单位之间要合理分配利润，使大家的利益都连在一起，调动各方面的积极性。真正实现了联利分工，也就形成了大市场，因此，这与发展市场经济、促进种子工程实现“四个根本性转变”并不矛盾。

（五）源头要抓“三田”，即原原种田、原种田和制（繁）种田

种子公司要有自己的“三田”，自己繁（制）种，使自己生产经营的种子数量和质量直接控制在自己手中。目前，种子质量上不去，主要原因之一是绝大多数种子公司都没有自己的“三田”，自己不繁种，只能倒买倒卖，因而难以控制种子数量和质量。

（六）质量要抓“三检”，即苗检、花检和厂检（出厂检验）

所有商品种子都要经过检验，并在内外标签上注明检验结果。今后，部里每年都要组织“三检”抽查，并公布抽检结果，尤其要重点抽查外调量较大的产种大县，督促其加强质量管理，提高种子质量。

（七）机制上要抓“三个一体”

一是与科研一体，种子管理站要下大力气抓，促使种子公司主动、积极地与科研育种单位联合，实行育繁推销一体化，回报科研，加速良种培育和推广。一方面，种子公司要扩大统一供种量，要使统供工作经久不衰，保持长久的生命力，必须有源源不断的新品种；另一方面，种子公司只有与科研育种单位联合，才能加速科研育种，也才能真正持有新品种。二是与基地一体，最好像江苏这样站办农场，使种子生产、经营一体化。这样，种子产量、质量和购销量都完全掌握在种子公司自己手中，而且，这样的农场既是良种繁殖田，又是新品种试验田、示范田。采取特约制种的，也要与制种农户结成一体，讲信誉，维护农民利益，与制种户建立一种长期稳定的合作关系。三是上下连为一体，省、地、县、乡的种子经营单位要连成一体，利益要连在一起。只有这样，才能理顺关系，才能建立一个统一的大市场。

(八)管理上要抓“三证”，即《种子生产许可证》、《种子经营许可证》和《种子质量合格证》

种子管理站一定要和种子公司分开，依法行使行政执法职能，严格审核发证条件，把“三证”管理好。各省农业厅要积极争取有关部门为种子管理站解决编制、经费和办公条件、办案设施等具体问题。

三、端正思想，争取主动

一是要克服“等、靠、要”的思想。一些地方通过商品粮、棉基地项目已建设了一批种子加工设施，但利用率比较低，搞种子加工的积极性也不高。即使没有种子加工设施，也不一定非要等国家投资才能搞种子加工，买一台种子精选机和包衣机只需几万元，多数种子公司都能拿出这一点钱。所以，一些地方不搞种子加工不是钱的问题，而是思想问题。

二是要克服“获暴利”的思想。作为农业部门的种子公司，无论从哪方面讲，都不应该片面追求高额利润，要本着为农民服务、减轻农民负担的宗旨开展经营活动，保本微利，让利联利。这样，既有利于种子公司减少风险，稳步发展，也有利于种子公司广泛联合。

三是要克服“打乱仗”的思想。近年来种子市场比较乱，私繁乱制、乱引乱繁、乱倒乱卖、不顾质量、不守合同、不讲信誉，这主要是乱在我们农业部门内部，包括种子公司、科研单位和农技推广单位，乱的原因是没有计划性，大家都想独占一块、挣大钱。打乱仗的结果使大家都搞不好，也不利于共同发展。

同志们，这次会议意义重大，既是贯彻部党组关于加快实施种子工程的指示精神，也是贯彻刚刚结束的全国秋冬种会议精神。大家回去后一定要详细汇报和认真贯彻这次会议精神，提高认识，转变观念，争取行政推动，加大统供力度，坚决把“三率”提高上去，确保“九五”期间全面实现种子工程的总体目标。

白志健[①]同志在第三届全国农作物品种审定委员会成立大会上的讲话

——开拓进取 扎实工作 努力为实现农业“九五”计划做出新贡献

（1997年1月31日）

第三届全国农作物品种审定委员会经过去年一年的酝酿、筹备，今天正式成立了，在此，我代表农业部对第三届全国品审会的成立表示热烈的祝贺！并对第二届全国品审会各位委员8年来的出色工作和对农业部工作的支持，为全国品种审定工作做出的贡献表示衷心的感谢！下面，我就当前农业形势、“种子工程”的实施情况和品种审定工作讲四点意见。

一、再接再厉，努力夺取今年农业丰收

借这次机会，我把去年的农业形势和部里今年的工作打算向大家通报一下。

去年，尽管春季遭受大范围的低温干旱，夏季部分地区遭受严重洪涝灾害，但在党中央、国务院的正确领导下，经过各级党政、各有关部门的共同努力，特别是广大农业科技工作者和农民群众的艰苦努力，农业生产再获丰收，农村经济全面发展。粮食在上年较大幅度增产的基础上，再创历史最好水平，总产达9 600亿斤以上。棉花和油料由于受多种因素的影响，比上年有所减产，但仍可满足需求。“菜篮子”产品持续增长，预计肉类总产5 800万吨，水产品总产量2 800万吨，分别比上年增长10个百分点以上，禽蛋、奶类、蔬菜、水果等也都比上年有所增长。乡镇企业运行平稳，速度和效益适度增长，预计增加值比上年增长16.5%。农民人均收入增长9%，达到1 926元。

去年，农业的再获丰收，进一步改善了主要农产品的供求关系，对抑制通货膨胀，实现国家宏观调控目标作出了重要贡献，也为支撑国民经济持续快速健康发展

① 白志健，1996年至1998年任农业部副部长。

和保持社会稳定起到了重要作用。不仅如此，去年农业特别是粮食获得丰收，有力地回击了近年来国外某些人制造的所谓“中国威胁论”，消除了一些人对中国粮食问题的担心，维护了我国的国际地位和声誉。在去年召开的“世界粮食首脑会议”上，李鹏总理庄严宣布，中国是维护世界粮食安全的重要力量，中国人民不仅有能力依靠自己的力量实现丰衣足食，而且对世界粮食安全做出了新的贡献。这也充分表明党中央、国务院近些年来加强农业的方针政策是正确的，也更加坚信了我们实现未来农业发展目标的信心。

但是，农业丰收以后也出现了一些新的情况和新的问题，主要是部分地区出现农产品购销不畅，价格下跌。对此，党中央国务院非常重视，已经采取一些切实可行的政策和措施，防止出现新一轮的“卖难”和“谷贱伤农”，以便更好地保护农民种粮的积极性。在前不久召开的中央经济工作会议和中央农村工作会议上，江泽民、李鹏、朱镕基、姜春云、温家宝、陈俊生等党和国家领导人都对农业问题做了重要指示，江泽民总书记在中央经济工作会议上明确指出：“越是农业形势好，越是要保持清醒的头脑。绝不能日子一好过了就出现认识上的反复。”而且进一步强调指出：“各级领导抓农业思想不能麻痹，精力不能转移，工作不能松懈。发展农业的措施只能加强，不能削弱。”我们农业工作者要把认识和行动统一到江总书记的讲话和中央经济工作会议、中央农村工作会议精神上来，把握大局，开拓创新，再接再厉，扎实工作，千方百计夺取今年农业丰收，促进农村经济全面发展。从种植业来看，今年要抓好以下三个方面的工作：

一是要采取切实措施，力争今年粮食再获丰收。粮食生产始终是我国农业和农村工作的重中之重，大力发展粮食生产，增加有效供给是一项长期的艰巨任务。但是，应该看到，在连续两年增产的情况下，要继续保持大幅度增长势头，难度更大。除了耕地每年减少 400 万亩对农业尤其是粮食生产稳定发展带来一定难度外，一个重要的因素是气候对农作物的影响往往造成年度间粮食产量的波动。所以，要夺取今年粮食丰收，重点是在确保粮食面积稳定在去年水平的基础上，努力提高单产。只有稳定了面积，提高了单产，才能达到中央提出的要求，总产保持去年的水平，并力争有所增加。

二是仅仅依靠科技进步，提高种植业的经济效益。依靠科技进步，提高劳动者素质，提高资源利用率、土地产出率和劳动生产率是实现我国农业增长方式转变的根本途径。今年要重点抓好关键技术的推广，如小麦统一供种和精量、半精量播种，水稻旱育稀植和抛秧技术，紧凑型玉米和玉米大垄双行覆盖技术，秸秆还田和秸秆覆盖栽培技术，测土配方施肥和化肥深施技术以及病虫害综合防治技术等实用技术，确保农业丰产丰收。同时，抓好优质农产品开发，发展名、特、优、新产品，提高农产品质量，满足人民生活水平不断提高的需要；要积极推进农业产业化，按照产供销、种养加、贸工农一体化的原则，向农产品的加工、转化延伸，对农产品实行多层次、系列化的深度开发，从而实现多次增值；要大力实施“节本增效”工程，提高农业的产出率。

三是下大力气抓好以“种子工程”为重点的基础设施建设。今年农业和农村工作的任务很重，不仅要努力增加农产品的有效供给，而且要为实现2000年的农业发展目标和下个世纪农业的持续发展打下基础，重点要抓好“种子工程”的实施，力争取得突破性进展；要抓好“沃土计划”的实施和商品基地建设，培植农业发展的新增长点，以增强后劲；要抓好农业技术推广体系建设，进一步增强为农业服务的功能。

二、加大措施，力争“种子工程”的实施取得新的突破

实施“种子工程”是党中央、国务院赋予我们农业部门的一项重要任务，也是科技兴农的重要内容。品种审定是种子工作的重要组成部分，加强品种审定工作是实施种子工程的重要内容。各位委员都是从事品种选育、区试、种子经营和管理的专家，在实施“种子工程”的第一线工作，在此，我把“种子工程”的有关情况，向大家介绍一下。

“种子工程”是一个全面的系统工程。“种子工程”包括完善和建设良种引育、生产繁制、加工包装、推广营销和宏观调控五大系统，在组织实施上要重点抓好种子资源收集、育种、区试、审定、原种繁殖、种子生产、收购、储藏、精选、包衣、包装、标牌、检验、销售、售后服务等15个环节，逐步形成一个结构优化、布局合理、相互促进、良性循环的种子产业整体，实现种子生产专业化、经营集团化、管理规范化、育繁销一体化、大田用种商品化的现代化种子产业体系。我部规划“种子工程”的主要目标是：实现“九五”期间我国主要农作物品种更换一次，水稻、玉米、小麦、棉花作物良种统供面积达到12亿亩，国有种子公司供种量占全国用种总量的60%，所有商品种子全部达到精选加工、标牌统供，使良种在我国农业增产中的贡献额提高5～10个百分点，达到35%左右，初步建成适应社会主义市场经济体制和产业发展规律的现代种子体制。

自1995年9月我部在天津召开的全国农业种子工作会议上，提出在全国实施“种子工程”以后，“种子工程”得到党中央、国务院领导的高度重视。《中共中央关于国民经济和社会发展“九五”计划和2010年远景目标的建议》中提出：要“突出抓好种子工程，加快良种培育、引进和推广”。八届全国人大第四次会议通过的《中华人民共和国国民经济和社会发展“九五”计划和2010年远景目标纲要》中进一步明确：“实施种子工程，完善优良品种的繁育引进、加工、销售、推广体

系，到2000年把水稻、玉米、小麦、棉花的用种全面更换一次”。中共中央1996年2号文件《关于“九五”时期和今年农村工作的主要任务和政策措施》中要求：“各级政府要把实施种子工程作为依靠科技进步发展农业的一件大事，安排专项资金，组织专门力量，确保种子工程顺利实施”。去年12月6日，李鹏总理在我部关于召开农业工作会议的报告上又批示：“对你们实施的种子工程，我表示大力支持”。并在国家财政非常紧张的情况下，决定从中央预备费中安排2 000万元经费，支持“种子工程”建设，这充分体现了党中央、国务院对实施“种子工程”的高度重视。许多地方政府也都把实施“种子工程”摆在了科技兴农的首位，作为科技兴省、兴市、兴县的重点工程，由政府主要领导亲自挂帅，组织专门力量实施“种子工程”。应该说，“种子工程”已经得到各级政府的高度重视，从上到下，抓农业重点抓科技，抓科技重点抓种子，已经达成共识。

实施“种子工程”起步顺利。为了组织实施“种子工程”，农业部由部长挂帅组成了种子工程领导小组，由9个司局单位组成了种子工程实施小组，统一组织、协调、指导“种子工程”实施工作。1996年在各级党委、政府的高度重视和有关部门的大力支持下，种子工程实施工作起步扎实，进展顺利。

一是明确了思路。实施种子工程首先采取了以加工、包装、统供为突破口，抓中间，带两头的战略措施，使全国的种子精选率、包衣率和标牌统供率有了较大提高。1996年全国小麦、常规稻统供面积达到了2.3亿亩，比上年增加5 100万亩，统供率约提高10个百分点；小麦、玉米包衣供种面积达1.7亿亩，增加了近8个百分点，为1996年全国农业夺取大丰收做出了重要贡献。

二是种子质量有了明显提高。近年来，各地结合实施“种子工程”加大了种子执法力度，在全国开展了种子执法大检查活动，重点在种子生产期间组织田间质量抽检活动，使种子生产经营单位种子质量意识增强，种子质量有明显提高。

三是种子管理体制改革步伐加快。重点解决“一分一合”问题。“一分”即种子管理与经营政企分开，目前全国已有湖南、河北、内蒙古、山西等20多个省区市级种子站与种子公司已经分开；“一合”即实现育繁销一体化，已经涌现了一大批育繁销相结合的种子集团、股份公司和专业公司，形成了主动联合，共同发展的好势头。

四是“种子工程”建设项目开始启动。“种子工程”项目建设得到国家计委、财政部、中国人民银行、中国农业银行、国家开发银行的支持。目前，“种子工程”总体规划已经国家计委批准。“种子工程”项目边评估边实施，1996年种子产业化一期项目、国家级原种场、种子质量检测中心、国家救灾备荒种子储备库、种子加工中心、原种提纯、新品种扩繁等一大批项目已经开始全面启动。

1997年是实施种子工程的突破年，是关键的一年，重点要在以下四个方面取得突破性进展：

一是“三率”要有新的突破。围绕统一供种，努力提高标牌统供率、精选率和包衣率，力争标牌统供率提10个百分点，精选率、包衣率各提高20个百分点。我部要求各省根据部里制定的总体目标，结合本省的实际情况，制定具体指标，并分解到县，层层落实。

二是项目建设要有突破。随着“种子工程”国内经营性、非经营性、世行贷款项目资金的陆续到位，“种子工程”建设项目将进入全面实施阶段。重点做好项目规划，制定详细的实施计划；做好即将实施项目的前期准备工作，包括项目建议书和可行性研究报告。同时，要加强对正在实施项目的管理，落实好地方配套资金，加快项目实施步伐，尽快发挥效益。

三是品种换代要有突破。要实现2000年前对目前生产上所用的主要农作物品种进行一次更换的目标，必须做好后备品种和种子的准备。要以省为单位制定“九五”品种更换计划，确定“九五”期间主要粮棉油作物要更换的品种和主推品种，加快有苗头新品种的扩繁，重点抓好原原种、原种、良种“三田”建设。

四是管理工作要有所突破。重点要抓好种子质量认证工作，做好种子生产、加工过程中的指导和检查工作，实行全过程、全方位质量管理；要抓标牌供种，提高企业的商标意识，严格执行标签制度，没有标牌的种子严禁上市；要抓好抽检，部里将组织种子生产田的苗检和花检，对玉米、水稻种子质量、种衣剂质量、种子加工机械质量进行抽查，并予以通报；要加强种子市场的管理，重点对现有种子企业进行治理整顿，以提高种子质量为核心，加大种子管理力度，保证农业生产用上优质良种。

三、扎实工作，第二届全国品种审定委员会成绩显著

第二届全国农作物品种审定委员会成立8年来，331位委员认真负责，努力工作，加快新品种的审定推广，为我国农业生产持续、稳步、健康发展，做出了突出的贡献。

一是审（认）定了一大批农作物优良品种。据统计，第二届全国农作物品种审定委员会共审（认）定各种农作物品种425个，其中审定品种318个，认定品种107个。值得特别指出的是，第二届品审会加强了经济作物品种的审定工作，果树、茶叶、蚕桑、烟草等专业委员会及时审定了一批优良品种。审定的许多品种表现出产量高、品质优、稳产性好、适应范围广等特点，成为生产中的骨干品种或当家品种，在农业生产中发挥了重要的作用。如水稻品种浙辐802，自1989年国家审定通过后，一直是常规稻中面积最大的品种，6年累计推广7 000多万亩；杂交

稻汕优 63，从 1989 年通过国家审定到 1995 年连续 6 年是我国杂交水稻推广品种中种植面积最大的品种，每年种植 8 000 多万亩，累计推广 4.8 亿亩；汕优 64 从 1989 年审定到 1995 年累计推广 1 亿多亩；豫麦 18、豫麦 21、鲁麦 14 是 1992 年以来国家审定的小麦品种，是目前全国主推的 3 个小麦品种，仅 1995 年合计推广面积为 5 700 多万亩；1995 年全国玉米生产中，国家做审定品种的种植面积占 50% 以上。全国品种审定委员会审定通过的新红宝、新红星、金帅、乔纳金、红富士、花椰菜等优质果、菜品种，已经成为主产区的主栽品种。国家审定品种应用范围广，使用年限长，增产幅度大，为丰富人民的“米袋子”和“菜篮子”做出了突出贡献。此外，第二届品审会还基本完成了主要粮棉油作物品种的清理工作，为品种布局区域化奠定了基础。

二是建立健全了品种审定的规章制度和管理办法。根据《中华人民共和国种子管理条例》，第二届全国品审会先后组织起草了《全国农作物品种审定章程（试行）》、《全国农作物品种审定办法（试行）》、《全国农作物品种审定标准》等规章，由我部颁布实施，使品种审定工作有法可依，有章可循。有申报品种的专业委员会每年都召开品种审定会议，及时认真地审定品种，从 1990 年开始，部里每年发布一次品种审定公告，使品种审定工作逐步走上制度化、规范化的轨道。

三是积累了宝贵的经验。第二届全国品审会做了大量的承前启后的工作，积累了许多宝贵的经验。初步实现了国家品种审定工作的三个转变，即品种审定从认定为主，转变到审定为主；从品种的定性化审定转变到定量化审定，尤其是把品种品质分析和抗性鉴定作为重要依据；从单一注重产量转变到兼顾高产、优质、多抗和经济效益，促进了高产、优质、高效农业的发展。

四是有计划地组织品种考察活动，为农业生产和种子工作献计献策。第二届品审会共组织考察活动 21 次，如黄淮海玉米、小麦品种考察，东北大豆、玉米品种考察，陕西、四川油菜考察以及福建、广东薯类考察等，都提出一些有价值的建议，还组织编写了《中国农作物优良品种》一书。同时，结合品种审定工作，针对一些地方新品种推广过程中出现的主要问题，及时向农业行政主管部门反映情况、提出建议，为加强品种管理提供了依据。如对“超大穗小麦”等未经试验审定盲目引种和推广的品种，及时组织麦类专业委员会委员到黄淮麦区考察，并提出合理建议，有效地制止了乱引乱推，保护了农民的利益。

四、任重道远，第三届品审会要努力为实现农业“九五”计划作出新贡献

从 1981 年成立第一届全国品审会以来，目前全国 30 个省区市都成立了品种审

定委员会，品种审定工作形成了一套较科学、完整的制度和工作程序，为我国农业发展作出了贡献。第三届全国品审会经过去年一年的酝酿、筹备，已经正式成立了，这届品审会是跨世纪的一届，从1997到2001年任期5年。为了适应审定工作的需要，这届委员会增加了花卉和热带作物两个专业委员会，使专业委员会的数量从第二届的14个增加到16个。在总结第一、二届品审会组成经验的基础上，第三届委员会任命了审定委员120名，审定专家181名。本届品审会人员组成结构更趋于合理，年龄普遍比较年轻，学历层次比较高。委员和专家平均年龄为44岁，本科以上学历占86%，其中博士17人，硕士44人，是一支年轻的专家队伍。在新一届全国品审会中，从事科研育种人员为161人，占总人数54%，经营管理140人，占总人数46%。虽然这届审定委员的人数减少了，但在审定品种时，可根据需要再请有关专家参加审定工作，审定专家还可以根据需要不断增加、补充，这就比较灵活、机动。

同志们，当前我国品种审定工作面临新的形势，主要有以下几个方面的特点。一是“九五”期间正是我国从传统的计划经济向社会主义市场经济过渡时期，市场经济更需要健全的法制，农业生产和“种子工程”建设同样也需要完善的品种审定制度；二是“九五”期间我国实施“种子工程”，需要加速推广一批新品种，审定工作是连接新品种选育与推广的桥梁，品审会是代表国家对品种进行评价、把关，品种审定工作是实施“种子工程”的重要组成部分，责任重大；三是随着我国对外开放步伐的加快，国外一些公司到我国试验品种的数量增加，特别是“九五”期间国家实施引进1 000项新品种、新技术项目，大量的国外引进品种也需要做把关审定工作；四是我国将要颁布《植物新品种保护条例》，对育种者的知识产权给予保护，要求品种审定与新品种保护工作相互衔接。

面对新形势、新要求，第三届全国品审会肩负着继续改革、完善、发展、提高的重任。而且应该看到目前品种审定工作中还存在一些不容忽视的问题，一是品种试验审定工作手段落后，时间长、速度慢，经常出现品种试验审定滞后于推广应用的情况；二是一些品种未经审定就擅自推广，特别是蔬菜等经济作物“未审先推”现象仍很严重；三是国家审定和省审定的两级审定制度还没有形成一个有机的整体，造成不必要的重复试验，也拖延了新品种审定的时间；四是区域试验工作薄弱，队伍不稳定，设施不配套，试验数据不够准确，有待进一步完善和规范。新形势要求第三届品审会各位委员、专家在一、二届品审会工作的基础上，研究新情况，开创性地开展工作。

1. 加快审定步伐，确保“九五”期间更换一次新品种目标的实现。要实现《种子工程总体规划》提高的“九五”期间良种在农业增产中的贡献份额提高5～10个百分点，到35%左右的目标，当前起步是以种子加工、包衣、包装为突破点，但最终起作用的是要靠推广一大批高产、优质、抗性好的新品种。据我们初步分析，目前生产应用的水稻、小麦、玉米、棉花品种中，审定通过5年以上的品种种植面积占该作物总面积的比重都在70%以上。这些品种在“九五”期间多数要陆续退下来，一些品种已经超期服役，种性退化，表现出抗性下降、产量不稳。如玉米的矮缩病、棉花枯黄萎病等病害，近几年发生严重。要实现“九五”期间我国粮食生产的计划目标，亟须更换、推广一大批新品种。这就要求我们品种审定委员会，要求各位委员、专家，负起责任，加快审定，使一大批科研单位育成的新品种，通过各位委员专家的努力，脱颖而出，在“九五”农业增产中发挥作用。各专业委员会每年要召开1～2次审定会，对申报的品种及时给予审定。同时，要做好宣传工作，使广大育种者了解我们的工作，支持我们的工作，积极申报审定品种，要使每一个品种都能得到科学的评价，尽快发挥出应有的作用。

2. **分类指导，建立适合我国国情、适合各类作物特点的品种审定制度。**第三届委员会有16个专业委员会，要审定的作物有的是一年生的，有的是多年生的；审定的品种有的是新选育的，有的是从国外引进的；审定的标准有的侧重于丰产性，有的注重品质，有的注重外观的多样性（如花卉），工业原料作物还要考虑多种加工用途的需要，如棉花、蚕茧要考虑工业加工的需要，油菜要考虑饼粕等综合利用的需要，蔬菜要考虑适应不同生产季节、不同消费需求、不同品种搭配的需要。这些特点，决定各专业委员会审定品种的条件、标准应因作物制宜，分类指导。适应上述要求，关键是要修改、完善品种审定办法。《全国农作物品种审定办法》是我们工作的依据，请各专业委员会认真修改，通过这次会议讨论修改定稿后，由农业部颁布实施。各专业委员会还要根据各自的特点制定审定标准，提出区域试验、生产试验的具体要求。

3. **改革创新，依靠科技进步，建立科学高效的新品种评价体系。**品种审定、评价是一门科学。第三届委员会各位委员、专家要增强改革创新意识，积极引进、应用国内外的先进技术、方法和手段，建立科学高效的新品种评价体系，提高我国审定工作的科学水平。我认为有三个方面的工作需要大家去研究、实施。

一是区试问题。如何根据各作物生态布局的特点，规划、设立区试网点。“种子工程”总体规划已经把建设一批国家级区试中心纳入了重点投资建设内容，决心用2～3年时间，建设一批具有高水平的、综合性的区试中心，承担国家的区试任务。部里要组织全国农技推广服务中心和中国农科院科技局对现有的国家区试点进行整顿，做到国家的区域试验点和部里近两年组织的筛选试验点、国家区试点与省区试点，统一规划，并轨合一。请各专业委员会协助提出国家区试点的布局意见和建议内容，使布局更为合理，内容更为科学，保证国家区试的质量。

二是信息联网问题。要应用计算机数据处理技术，开展品种试验分析，并实现信息联网，使新品种试验、评价更为科学，提高工作效率。

三是要做好国家审定和省级审定的衔接工作。《种子管理条例》规定在一个省推广的品种由省审定，跨省推广的由国家审定。两级审定要做到相互补充，相互促进，形成一个整体。全国审定委员会要做好对省级审定委员会的指导工作，经常通报信息。国家区试和省区试的方案也要相互衔接，试验结果共享。在理顺两者关系方面还需要做大量工作，希望委员和专家们在这方面的工作要有所突破，取得实质性进展，不断完善我国两级审定制度，积极探索与国际接轨的有效途径。

4. 深入调查研究，在品种推广方面当好各级农业主管部门的参谋。全国品种审定委员会是根据《中华人民共和国种子管理条例》规定，由农业部批准成立的，该委员会既是一个权力机构，各位委员、专家都是农业部任命的，肩负着为农业部把好新品种审定关的重任，同时又是一个学术权威机构，品审会的成员都是各作物科研、生产、管理等方面的专家，是经过所在单位推荐上来的佼佼者，既熟悉生产，又熟悉品种。各位委员、专家要充分发挥自身的特长，为各级农业行政主管部门确定主推品种，指导农业生产当好参谋，以对生产、对农民负责的使命感，对品种的合理利用提出建议。实践证明，品审会在这方面的作用是其他任何组织和个人取代不了的。如在一些地区、一些单位推广未经审定品种“咸阳大穗麦”、湖南“遗传工程稻”时，第二届委员会及时向有关领导提出停止推广的建议，在减轻这些未经审定品种对生产的危害方面，做出了很大贡献。要求三届委员会要继续发挥二届的好传统，深入开展调查研究，对审定通过的优良品种，要及时建议，加速推广，对未经审定对生产有危害的品种要及时建议停止推广，认真履行为生产服务、为农民服务、为各级领导服务的光荣职责。

《中华人民共和国国民经济和社会发展“九五”计划和2010年远景目标纲要》提出的农业发展任务十分艰巨，要完成这一任务，关键要靠科技，科技重点是种子。希望新一届品审会努力工作，为实现农业“九五”计划做出更大的贡献。

路明[①]同志在全国种子市场管理工作会议上的讲话

——认清形势，深化改革　切实搞好种子管理工作

（1998 年 9 月 4 日）

今年，我国自然灾害频繁，早春低温阴雨，入夏以来，长江、嫩江、松花江流域又发生特大洪涝灾害，这给实现全年农业生产目标带来一定的难度，尤其是直接影响今年的种子产量和质量，可能会给种子管理工作带来新的难度和压力。最近，一些地方连续发生严重的假劣种子事件，在社会上造成了很大影响，引起了各级领导的高度重视，朱镕基等领导同志做了重要批示。为了深入分析当前种子管理工作中的主要问题，研究深化种子管理体制改革、强化种子执法、整顿种子市场的具体措施，部署今秋明春的种子生产、供应和管理工作，我部决定召开这次种子管理工作会议。下面，我讲几点意见：

一、提高认识，增强种子管理工作的责任感和紧迫感

改革开放以来，我国种子管理工作逐步加强，颁布、实施了一批种子管理法规和技术标准，建立、完善了一支良种培育、推广、经营和管理队伍，投资建设了一批种子生产、加工、检验、鉴定等基础设施，组织开展了一系列种子“三证”检查和市场整顿活动，查处了一批假劣种子案件，促进了农业和种子事业的发展，取得了较大成效。但是，随着种子产业和市场经济的发展，又出现一些亟待解决的突出问题。如政企不分，地方保护，市场封锁，垄断经营，种子生产经营行为缺乏内在的自我约束机制，仅靠外在的力量去监管，加之有的管理者本身也搞种子经营，或者与经营单位有直接的经济利益关系，分散了执法精力，削弱了执法力度，也影响执法的公正性和权威性，致使种子市场秩序时好时乱，违法生产经营行为和假劣种子事件时有发生。这些问题的产生，固然有多方面的原因，但最主要的还是有些地方的农业行政主管部门，对种子管理工作的认识没有到位。认识上不去，工作就不

① 路明，1997 年至 1998 年任农业部副部长。

能摆上应有的位置，管理就很难取得应有的成效。各级农业行政主管部门要进一步提高认识，增强责任感和紧迫感，从基础性、战略性的高度来抓好种子管理工作。

第一，种子是科教兴农的基础。种子是农业的基本生产资料，是农业科技进步的重要载体，是决定农作物产量和品质的内因，其他技术措施都是为它提供发挥增产潜力的条件，都通过内因而发挥作用。如果品种不优、种子质量不佳，再好的技术措施也难以发挥作用，农产品的产量和质量也无法提高。假种、劣种还会造成严重减产，甚至绝收。因此可以说，种子是农业的基础，而种子管理是整个种子工作的基础，只有抓好种子管理工作，才能维护正常的种子生产经营秩序，确保农业生产用种的需要，促进农业持续、健康、稳定发展。当前，我国农产品的供求关系和市场状况发生了重大变化，部分农产品的买方市场已经形成。过去，农业发展主要受制于资源因素，农产品供给短缺，生产决定市场，生产什么卖什么，生产多少卖多少，种子的改良和推广主要着眼于产量提高；现在，农业发展面临着资源和市场的双重约束，主要农产品大多供求基本平衡，有些产品供大于求，市场、流通决定生产，农产品结构、品种、质量不适应市场需要的矛盾日益突出。

要解决这些问题，关键在种子。各级农业部门抓农业，首先要抓好种子；管农业，务必要管好种子。要把种子管理作为发展农业的基础工作来抓，无论什么时候，不管什么地方，都必须抓紧抓好。要通过强化种子管理，加速高产、优质新品种的繁育、审定和推广，满足农业发展和人民生活水平提高的需要。

第二，管理体制改革是种业发展的战略要求。无论哪个国家，不管发展到哪个阶段，都十分重视种业发展。在一些发达国家，种子生产经营已经形成一大产业，许多种子公司已成为跨国性的大公司，他们凭借强大的实力、先进的技术、科学的管理和优良的品种，占领了一些国家的大部分市场，现在正在寻找和抢占新的市场。从而，使种子逐步成为国际农业竞争的新热点。我国是一个农业大国，常年农业用种量在250亿斤左右，这样大的种子市场，许多国外种子大公司正想方设法要打入和挤占。据不完全统计，到1997年底，已有60多个国外种子公司在我国投资设立种子企业，主要从事蔬菜、花卉种子的生产经营活动。今年，又有2个国外种子公司在我国合资设立种子企业，并把生产经营的范围延伸到粮棉等主要作物种子。目前，还有一些外国种子公司正在千方百计搜集我国的种质资源，研究我国种子市场的走势，寻找突破口和切入点，伺机打入我国种子市场。美国先锋公司已在世界玉米种子市场占有43%的份额，早就开始了对中国市场的开发，现又在辽宁省铁岭市长期租用15公顷土地，建立育种试验站，为占领我国玉米种子市场做准备；美国孟山都公司和岱字棉私人有限公司在河北、安徽合资设立了棉种公司，专门从事抗虫棉种子的生产经营；瑞士诺华公司为了进入中国市场，收购了在我国独资设立的韩国汉城种苗公司。这使我国种业和农业既面临着发展的机遇，又面临着严峻的挑战。我们既要坚持对外开放的方针，又要加大改革的力度，完善管理，加速国内种子产业的发展。随着我国加入世贸组织，外国种子公司就会迅速进入并抢占我国种子市场。如果我们有自主培育的优良品种，又有一批强大的种子公司，加上其他方面的优势，我国的种子产业将会有能力与发达国家种子公司抗衡，在国际竞争中立于不败之地，我国的农业用种才不至于受人制约，我国的粮食安全才不至于受到威胁。

第三，种子管理是农业部门的主体职能。部里的机构改革已基本结束，按照国务院批准的“三定”方案要求，我部是主管农业和农村经济发展的专业经济部门，其主要职责是拟定农业和农村经济发展战略，制定、实施行业规划、行业政策，进行行业管理，引导农村产业和产品结构的合理调整，促进农业和农村各产业的科技进步与协调发展。我们农业部门的工作，要按照党的十五大精神，把符合建设社会主义市场经济体制的改革方向，符合可持续发展和科教兴国战略，符合区域经济协调发展和最终实现共同富裕的原则，作为考虑、研究工作的出发点。种子管理是一项综合性工作，包括制定相应的行业规划、产业政策和法规制度，扶持相关的基础设施建设，完善执法体系和队伍，进行公正执法等，涉及基本政策、基本建设和基本队伍，是行业管理的重要组成部分，是各级农业行政主管部门的主体职能之一。品种的培育、引进、试验、审定、推广在农业部门，种子的繁育、生产、加工、经营、管理也在农业部门，种子管理工作抓不好，供种质量出问题，农业生产受损失，农业部门负有不可推卸的责任。种子管理工作抓好了，不仅可以使农业增产、农民增收，而且可以加速种子产业发展，不断壮大农业服务体系，增强农业社会化服务的实力和活力，更好地发挥农业部门管理农业、服务农村的主体作用。种子管理的责、权、利都在农业部门，是农业部门的立足之本。各级农业行政主管部门要增强主管意识和行政执法意识，针对新情况、新问题，改革种子管理体制，完善管理法规，改进管理方式，自觉履行好管理职责，加大执法力度，切实搞好新形势下的种子管理工作。

二、深化改革，建立适应市场经济的种子管理体制

目前，我国种子产业正经历着由计划经济向市场经济的转变，现行的“一、二、三”种子管理体制，即一套人马、两块牌子、三位一体，是计划经济的产物，在过去计划经济体制下，曾发挥过积极的作用。但是，随着社会生产力的提高、市场经济体制的建立和种子产业化的发展，这种体制越来越不能适应新形势的需要，带来的问题日益突出，严重制约种子产业和农业的发展，已到非改革不可的时候了。不改革，就不能实现政企分开，难以做到公正执法；不改革，就难以培植统

一、开放、竞争有序的种子市场；不改革，种子科研、生产、经营相互脱节的问题就难以根本解决，育、繁、销一体化的良性循环机制就难以建立起来；不改革，种子市场就难以走出时而积压、时而紧缺的“怪圈”，种子产业就难以健康发展，一些在品种、人才、技术、设备、自然条件、种子质量和服务信誉等方面有优势的种子公司就难以壮大，更难以在日益激烈的国际竞争中与外国公司抗衡。为此，要进一步加快种子管理体制改革的步伐，逐步建立适应社会主义市场经济体制和产业发展规律的种子执法体系与管理制度。

一要健全执法体系。种子执法是行政职能，是一项非常严肃的工作。各级农业行政主管部门要把种子执法摆上农业行政管理的重要位置，加强种子执法体系建设，下大力气把种子执法和生产经营彻底分开，割断二者的经济利益关系。这是提高种子管理水平的客观需要，也是中央对行政执法机关不得从事商业经营活动的基本要求。最近，中央决定，军队、武警部队和政法机关一律不再从事经商活动，要尽快与他们及其所属单位办的各种经营性公司彻底脱钩。由此可见中央对政企分开、强化执法、反腐倡廉的态度和决心，各级农业厅局也是行政执法机关，一定要把思想统一到中央的这一要求上来，结合这次机构改革，可考虑在行政机关内设立种子执法机构。县级农业行政主管部门的执法工作范围广、任务重、难度大，为了避免人员少、队伍分散，可以在行政机关内设立以种子为主的综合性行政执法机构。各级农业行政主管部门要认真落实种子执法的编制、人员，足额保证种子执法的经费，加强对执法人员的思想教育和业务培训，完善必要的执法设施和手段，提高执法水平，制定和完善规章制度，严格执法程序，加强执法监督，落实办案跟踪制和执法责任制，建立一支办事高效、运转协调、行为规范的种子管理队伍，依法行政，公正执法。

二要建立市场竞争机制。在规范经营主体的同时，打破市场垄断和地区封锁。种子生产经营的技术性较强，要强化“三证、一照”管理，各级农业行政主管部门要严格发证条件，规范审批程序，逐级把关。常规种子的《生产许可证》和《经营许可证》由县级农业局核发，主要农作物杂交种子的《生产许可证》和《经营许可证》由县级农业局审核，省农业厅核发；外商投资农作物种子企业的《种子经营许可证》由省农业厅审核，农业部核发。发证要公平、公正，避免独家经营。要鼓励异地种子公司之间联营联销，逐步建立起全国统一的种子市场。要严格规范商品种子的加工、包装，强化质量管理，商品种子要经过精选、分级，实行标牌包装，质量必须达到国家或地方规定的标准，包装袋内外还要附上规范的种子标签。未按规定进行加工、包装或质量不合格的种子一律不准销售。

三要建立现代企业制度。当前，大多数种子公司是国家事业单位，缺乏企业的机制和压力，难以合理配置资源，必须进行改制、改造和改革，使之成为自主经营、自负盈亏、自我发展的经济实体，实行企业化经营。促使其运用现代管理科学，加强内部管理，规范经营行为，实行成本核算、减员增效，按市场配置资源，提高内在活力和经济效益。同时，要通过市场竞争和政策引导，促进种子科研、生产、经营单位之间的联合和兼并，形成以资产和利益为纽带的专业公司或育、繁、销一体化企业集团。

三、加强领导，进一步搞好种子管理工作

加强宏观调控，实行依法治种，是新时期种子管理工作的根本要求。市场经济越发达，种子的商业化程度越高，越需要靠法治来规范竞争秩序，越需要健全管理体系和制度，规范执法主体，强化监督管理。各级农业行政主管部门要利用这次机构改革，搞好职能转变，科学调配人员，要把主要精力转移到行政执法和宏观调控上来，维护种业的公平竞争秩序，为整个种业发展创造良好的内外部环境。

一要切实加强对种子管理工作的领导。加强领导是抓好各项工作的组织保证，各级农业行政主管部门要组织专门人员，对种子管理体制改革和行政执法工作进行专题研究，制定具体方案，采取行政、经济等综合措施，全面推进，逐项落实。农业厅局“一把手”要对本辖区的种子管理体制改革和种子监督执法工作负总责。各省农业厅局要加强对地、县种子管理体制改革和行政执法工作的监督和指导，积极协调、配合有关部门，制定配套政策，解决实际工作的具体问题，确保种子产业改革和发展目标的顺利实现。

二要加强学习，强化政治意识。政治意识是行政工作运行的基本要求，是每位国家行政工作人员必须具备的基本素质。要始终坚持正确的政治方向，全面、准确地贯彻执行党的路线、方针、政策，就必须在学习上下功夫。不仅要熟练掌握本行业政策，而且还要学习了解相关行业的政策，尤其是要及时学习和贯彻一些新出台的国家法规政策。要增强政治意识，在研究、处理问题时，要考虑政治影响，考虑和全局的关系，维护中央的权威和政策的严肃性、稳定性。对于新情况、新问题要有政治敏锐性，多深入调查研究，及时反映情况，提出建议。要遵纪守法、廉洁自律。种子管理有很多职权，我们一定要讲原则、树正气，严格依法办事，自觉抵制不正之风，加强勤政、廉政建设，树立良好的执法形象。

三要加强监管，规范行为。各级农业部门要加强对种子生产经营单位的思想教育和监督管理，指导其树立服务意识，端正经营思想，按照市场规则和法规要求，自觉规范种子生产经营行为，依法维护自身信誉和农民利益。同时，要充分利用舆论监督和群众举报提供的线索，主动、及时查处种子生产、经营、管理中的违法违规行为。尤其要在供种的关键时期，会同工商行政、技术监督、物价管理等部门对

种子市场进行大检查、大清理、大整顿，依法取缔非法经营活动，严厉打击掺杂使假、制售假劣种子、违背农民意愿、进行不公平竞争、非法谋取暴利等行为，要把假冒伪劣种子从我国种子市场上清除出去。

四要建立种子事件逐级上报制度。假冒伪劣种子坑农案件一般都很恶劣，使人气愤。各地农业部门一旦发现违法种子生产经营行为和假劣种子事件，要立即主动调查、处理，并将有关情况及时逐级上报，上级农业部门要对下一级农业部门查处种子事件进行督导。

同志们，目前我国正处于从计划经济体制向市场经济体制的过渡时期，法制不完善，认识较混乱，基础设施薄弱，管理手段落后，经营者守法意识差，农民自我保护能力弱，这给种子管理工作提出了更高的要求。我们要认清种子管理工作的重要性、复杂性和艰巨性，增强信心，加强学习，深入调研，改进工作，探索建立适应社会主义市场经济体制和产业发展规律的种子执法体系与管理制度，把我国种子管理工作推向新台阶。

刘坚[①]同志在全国种子工作会议上的讲话

（2000 年 9 月 24 日）

这次全国种子工作会议的主要议题是：分析当前种子工作所面临的新形势，总结“九五”种子工作的成效，交流种业体制改革经验，学习贯彻《种子法》，重点研究“十五”种业改革和发展战略。这次会议是我国种业界的一次重要会议，从会议时间看，处于世纪之交、两个五年计划之交的关键时期，是一次承前启后、继往开来的重要会议。这次参加会议的人员具有广泛的代表性，既有部分种子生产经营大省的农业行政主管部门领导，又有各省的种子管理站长，还有部分种子企业和科研单位的代表。下面，我就有关问题谈几点意见。

一、正确把握形势，明确服务农业和农村经济发展的重任

种植业是农业的基础，种子是种植业的关键因素，种业是种植业的重要基础。种子是特殊的、不可替代的农业生产资料，是农业科技的载体，是决定农产品产量和质量的重要内因，是农业价值链的起点，直接影响到种植业、农产品加工业和轻工业的发展。因此，种业是农业和农村经济发展的重要基础。我们从事种业工作的同志，必须树立服务农业和农村工作的思想。我们研究种子工作，不能单纯地就种子论种子，必须把种子工作置于整个农业和农村经济之中，正确把握农业和农村经济的发展形势，紧紧围绕农业和农村经济的发展要求，从服务农业和农村经济发展的大局出发，明确种子工作的目标和任务。

今年以来，各地认真贯彻中央农村工作会议和全国农业工作会议精神，把大力推进农业和农村经济结构的战略性调整作为中心任务，积极稳定和落实农村政策，改革农业生产资料管理体制，加强信息引导和科技服务，加大优质、高效品种推广，压缩不适销品种的生产，大力推进农业产业化，努力开拓农产品市场，加强农业基础设施和生态环境建设，在遭受大范围、连续、罕见的旱灾和农产品价格持续

① 刘坚，1999 年至 2004 年任农业部副部长。

走低的情况下，各级农业部门作了大量的工作，农业和农村经济总体上是好的，保持了平稳发展的势头。

首先，种植业结构调整取得了初步成效，主要表现在以下几个方面：一是糖料作物面积调减，其他经济作物面积增加，作物种植结构进一步优化。根据市场需求糖料面积调减175万亩，油料、蔬菜等经济作物面积大幅度增加，分别比上年扩大2 200多万亩和2 800多万亩。二是主要农作物生产向优势产区集中，生产布局趋向合理。从作物布局看，长江以南调减小麦面积占全国调减面积的50%左右，东北三省调减玉米面积占全国调减面积的50%，长江中下游地区扩种油菜面积占全国增加面积的80%。三是劣质品种面积调减，优质专用品种扩大，促进产业化发展。在种植业结构调整中，各地积极淘汰劣质品种，狠抓优质、专用品种推广。今年全国优质专用小麦面积达6 900万亩，占小麦总面积的20%；“双低”油菜面积达5 500万亩，占油菜总面积的50%；优质早稻面积达5 200多万亩，占早稻总面积的近一半；专用玉米发展到6 000多万亩；棉花、糖料、大豆、水果、茶叶、蔬菜优质率提高幅度更高一些。

其次，养殖业效益显著提高，继续保持稳步发展的势头。据初步统计，今年上半年全国生猪存栏4.4亿头，比上年同期增长3.1%；肉类总产量3 164万吨，同比增长3.4%；禽蛋、牛奶产量分别增长6%、13%，水产品产量1 652万吨，同比增长3.8%。

第三，乡镇企业增速回升，效益有所提高。由于宏观经济形势趋于好转，投资、消费和出口三大需求全面启动，各地加大了乡镇企业技术改造和产业调整力度，乡镇企业的效益有较大提高。据统计，今年上半年全国乡镇企业实现增加值12 581亿元，比上年同期增长12%，其中工业增加值8 563亿元，同比增长11.7%；营业收入43 573亿元，增长12.6%，实现利润2 724亿元，同比增长14.7%；上缴税金1 013亿元，同比增长16%；完成产品出口交货值3 426亿元，同比增长16%，增幅提高8.8个百分点。

第四，农产品出口大幅度增长。据有关部门统计，今年上半年我国农产品进出口贸易总值为126亿美元，比去年同期增长26%。其中，出口值75.3亿美元，同比增长22%；进口值50.7亿美元，同比增长32.4%。实现贸易顺差24.6亿美元。

总体看，当前农业和农村经济运行基本平稳。但也存在一些值得注意的问题。

一是粮食面积和总产的下降幅度较大。今年由于种植结构调整和退耕还林、还草、还湖，加之不少地区遭受罕见的严重干旱，全年粮食面积和总产比上年有大幅度减少，据最近召开的种植业形势分析会上各省上报汇总，粮食面积比上年减少9 000万亩左右，总产的减幅也比较大。当然从南方来说后期的天气还比较好，产量尚未完全定局。仅从各地现在上报的数字来看，在我们农业部门内部来分析，是新中国成立以来粮食面积最少、减产幅度最大的年份。当然，国家有充足的粮食库存，今年的粮食供应是没有问题的。但应当注意的是，由于粮食价格持续低迷，农民种粮积极性不高，一些地方政府也想减轻粮食生产的财政负担，希望发展经济作物而增加财政收入，在当前粮食面积和产量减少幅度较大的情况下，各地依然存在继续调减粮食面积的意向和势头，应引起我们的注意。农业是国民经济的基础，粮食是基础的基础，关系到社会稳定，而且粮食的需求弹性较小，一旦供求失衡，往往是缺口虽小，但振动大，会引起较大的社会影响。目前，国际社会十分关心我国的粮食生产安全，我们必须把粮食生产安全摆在应有的位置，始终贯穿于种植业的工作思路之中。明年种植业的工作思路要把握好以下四个方面：①继续调整农业结构的指导思想不能动摇。结构调整是一个战略性的任务，农业结构调整要面向市场，以效益为中心，以提高品质为重点，依靠科技，优化布局，持续发展。②在结构调整中要把握好粮食安全问题，不能单纯强调调整粮经比例，要面向市场，以经济效益为中心，从区域优势出发，完整把握。③在我国加入 WTO 进程加快的情况下，把农业结构调整放入国际大环境中去考虑。要从国际范围来考虑我们的区域优势。④今年的严重旱灾提醒我们，在种植业结构调整中必须科学地使用水资源。我国的水资源人均占有量仅为世界平均水平的 1/4，而且年度分布和区域分布不均衡。

二是农民增收难、减负难。据统计，今年上半年，农民人均收入比上年同期增长 1.8%，据我部对 100 个县调查的结果，今年上半年农民负担的各种税费比去年同期增长 15%，收入增幅小，而负担增幅大。同时，城乡收入差距加大，乡村负债增加，这些问题在有的地方已引发了恶性事件，甚至出现了群体事件，影响很大，要彻底解决这些问题，除了规范税费负担外，要大力发展经济，增加收入，主要应采取以下五方面措施：①继续调整农业结构，提高农产品品质，增强市场竞争能力；②发展农产品加工业，延长产业链，增加附加值；③发展二、三产业，扩大收入面，同时又可以提高土地的经营规模；④减轻农民负担；⑤增加农业投入，提高农业生产能力。

三是农业抗灾能力薄弱，仍没有摆脱靠天吃饭的局面。今年粮食减产幅度较大，虽有结构调整的因素，但旱情重、损失大是重要原因。前几年，由于我国总体上处于丰水期，干旱对于农业生产的影响不大。今年全国特别是北方粮食主产区因干旱大幅度减产，再一次充分暴露了我国农业基础设施建设滞后，农业抗灾能力薄弱，农业综合生产能力需要继续提高。

四是我国即将加入 WTO，农业生产面临严峻挑战。我国加入 WTO，农业面临很多方面的不适应，如农民的素质和组织化程度、政府的政策法规、企业的经营理念等。要解决这些问题，一是要加强信息、标准、检疫、科技推广、法制等方面的基础建设；二是要发挥我们的自身优势，发展特色农业，劳动密集型农业；三是努力提高科技含量等。

通过以上形势分析，我们既要看到种子工作在种植业布局调整、结构优化、品质改善、市场开拓、农民增收等方面所发挥的重要作用，又要看到当前农业和农村经济发展所面临的主要问题中，许多与种子工作息息相关，需要我们认真加以解决。比如，如何面向国内外市场需求，加速培育、引育和推广适销对路农作物品种，引导种植结构的不断调整和优化，尤其是通过良种培育和推广，引导农民在稳定粮食生产、保护粮食综合生产能力前提下，大力发展优质、专用品种，通过调整品种结构、提高产品质量、降低生产成本、增强市场竞争力、实行产业化经营，增加农民收入，提高农民种粮积极性；如何加速引进和推广国际市场畅销品种，发挥我国劳动力和土地价格低廉的优势，引导农民发展劳动密集型创汇农业，解决农产品“卖难”问题；如何加速培育和推广抗旱、耐涝、抗病虫、耐盐碱以及适于无土栽培等品种，增强农业抗灾、减灾能力，实现农业可持续发展；如何强化管理，严格种子生产经营过程中的质量控制，防范假劣种子坑农害农事件发生等。这些都是摆在我们农业部门尤其是种子部门面前的新课题，是当前形势赋予我们的神圣职责和艰巨任务。

二、充分肯定成绩，增强搞好种子工作的信心和决心

1995 年 9 月我部在天津召开了全国种子工作会议，今年 9 月我们又在承德召开种子工作会议，两次会议之间正好是我国第九个“五年计划”。这五年间，我国农业生产取得了长足发展，农产品产量大幅度增长，实现了由长期短缺到总量基本平衡、丰年有余的历史性跨越，粮食生产上了一个新台阶，产量稳定在 9 000 亿斤以上，1998 年在遭受特大洪涝灾害情况下，达到了 10 246 亿斤，创历史最高纪录；棉花单产由“八五”期间的 52 公斤/亩提高到 66.5 公斤/亩。糖料总产由“八五”期间的 7 993 万吨提高到 9 000 万吨，结束了食糖长期依赖进口的历史；蔬菜、水果生产飞速发展，蔬菜面积由 1995 年的 1 亿亩增加到 2.2 亿亩，水果总产由 1995 年的 4 200 万吨提高到 6 200 万吨，成为农民增收的重要增长点，推动了种植结构的调整和作物布局的优化，促进了粮食、经济作物的协调发展。这些成就的取得固然有多方面的因素和多部门的努力，但农业部门尤其是种子部门功不可没。众所周知，种子是农业科技的载体和物化的科技成果，没有优良的品种和足量的种子，就会使提高农业产量、改善产品品质、调整种植结构成为一句空话。据有关专家测算，良种在农业增长中的贡献份额已从“八五”期末的 29%上升到近两年的 36%，增长了 7 个百分点。特别是近两年来，农业发展新阶段和战略性结构调整给种子工

作提出了新要求，各级党委、政府高度重视种子工作，各级计划、财政等有关部门大力支持种子工程，各级农业部门在组织实施种子工程中，加强基础设施建设，加速良种培育、推广，改革管理体制和经营机制，强化种子生产经营管理，种子工作取得了较大的成绩。主要表现在以下几个方面：

一是得到了各级党政领导的高度重视和有关部门的大力支持。自 1995 年全国种子工作会议提出创建种子工程以来，党中央、国务院有关文件多次强调“突出抓好种子工程，加快良种培育、引进和推广”，中共中央、国务院下发的中发〔1996〕2 号文件明确指出：“各级政府要把实施种子工程作为依靠科技进步，发展农业的一件大事。安排专项资金，组织专门力量，确保种子工程顺利实施”；中发〔1997〕6 号文件进一步要求“国家安排给种子工程建设的信贷资金和财政贴息资金，今年要全部足额及时到位”；中发〔2000〕3 号文件再次强调“有关部门要加大种子工程支持力度”。《中华人民共和国国民经济和社会发展“九五”计划和 2010 年远景目标纲要》和《中国的粮食问题》白皮书等都把实施种子工程作为科技兴农的重要措施之一。中央领导也在各种场合多次强调要突出抓好种子工程，李鹏同志 1996 年从中央预备费中安排了 2 000 万元用作种子工程启动资金，并批示对农业部实施的种子工程要大力支持。朱镕基同志 1999 年又从总理基金中安排 1 000 万元支持超级稻育种。国家计委、财政部、中国人民银行等部门都安排了专项资金，财政部和国家税务总局还在税收上对种子生产经营和良种引进实行扶持政策。

二是建设了一批重要基础设施，增强了种业综合生产能力。五年来，在国家有关部门的大力支持下，我部利用中央预算内非经营性基建资金，与地方联合投资建设了国家农作物改良中心 10 个、国家级原种场 27 个、农作物种子质量检测中心 43 个、国家救灾备荒种子储备库 35 个、农作物品种区试站 66 个、薯类脱毒快繁中心 11 个、果茶良种苗木繁殖场 15 个，总投资达 13.2 亿元，其中中央基建拨款 8.3 亿元。还利用财政贴息专项基建贷款，投资建设了 215 个大中型种子加工中心、种子包装材料厂、种子加工机械厂等，总投资 15 亿元。通过投资建设，强化了产业基础，提高了我国种业的综合生产能力。与 1995 年相比，新品种培育速度明显加快，生产用种每换一次的时间由原来的 10 年左右缩短到 6～7 年，全国商品种子生产能力由 64 亿公斤提高到 80 亿公斤，种子加工能力由 33 亿公斤提高到 50 亿公斤，种子储藏能力由 18 亿公斤提高到 22 亿公斤，种子质量检验能力由 32 万份/年提高到 50 万份/年。

三是推广了一批优良品种和先进技术，提高了供种质量和科技含量。在实施种子工程中，通过试验、审定、示范和供种，推广了“八五”以来审定的新品种 1 200 多个，使主要农作物生产用种基本更换了一次，良种覆盖率达到 95%。同时，通过建立“三圃田”，组织开展原种（亲本）提纯、种子生产过程中的苗检、花检、种子质量认证和监督抽检，提高了供种质量。据国家质量技术监督局的抽查结果，1998 年、1999 年两年杂交玉米种子质量抽样合格率稳定在 85%以上，比 1995 年提高了 76 个百分点以上。使农业生产中“品种多乱杂、高低三层楼”的状况得到了根本改变。

四是强化了种子生产经营管理，种子市场秩序明显好转。建设和完善宏观管理系统是种子工程实施的主要内容和目标之一。在实施种子工程中，在全国人大的牵头组织下，我部会同国家有关部门在大量调查研究基础上起草了《种子法》，颁布了一系列配套的种子管理法规，修订了有关的技术规程和质量标准，联合召开了全国农业种子管理工作电话会议，联合组织了全国范围的种子“六查三整顿”和种子市场专项检查活动，并在每年供种的关键季节，组织开展种子、种衣剂、种子加工机械质量抽查工作。还针对湖南汝城假种案、山东临沂种子事件和安徽灵璧违规管理行为等典型事例，提出查处意见，并向全国通报查处情况，分析发生原因，宣传相关法规，提出管理要求。各地农业行政主管部门加大了种子管理力度，认真按照法规规定和我部要求，严格发证，强化监管，积极督促种子生产经营单位加强全程质量管理、规范生产经营行为，严肃查处违法违规行为和假劣种子案件，维护种子市场秩序，增强了全行业的法制观念，净化了种子市场，使假劣种子坑农害农案件明显减少。

五是加快了体制改革步伐，探索出适应市场经济的新途径。为了建立适应社会主义市场经济的种子管理体制和经营机制，各地农业行政主管部门进行了不同程度的改革。一些地方已经按照政企分开、逐步脱钩的原则，把种子管理站和种子公司彻底分开，如河南省从省到县已基本实行种子站和种子公司分开，广东省已有 85%的种子管理机构实行了与种子公司分开，湖南省 14 个地、州、市全部实行了种子站和种子公司分开，105 个县、市、区已有 80 多个实行了种子站和种子公司分开，有的地方还解决了管理机构的编制、人员、经费等实际问题，使管理部门全力以赴抓种子管理，这为种子管理与生产经营彻底分开探索了路子，奠定了基础。同时，各地大力推进国有种子公司企业化，积极按照建立现代企业制度的要求和国有企业改革的思路，改革产权制度、人事制度和分配制度，通过改制、售让和联合等途径，进行产业重组，涌现出一批由种子科研、生产、经营单位和相关企业联合组成的育繁销一体化种子企业或企业集团，有的已成为大型种业股份有限公司，引入了现代的企业管理制度和方式。这次参加会议的 70 多个种子企业中，股份公司和有限公司就达 30 多个，接近 50%。合肥丰乐、湖南亚华、隆平高科、秦丰农业 4 个种业公司还成为上市公司，利用股票市场，募集发展资金，规范内部管理，实行低成本扩张。此外，其他行业资本的大量介入和民营企业的快速发展，使资本市场在种业重组中的作用逐步显示出来，促进种子企业按市场机制走向联合。随着管理体制的改革和经营机制的转变，农业部门种子执法的公正性和权威性逐步增强，得到了社会的公认。种子公司向规模化、集团化发展的步伐日益加快，以行政区域为界限的种子市场割据正在打破，整个种子产业的资源配置将不断优化。

在总结种子工作所取得的成绩和经验的同时，我们还应当清醒地看到存在的问题。一是投资体制不顺，建设资金不足，基础设施薄弱，与我国农业和农村经济发展的要求仍有较大差距，同国外相比差距更大。二是体制改革滞后，科研、生产、经营相互脱节，大部分种子经营、管理机构还没有彻底分开；三是经营机制不活，企业科技创新能力不足，自我积累、自我发展能力较弱，缺乏活力和后劲；四是部分种子生产经营单位法制观念淡薄，守法意识不强，内部管理混乱，致使有的地方假劣种子坑农害农事件时有发生。这些问题，有的需要国家有关部门解决，有的需要我们上下共同努力解决。

三、继续加大力度，努力开创种子工作新局面

总结过去，展望未来，即将跨入新世纪和第十个五年计划。“十五”期间是我国市场经济发展、现代化建设和改革开放的重要时期，也是我国种业改革和发展的关键时期。这期间，我国种业既具有有利的发展条件和机遇，又面临十分严峻的挑战。首先，市场经济体制的逐步建立和完善，以及国家对种子工作的重视与支持，将为我国种业发展提供一个有利的外部环境。其次，《种子法》的实施将打破以行政区域为界限的市场割据，逐步建立公平竞争的市场秩序，打破地区封锁，促进资源的合理流动和企业的优胜劣汰，有利于在品种、人才、技术、设施、产品质量和服务信誉等方面有优势的种子企业加速发展，有利于资产重组和优势组合，有利于政企分开，加强管理。同时要求我们必须加快改革步伐，实行管理和经营的分开。第三，其他行业资本的介入和优势企业的发展，将加速种子企业间的联合和重组，促使种业资源向优势企业集中，构造我国种业“航空母舰”。第四，农业结构战略性调整和农业发展新阶段，对农作物优良品种的种类、数量要求越来越多，市场将拉动种业的发展，这为我国种业发展开拓了新的空间，同时也提出了更高的要求。第五，随着我国加入世贸组织进程的加快，贸易壁垒将逐步减少，市场将更加开放，虽然有利于引进外资和技术，但同时也给我国种业带来新的挑战。一方面，国外品种、种子和资本将大量进入我国，从供给方面加剧我国种子市场的竞争。另一方面，国外优质、廉价农产品将大量进入我国，直接影响我国农业生产，减少农民就业机会和生产用种需求，从需求方面加剧我国种子市场的竞争。此外，在人才上的竞争，挑战不可低估。如果我们不尽快壮大国内种子企业，构建自己的“航空母舰”，提高国际竞争力，在日趋激烈的竞争中，我国种子产业将处于不利地位。因

此，摆在我们面前的形势是：机遇与挑战并存，生存与发展同在。各级农业部门尤其是种子部门，要进一步增强危机感和紧迫感，要有忧患意识，加大力度，扎实工作，抓住机遇，迎接挑战。

一要深化改革，加速转制。种子企业是良种推广和创新的连接点，是规范市场运作的基础。在改革开放、市场经济发展和全球经济一体化的新形势下，我国种业的希望在种子企业。参与国际竞争，要靠种子企业自身，而目前我国种子企业状况还不容乐观。我国种子企业大多是按行政区域设立的，规模较小，布局分散，效益较低，实力较弱。我国种子市场是多法人、小规模、少网络，而发达国家的种子市场则是少法人、大规模、多网络，我们今后也要向这个方向发展。我们开展种业百强创建活动，并不是刚好创建100个企业，而是一个方向引导。据有关资料统计，在全国的种子企业中，年销售额在5 000万元以上的只有18个，在1亿元以上的只有7个。尤其是国有种子企业，产权较单一、机制不灵活、社会负担重、工作效率低、经营成本高，要想在逐步开放的种子市场中保持一席之地，在日趋激烈的市场竞争求得生存和发展，唯一的出路就是尽快按照《公司法》和现代企业制度的要求，改革内部机制，重组内在要素，加强横向联合，利用外部资源。

在创建种业百强、增强我国种业国际竞争力过程中，各级政府和农业行政主管部门要重点做好以下几方面工作：第一要打破垄断，特别是打破行政区域垄断，放开国内市场，允许异地制种、异地销售。第二要严格保护品种权。今后，种业百强企业要达到育繁销一体化。第三要加强市场管理，规范生产经营行为，严格执法，创造一个公平竞争的环境。第四要搞好规划、建设和协调。第五要制定政策，鼓励联合。从种子企业内部来讲，一要形成多元化投资和产权；二要建立真正的法人治理制度，建立科学的决策机制、有效的激励机制和严格的约束机制；三要有一批懂经营、善管理的人才，特别是懂现代营销策略的人才，连锁经营是一种很好的营销方式，可以减少环节、降低成本、保证质量、避免假冒伪劣产品和购销回扣现象发生，但要建立连锁网络，必须要有这方面的人才；四要改变“小而全”，搞“大而专”，不能搞“大而全”，更不能盲目跨行业，进入非相关、不熟悉的行业。从“小而全”到“大而专”，最有效的途径就是联合，在这方面要避免出现两种倾向：一是怕在联合中被对方吃掉，丧失控制权和管理权，因而不愿联合，尤其是一些农业行政部门的领导，因受这种思想影响，甚至阻挠其下属种子公司与他人联合，这对种子企业的发展十分不利。美国迪卡公司拥有数十亿美元的资产，其董事会认为只有和孟山都公司联合，利用其生物技术的优势，才有利于迪卡公司更快、更好地发展，于是在其发展鼎盛时期、也是最值钱的时候，毅然决定全资卖给孟山都公司。这种做法，很值得我国学习和借鉴，我们许多企业往往在发展鼎盛时期，由于效益好，领导重视，不愿意或舍不得与别人联合，而是在濒临破产、已不值钱时，才去求人联合。二是不从企业的内在要求出发，不尊重企业的自主权和大多数职工的意愿，采取行政手段搞“拉郎配”，搞貌合神离的联合，搞徒有虚名的“花架子”，常常造成资源浪费和企业受损。

二要强化管理，严格执法。管理是一个永恒的主题，也是一根永远不能松弛的弦。虽然最近几年的种子管理工作已取得了显著成效，但是，还不能盲目乐观。一方面，从种子生产经营者方面看，自觉提高质量、守法经营并承担责任的意识还不牢固，自我约束的机制还没有真正发挥作用，尤其是《种子法》实施后，由于零售、代销环节的放开，种子经营主体可能大量增加，经营者素质参差不齐，经营方式多种多样，经营行为日趋复杂；另一方面，从种子使用者方面看，农民自我保护的意识差，缺乏正确识别真假优劣、合法与非法的能力。此外，《种子法》又加大了农业行政主管部门的管理职责，赋予了种子质量监督管理权和违法行为查处权，这就要求各级农业行政主管部门要加强领导，落实责任制，认真贯彻《种子法》，全面强化种子管理。

第一，必须把种子管理与经营彻底分开。《种子法》已经明确规定：“农业行政主管部门及其工作人员不得参与和从事种子生产、经营活动；种子生产经营机构不得参与和从事种子行政管理工作”，这就要求，无论采取哪种执法方式，种子管理和经营必须彻底分开。如果既从事种子管理，又从事或参与种子生产经营，那就是违法。在这方面无论有多大阻力和困难，一定要把种子管理和经营彻底分开。

第二，关于综合执法和专业执法问题。为了解决农业部门政企不分、执法分散、人员不足的问题，增强农业行政执法的权威性、公正性和严肃性，我部从1999年开始，在部分省区20个县开展农业行政综合执法试点工作，目前正在探索和总结，认识上还不完全一致，下一步还要进行深入的调查研究。但是无论采取综合执法还是专业执法，对种子生产经营的管理不能形成空白。目前没有开展综合执法的地方，农业行政主管部门要继续委托种子管理机构执法，保持种子管理工作的连续性，加大种子执法力度。

第三，已经实行综合执法的，要正确处理好综合执法机构与行业管理机构的关系，合理分工，明确职责，规范行为，依法行政，搞好衔接，相互配合，形成合力，加强对种子生产经营的监督管理，督促种子生产经营单位搞好全程质量控制，全面提高供种质量，及时纠正违法违规行为，严肃查处假劣种子坑农害农案件。

第四，无论采取哪种执法方式，农业行政主管部门都要帮助解决种子执法所必需的设施、经费和手段，都要加强对执法人员的思想教育、法制教育和业务培训。

三要搞好规划，加强建设。加强基础设施建设是种业发展的基础，是种子工作的重要组成部分。“九五”期间，国家有关部门大力支持种子工程，将种子工程建设规划纳入农业基本建设投资预算中，每年安排专项资金用于种子工程建设，使规划的基建项目基本得到了落实和实施。种子工程是一个跨世纪工程，实施“种子工程”是“九五”期间乃至2010年我国种子工作的中心任务。最近，我部会同有关部委研究落实中共中央、国务院关于“有关部门要加大对‘种子工程’支持力度”的要求时，国家计委表示将根据党中央、国务院的统一部署，把种子工程纳入“十五”期间农业和农村经济发展规划中；财政部也表示将对种子工程继续给予支持，按照预算管理的有关程序和要求，根据经济发展的需要统筹考虑“十五”期间种子工程建设所需的国家资金投入。有关部门对“十五”种子工程如此重视和支持，使我们增强了继续实施种子工程的信心。会前，我部印发了《关于加大种子工程实施力度的通知》，提出了“十五”期间种子工程投资和建设方向，并在此基础上草拟了《种子工程“十五”规划》，将印发各省征求意见和补充完善。各级农业部门要根据种子工程的总体目标和思路，结合这次会议的主要精神和当地的实际情况，认真、及时搞好“十五”种子工程规划。一是全面总结“九五”种子工程建设的成绩和经验；二是对照种子工程总体规划的目标，找出存在的差距和问题；三是面对我国农业与种业发展的新形势、新任务，分析“十五”种子工程的有利条件和不利因素，提出“十五”种子工程的实施目标、内容和措施；四是根据“十五”种子工程实施内容和措施，拟订“十五”种子工程建设项目规划，并着手筛选2001年建设项目，搞好项目论证、申报等前期工作。同时，要认真搞好“九五”种子工程项目的实施，已经建成的项目要先由项目单位对照项目计划和工程合同进行自查和总结，然后报请省级农业行政主管部门初步验收，最后再由我部组织有关专家进行统一验收；目前在建的项目要严格按照批复下达的计划实施，按时保质保量完成，尽早发挥作用。

四要加强领导，落实责任制。加强宏观调控，实行依法治种，是新时期种子管理工作的根本要求。市场经济越发达，种子的商业化程度越高，越需要靠法治来规范竞争秩序，越需要健全管理体系和制度，规范执法主体，强化监督管理。各级农业行政主管部门一要切实加强对种子工作的领导，组织专门人员，对种子工作进行专题研究，制定加强种子管理、促进种业发展的具体措施。二要利用这次机构改革，搞好职能转变，科学调配人员，把主要精力逐步转移到行政执法和宏观调控上来，维护种子市场的公平竞争秩序，为整个种业发展创造良好的内外部环境。三要全面落实种子管理责任制，农业厅局“一把手”要对本辖区的种子工作负总责。《种子法》既赋予了农业部门管理职权，也赋予了农业部门管理责任。各省农业厅局要加强对地、县种子工作的监督和指导，积极协调、配合有关部门，制定配套政策，解决实际工作的具体问题，确保种业改革和发展目标的顺利实现。四要建立种子事件逐级上报制度，一旦发生种子事件，遭受损害的往往是千家万户的农民，容易引起群体事件，影响社会安定。我部已将假劣种子坑农事件列入重大事件上报的范围，各地农业部门一旦发现违法种子生产经营行为和假劣种子事件，要立即主动调查、处理，并将有关情况及时逐级上报，上级农业部门要对下一级农业部门查处种子事件进行督导。

崔世安同志在全国种子工作会上的讲话

——学习种子法　种业再升华

（2000年9月24日）

种子是最基本的农业生产资料，是农业增产的内因，是各项技术措施的载体。早在1958年，FAO就发起了“世界种子运动”，以后又实施了“良种改良与发展计划”。有关专家讲“一粒种子可以改变世界”，并预言“谁掌握了种子，谁就掌握了世界”，“种子战将取代农产品战”。这里说的是植物种子。还有动物种群也很重要，特别是人类基因组的揭秘，30亿碱基对的绘制完成。进行人体基因改性，世界会变得更奇妙。当然也会有使人担心的一面。

《中华人民共和国种子法》（以下简称《种子法》）已于7月8日经全国人大常委会第十六次会议通过，将于2000年12月1日起施行。《种子法》的颁布实施，是我国种子法制建设的一件大事，相信对依法治种，以法兴种，必将产生巨大的保障和促进作用。现在，我就个人学习理解讲三点体会。

一、认清意义，法律颁布正当时

1. 从国外看，立法先于我们。我们先看发达国家：美国1939年制订了《联邦种子法》，以后各州都有种子法。对商品种子生产、分级、质量包装、标签、检验都做了规定，早于我国61年；1869年英国联邦议会通过法令不准出售丧失生命力的种子、掺杂种子、含杂草率高的种子，早于我国131年；1861年瑞士共和国颁布了禁止出售掺杂种子的法令。瑞士是小国，才4万平方公里，可耕地面积是我国的万分之一，种子法却早于我国139年。再看不发达国家：赞比亚于1975年制定了《农作物种子法》，早于我国25年；肯尼亚1972年制定《种子植物品种法》早于我国28年。目前，世界上大部分国家都颁布了《种子法》。

2. 从国内看，颁布也有基础。1989年国务院颁布了《种子管理条例》（以下简称《条例》），已推行了11个年头。1991年农业部颁布了《农作物种子实施细则》（以下简称《细则》），也实施了9个年头。这期间可以说积累了一些经验，也探索了一些路子。

3. **从现实看，亟须法律规范。**《条例》实施后，种子产业发展出现了一些新情况、新问题，比如新品种保护等需要法律确认，或上升到法；政企不分等需要法律否定。总之，无论正确的，还是过时的；是发展的，还是滞后的；都亟须法律规范。

4. **从过程看，经过长期酝酿。**1963年，李先念同志就提出要搞种子法，1978年农林部开始起草农作物种子法，1994年，农业部和林业部开始起草种子法，成立了领导小组、起草小组和顾问小组。几经讨论，六易其稿。1998年，在第六稿的基础上，由全国人大农委牵头继续起草。其间，我部、人大多次召开座谈会，广泛征求意见。最后人大常委会三审才通过。

《种子法》的颁布实施，将有力地促进我国种子产业的发展，综合起来，《种子法》有以下的作用：

一是规范作用。规范品种选育和种子生产、经营、使用者的行为。

二是保护作用。保护品种选育者和种子生产者、经营者、使用者的合法权益，保护种质资源。

三是推动作用。《种子法》的颁布可以推动各地种子公司的改革，推进市场化进程。

四是保障作用。保障各级政府对农业的支持、对种子的投入。

五是净化作用。依法严厉打击假冒伪劣种子，净化种子市场。

六是促进作用。促进种子的科技创新，促进我国农业的科技进步。

七是保证作用。《种子法》此时出台能够保证当前种植业结构的战略性调整。从长远来说，可以确保我国粮食安全。

二、认清特点，理解条文学好法

根据我个人的理解，这部《种子法》有十大特点：

（一）保持了连续性

《条例》和《细则》都是9章，《种子法》为11章，只多了2章。具体看：保留了7章。就是第一章总则，第二章种质资源保护，第三章品种选育与审定，第四章种子生产，第五章种子经营，第十章法律责任，第十一章附则。改动了第六章。种子检验和检疫改为种子质量。合并的有1章。就是原来的种子贮备，原来是《条例》中的第七章，这次变为总则的第七条。新增加的有3章。就是第六章种子使用，第八章种子进出口和对外合作，第九章种子行政管理。从条数来看，《条例》是46条，《细则》是85条，《种子法》为78条，比《条例》增加了32条，比《细则》减少了7条。原来的《条例》、《细则》内容大部分保留下来，具有一定的连续性。

（二）很有针对性

《种子法》的制定，既考虑了与国际接轨，借鉴了国外的一些经验；又立足于我国的国情，考虑了它的实施可行性。

大家都知道，国际上种子立法有三种模式。

第一种为“事前管理型”。如苏联，它的种子法侧重于种子的生产环节，对于亲本、原种、种子生产，规定得很详细、很严格，但是对于种子的流通，特别是经营者应当具备的条件没有做刻意的要求。因为苏联是计划经济方式。

第二种为“全程管理型”。欧洲国家基本都是这种模式。对列入名录的品种不注册就不能推广、经营。对于种子的质量，强行搞质量认证。对种子的包装标签，也都有要求。亚洲的日本、韩国、泰国等国家也都有这方面要求。

第三种为“事后监督型”。代表国家是美国。美国只负责管理标签的真实性。对标签的制定、颜色、项目、内容、代号、批量，要求得非常严格，其他的基本不管，只要求照章纳税。

“窗含西岭千秋雪，门泊东吴万里船”，各有各的景致。出现这种情况，是因为各国特点不一样。欧盟国家小，品种比较单一，可以直接到中央进行品种注册，而不必再设省级品种注册委员会。美国市场经济比较成熟。成熟的市场经济我总结为有三律：一是企业的法人自律，企业的自律性很强，根本不经营假冒伪劣种子，不成熟未试验的品种，企业绝不拿去销售。二是协会行律，种子协会都是大企业老板联合形成的，可以行使许多政府职能，很有权威性。在全行业进行约束，大家共同遵守。三是国家法律，其实前两道防线已经基本杜绝了种子刑事案件，所以美国的种子法就放得很宽。这和我国不同。现阶段我们的种子法就既不能滞后，也不能太超前。滞后就搞成了计划经济，超前自由市场经济也不行。所以我国种子法事前事后都要管理，生产流通都要规范，这是国情所限。

（三）突出了竞争性、市场性

1. **不指定主渠道。**《种子法》总则共有七条，删除了《细则》总则的第 8 条，原第 8 条规定“各级农业部门的种子公司是种子生产经营的主渠道，负责按计划供应良种”，《种子法》就不再指定主渠道。把种子公司整个都要推向市场，去拼搏、去创立自己的主体地位。

2. **鼓励、支持开发。**把《细则》的第 21 改为第 11 条，就是“国家鼓励和支持单位和个人从事良种选育和开发”。加了“开发”两个字，不仅仅是强调品种选育，并且重点突出了国家鼓励、支持单位和个人从事良种的开发。

3. **生产实行许可制度。**《种子法》把原来《细则》的第 39 条、第 40 条变为现在的第20条，原规定都是计划管理，现改为“实行许可制度”，并规定主要农作物和主要林木的商品种子生产实行许可证制度，一是主要农作物（即小麦、玉米、稻、棉花、大豆，再加上农业部增加的两种和各省增加的两种作物，每省最多9种作物）杂交种子及亲本种子、常规种原种种子，由省级农业部门发生产许可证。二是主要农作物常规种大田用种由县级农业部门发生产许可证。三是除主要农作物发种子生产许可证之外，其他作物不用办理种子生产许可证了。

4. **经营实行许可制度。**《种子法》把原来的第49条改为现在的第26条，也就是种子经营这一章，“种子经营实行许可制度”。可以理解为五点：①种子经营要先证后照，凡是搞种子经营都要办经营许可证，取得证之后才能办营业执照，不区分主要农作物和非主要农作物。②主要农作物的杂交种及其亲本种子、常规种原种经营许可证，由省、自治区、直辖市的农业行政主管部门核发。③主要农作物常规种大田用种、非主要农作物种子的经营许可证，由县级以上地方农业部门核发。④实行选育、生产、经营相结合的一体化的公司的经营许可证可以申请由农业部核发，一般指一体化的大型种子公司。⑤从事种子进出口业务的公司，由农业部来核发经营许可证。

5. **科研、院校可以依法经营。**《种子法》新增了第28条，“国家鼓励和支持科研单位、学校、科技人员研究开发和依法经营、推广农作物的新品种和林木良种”，也就是说科研单位、学校、科技人员要研究开发和经营，只要具备本法规定的条件就可以了。

6. **企业自主经营。**新增的32条第2款，“任何单位和个人不得非法干预种子经营者的自主经营权”，种子公司可以自主确定自己的经营活动，如果再进行干预就是违法。

7. **农民自主购买。**新增的第39条，“种子使用者有权按照自己的意愿购买种子，任何单位和个人不得非法干预”，农民买谁的种子，买什么样的种子，都不得干预。如果干预造成损失，根据第69条，干预者要给予赔偿。

8. **四种情况可不办经营许可证。**第29条、第30条规定，经营种子，有四种情况可以不领取、不办理种子经营许可证：①“种子经营者专门经营不再分装的包装种子的”。只要是不再分装包装种子了，而是原封不动地拿来经销，不必办理许可证；②“受具有种子经营许可证的种子经营者以书面委托代销其种子的”。这种情况应具备两个条件，一是要有取得合法资格的种子公司的书面委托，二是委托就有连带责任，如果被委托方出现纰漏，主管部门必须严厉追索委托方；③“种子经营者按照经营许可证规定的有效区域设立分支机构的”，这种情况也必须具备两个要件，一是分支机构是在许可证的有限区域之内设立的，二是种子经营者要承担分支机构的连带责任；④“农民个人自繁自用的常规种子有剩余的可以在集市出售串换”，不需要办理种子经营许可证，但还需要省、自治区、直辖市人民政府制定管理办法，进行约束。不再指定经营主体，也不再规定所管辖的区域，就是提倡跨区域市场竞争。

（四）加大了约束性

1. **生产条件。**第21条规定，领取种子生产许可证，必须具备一定的条件，正在制定的配套法规征求意见稿（以下简称《配套法规》）规定，必须具有与种子生产相适应的：①资金。制种500亩要注册资金10万元；制种500～5 000亩，注册资金50万元；制种5 000亩以上，注册资金100万元；②生产和检验设施；③种子生产专业人员3人以上；④种子检验技术人员2人以上；⑤生产许可证有效期3年。

2. **经营条件。**第29条规定，领取种子经营许可证要具备一定的条件，要具有与经营种子种类和数量相适应的资金及独立承担民事责任的能力。《配套法规》规定，①申请县发证，要注册资金100万元。②申请省发证，要注册资金500万元。③申请部发证的进出口公司，要注册资金1 000万元。④申请部发证的育繁销一体化公司，要注册资金3 000万元。所谓育繁销一体化，公司要有自己的育种科研机构，稳定的生产基地，成套的加工设备，商品注册商标，销售服务网络。自有品种占销售量50%以上。⑤经营许可证有效期5年。《配套法规》中的量化指标是否太高了，大家可以讨论修改，使之更加符合实际。

3. **经营者要守法、服务负责。**新增了第32条，规定“种子经营者应当遵守有关法律、法规的规定，要向种子使用者提供种子的简要性状、主要栽培措施、使用条件说明与有关咨询服务，并对种子质量负责”。

4. **商品种子的要求。**第34条，规定销售的种子必须进行“加工、分级、包装”。不加工、分级、包装就不能称为商品种子。按照《种子法》的要求，不经过加工、分级、包装的种子不能在市场流通，不能销售。

5. **标签真实性。**新增的第35条，取消了原来的种子《质量合格证》，推行标签制，规定“销售的种子应当附有标签，标签应当标注种子类别、品种名称、产地、质量指标、检疫证明编号、种子生产及经营许可证的编号或者进口审批文号等事项，标签标注的内容应当与销售的种子相符”，“销售进口种子的应当附有中文标签”，“销售转基因植物品种种子的必须用明显的文字标注，并应当提示使用时的安全控制措施”。

6. **要建立档案。**新增的25条、36条规定，种子生产、经营应当建立种子生产、经营档案，记录种子的田间生产、来源、加工、储藏、运输和质量检测各个环节的简要说明及责任人、销售去向等内容，档案要妥善保管，并有年限要求。

7. **赔偿要求。**第41条规定，“种子使用者因种子质量问题遭受损失的，出售种子的经营者应当予以赔偿”，赔偿额包括购种价款、有关费用和可得利益损失。

“经营者赔偿后属于种子生产者或者其他经营者责任的，经营者有权向生产者或者其他经营者追偿”。请注意，这里的原则是要“先赔偿、后追偿”。这样规定是更好地保护农民利益，避免相互推诿。今后我们处理种子案件，要先责成直接销售给农民的经营者赔偿农民，然后再追究其他人的责任。

8. **纠纷的处理。**关于纠纷的处理方式，新增的第42条规定，协商、调解、仲裁、起诉都可，这是消费者的权利。

（五）体现了改革性

1. **推动产业化。**总则的第1条，在制定本法的指导思想上，写上了“推动种子的产业化”。

2. **鼓励相结合。**第4条规定，“鼓励品种的选育和种子生产、经营相结合”，也就是推动产业化，鼓励科研单位和种子公司联合起来构建育、繁、销一体化。

3. **使新品种保护制度上升为法。**第12条规定，“国家实行植物新品种保护制度”。国际工业产权保护协会在1952年维也纳会议通过决议，要求成员要像保护工业发明那样保护植物新品种，1961年11月在巴黎有5个国家签署了《国际植物新品种保护公约》，我国于去年4月23日正式成为其第39位成员。截至目前农业部已经公布了两批19个属或种的作物列入植物新品保护名录，到今年9月1日，已经有39个授权品种。这是对原来无偿使用他人品种的改革，实施保护之后，如果再销售非本公司的保护品种就属于违法行为。

4. **第15条改革了品种审定制度。**品种审定的目的是测定品种的稳定性、一致性、特异性以及农艺性状，重点是品种的稳定性和区域适应性，防止不成熟的品种进入生产领域，给农业生产带来损失。新规定有以下几条含义：一是品种审定限于主要农作物品种，即稻、玉米、小麦、棉花、大豆及部里和各省确定的两个作物品种需经过审定，其他作物的品种不需审定。二是国家的品种审定和省里的审定两级是并行的，不存在国家的比省里的高一级，将来的育种单位和育种者在申请品种审定时可以申请省级审定，也可以直接申请国家审定，但是品种的适宜推广区域主要看审定后公布的适宜范围。三是配套法规规定先提出申请，受理后安排区试，只要参加区域试验即认为申请审定。四是初步设想，不搞预备试验，区域试验由原来规定的两到三年，变为两年，生产试验由原来的一到两年变为一年，再和区域试验交叉一年，三年就可以就解决原来所说的品种审定之日就是品种灭亡之时的问题。五是生产试验的面积一般要控制在300到3 000平方米，过去有的生产试验规定的面积很大，面积很大既浪费了我们的精力，又造成了事实上的未审先推广。六是地区不设品种审定委员会，按照法的规定，生态多样性的地区，设区的市、自治州可以审定品种，但属于受省里的委托，承担审定工作。

5. 改革管理体制。第56条明确要求，政企分开，也包括事企分开。“农业行政主管部门及其工作人员不得参与和从事种子的生产、经营活动；种子生产经营机构不得参与和从事种子行政管理工作。种子行政主管部门与生产经营机构在人员和财务上必须分开”。这里要求的对象，包括部门和工作人员，内容包括人员和财务。这是对过去种子“三位一体”管理体制的改革。

6. 规定收费。第58条规定，除了收取所发证照工本费以外不得收取任何费用。但不包含审定、质量检测等一些事业性的收费。收取所发证照的工本费，按照原来的规定，就是5元钱。

（六）有可操作性

第46条规定，禁止生产、经营假种子。假种子、劣种子在法中规定得很具体，共七种情况。

（七）加强了保护性

1. 财政、信贷和税收支持。主要体现在第5条，要求县以上人民政府要按照国家有关规定在财政、信贷和税收等方面采取措施保证种子发展规划的实施。

2. 专项资金支持。第6条，“国务院和省、自治区、直辖市人民政府设立专项资金，用于扶持良种选育和推广”，要求国家和省这两级都要设立专项资金。

3. 保护种质资源。第8条，“国家依法保护种质资源，任何单位和个人不得侵占和破坏种质资源”，第10条“国家对种质资源享有主权”，对于种质资源这次又提高到主权上来认识这个问题。种质资源的主权问题，世界上各个国家存在不同观点。美国、加拿大等发达国家认为，种质资源是世界的共有财富，各国可自由获得和利用；发展中国家认为，各国对其种质资源拥有主权，获得资源必须是有条件的。1999年4月，FAO粮食与农业遗传委员会第八届会议就此达成共识：将在修改《植物遗传资源国际约定》时规定，各缔约方承认各国对本国粮食和农业植物遗传资源拥有主权，但前提是资源拥有国法律必须对此作出规定。因此，《种子法》第十条规定，国家对种质资源享有主权。需要说明的是，国家主权是针对对外交流而言的，并不影响各科研单位对自己拥有资源的所有权。

4. 对人类、生态的保护。第14条规定，对“转基因植物品种的选育、试验、审定和推广进行安全性评价，并采取严格的安全控制措施”。近年来，随着生物技术的发展，转基因植物品种已经进入农业生产领域。转基因植物品种虽然在增强抗性、改善品质、提高产量等方面有优点，但也可能对人类健康、生态环境造成危害。世界各国对转基因产品的安全性认识不一。2000年1月28日，《生物多样性公约》缔约国蒙特利尔大会通过了《生物安全议定书》，对活性转基因产品的越境运输问题作出了规定。8月8日，我国成为该议定书的第70个签字国。根据该议定书的要求，对活性转基因产品要进行风险评估和标识。目前大多数国家都采取这种办法。我国现在也有一些这方面的规定，要求进行转基因产品研究开发时，进行风险评估、安全评价，包括科研研究、中间试验、环境释放和商品化生产的安全评价。截至目前，我国只批准转基因棉花、番茄、甜椒和矮牵牛花四种作物进行商品化生产。

5. **对国外的规定。**新增加的第19条，即关于品种选育和审定，在中国没有经常居所或营业场所的外国企业、外国人员或者外国其他组织，要在中国申请品种审定，必须委托中国的种子生产、经营、科研机构代理，不允许自己申请品种审定。

6. **规范国际合作。**新增加了第八章。该章内容是种子进出口和对外合作。一是要求进出口的种子必须进行检疫。二是从境外引进农作物种子的审定权限，审批办法，进口转基因植物品种的管理办法要由国务院规定。三是进口商品种子的质量要达到国家标准或者行业标准。四是禁止进出口假劣种子以及国家规定不准进出口的种子。五是第54条，境外企业和其他经济组织或者个人来我国投资种子生产经营的，管理办法由国务院有关部门依照有关法律、法规规定。现在我国外资种子公司包括合资、合作公司和独资公司有近70家，大部分都是蔬菜种子公司。考虑到我国种质资源的安全、粮食的安全以及种子市场的占有份额，1997年9月8日，国家四部委发了文件，要求外国公司到我国来投资种子企业：①只能办合资公司，不能办独资公司。②合资公司生产经营主要农作物种子要中方控股。③要办成育繁销一体化的，不能办纯粹经销的。我们要引进的主要还是先进的育种技术。④中方必须是合法的种子公司。⑤必须要有一定数额的注册资金。目前这个文件还在继续执行。

（八）法律的强制性

这就是第十章法律责任。《种子法》对法律责任的规定，体现在以下几个方面：一是条数多，一共是15条。比《条例》多了8条，比《细则》多了3条。二是比例大，这15条占整个《种子法》条款的19.2%，如果把附则去掉，占20.5%，也就是法律责任占到整个条款的1/5。三是手段硬，《条例》中法律责任多是通报批评、警告、责令赔偿损失、会同工商部门进行处理，就算有扣押的字样，我们也没有手段。《种子法》规定的手段比较硬，要追究3个方面的责任：①刑事责任，比如59条、60条、68条、70条、71条，有经营假劣种子罪、伪造证件罪、渎职罪。②行政责任，可以吊销种子经营部门的经营许可证，可以处以罚款，还可以没收非法所得。③民事责任，要赔偿其所造成的经济损失。四是职权清，明确了由农业行政主管部门来执法，我查了一下，只有两处是“或工商管理部门”。也就是工商部门和农业行政部门可以同时执法，比如处罚假劣种子，工商部门或者农业行政部门都可以，其他的都是由农业行政部门执行。

（九）具有阶段性、相对性

一定的上层建筑适应于一定的经济基础，上层建筑的建立也是要有一个过程的。《种子法》也是有个阶段性的。

有些是吸收了合理的意见，如“保质期”的问题前几稿中都有，后来定稿的时候给去掉了。再如种用标准，原来说是用“最低标准”，后来改成了“种用标准”。再一个是“进口种子的品种必须优于国内同类种子”，外国公司联合起来给我们提意见，说这不是国民待遇，是一种歧视，后来就给去掉了。

有些条款执行起来比较难，需要我们认真调查研究。比如说对于相邻省区同一适宜生态区，经省同意后可以引种问题；品种审定如果通不过，申请人有异议的，可以提请上一级进行复审问题；农民自繁自用的种子，有剩余的可以不办证照进行销售、串换问题等。

有些条款这次没写上。种子质量认证问题；对常规作物种子生产经营采取扶持的政策问题；种子使用者的义务问题等。待执行一段后，再修改。但这并不会影响《种子法》的实施，只要我们加强调查研究，总会有办法解决的。

（十）注意辩证性

改革以来我们国家出现了一个新词——“放开”，这种“放开”往往被误解为“随便”，执法也不用管了，事实上放开都有其原则，有其规范。《种子法》出台后，许多人认为“放开”了，那么是不是种子“放开”了就不用管了，我认为简单讲“放开”这个词不太确切，应当辩证地看。我的理解《种子法》有的放宽了，有的是管严了，概括为七宽七严：

1. **在经营渠道上，主体放宽了，资格管严了。**主体不是指定，不主要是国有种子公司。不管是什么所有制，不管是集体还是个人，不管是科研的，还是企业的，不管是国营的还是民营的都可以，包括外资合资的公司。管严了就是在资格上管严了，办许可证是要资本注册的，到农业部领经营许可证要几千万，没有这个资格不能成立种子公司，不能开展生产经营。

2. **在销售行为上，行政区域放宽了，在行为约束上管严了。**只要领到经营许可证种子可以在有效区域内经营，但是有证也不是可以任意卖种子，要按许可证注明的经营范围、经营方式销售种子，经营的种子要加工、包装，要附有标签和说明。

3. **农作物划分上，非主要农作物放宽了，在责任上管严了。**将作物分为主要农作物和非主要农作物，《种子法》重点管主要农作物。对于非主要农作物，推广不用审定，生产不用办证，经营县里发证就可以了，管理比较宽，但增加了企业的责任。《种子法》规定由于种子质量问题给农民造成损失的，要赔偿种子价款、有关费用和可得利益损失，和《条例》相比，增加了有关费用，责任增加了。

4. **在品种审定上，管理体制上应该说是放宽了，在技术和科学上管严了。**在体制上我们进行了改革，品种审定两级平行，直接申请那一级都可以，但在责任上、技术上、科学上是管严，事实上作为公司自己就有约束，审定不是最终目的，你的种子销出去才是目的。对科学家来说可能是有用的，因为要用于评奖，国家评奖的办法也在改革。再就是实行新品种保护制度，要求企业自己选育品种或购买品种权，事实上是管严了。

5. **质量管理上，取消了合格证，好像是放宽了，但实行最低种用标准基础上的真实标签制度。**种子质量是放宽了，达到种用标准就行，但要提供真实标签，标签对公司是有约束的，写了就得负责任。对于标签也制定了配套的法规，种子的实际质量指标，是不是转基因的，是不是杂交种的，是不是分装的，是不是进口的都要标注，并按规定使用不同的颜色，要求是比较严格的。

6. **在经营许可上，办证方面放宽了，在处罚上加重了。**书面委托代销的、经营不分装种子的、农民自繁自用的常规种有剩余的，在有效区域设立分支机构的，都可以不办理经营许可证，但是对违法经营处罚上比《条例》规定加重了，有刑事责任、民事责任和行政责任，刑事责任最高可至无期徒刑。

7. **在管理体制上，对企业经营环境放宽了，对行政执法管理要求更严了。**种子行政管理一章要求严格执法，首先要分开，经营和管理分开。而且在法律责任一章还有四条，第 68 条对种子检验机构违法的处罚；第 69 条对强迫种子使用者购买、使用种子造成损失的处罚；第 70 条对农业行政主管部门违法的处罚；第 71 条对行政管理人员违法的处罚，都有严格规定。

对于《种子法》的这些规定，七宽七严，说实在一点，是我们现实中已经放宽的（省公司到县里经营的问题），法律把它规范了。对以前没有管住的（乱发证问题）要求管严（资格审定）。过去应该管而没有管住的这次一定要管严。如种子站乱发许可证，一个县几百家，一个省几千家，还有乱哄哄的种子交易会等，要进一步把它规定和规范。总之，要辩证地看问题，全面地去理解。

三、认清形势，抓住机遇迎挑战

“种子工程”实施五年，种业发生了很大的变化，比如基础设施的建设，种子三率的提高，市场秩序的好转，体制改革的加快以及人们观念的更新，都取得了明显的成效。分析当前面临的形势，既有机遇也有挑战，主要表现在七个方面的新形势、新变化：

一是市场经济的引入。当前已经不是引入的阶段，而是进一步完善的阶段。有人认为，种子有严格的计划，种子不能放开。诚然，种子是特殊商品，是有生命的，技术性很强，计划性也很强，但怎样才能调控计划呢？事实上种子经营特别是农作物种子的经营始终是个马鞍形，一般都是两年或三年大积压，一年或两年平衡或者紧缺，始终处于一个大的波动状态。市场经济条件下，企业无计划或计划不周就会赔本，赔几年就破产，要想不破产就要有计划性。这个计划能不能与农民种地的计划对上呢，农民会不会缺种而种不上地呢？不会的。种子公司追求利润就得找市场，农民的需求就是市场，那么种子公司就会经营，所以特殊商品也有商品的属性，只不过计划性强一些。市场经济也要加强计划管理，具体计划谁来掌握，主要是种子公司。作为行政主管部门也要调控计划，通过信息发布等方式来调控、引导计划。随着市场体制改革的完善，种子也是一种商品，是商品就要在市场上流通，不可能不流通，流通就要大市场，不可能画地为牢，这个道理越来越清楚。我们总是还想专营，随着市场经济的发展是不可能的，事实是这么多年来，我们也搞不明白计划，没有一个种子公司会把真实计划告诉你的，道理也很简单，是商业秘密，恐怕这个形势我们要认清。

二是改革的深入。现在国有企业的改革，民营企业的发展，形势逼人。在这样的大背景下，别人机制都搞活了，我们种子公司内部还在吃“大锅饭”，没有效率，也没有效益。外部就吃“唐僧肉”。行政干预严重，大量安排非专业人员就业，有的县级种子公司就有400人，这样的种子公司怎么能维持下去呢，维持下去要给农民增加多大的负担？所以不改革就不行，早改革早发展，晚改革晚发展，不改革不发展。早晚得改革，得抓紧改革。常言说“大鱼吃小鱼”，改革时期，有一种说法叫“快鱼吃慢鱼”。谁快改革谁早占领市场，谁慢改革只能变为别人的代销者。

三是外国公司的进入。现在已经批准近70家外国合资独资公司了，还有一些公司都跃跃欲试。大家都熟识的美国先锋公司，1926年成立，4 000多员工，去年的营业额18亿美元，接近人民币150亿元，去年的利润2.43亿美元。我国种子公司超过1个亿的才7家，现在70多家公司坐在这里开会，加起来的营业额大概也赶不上先锋公司。先锋公司大家都参观过，种子加工都是丸粒化，种子经营都标牌化。我们今天看的加工中心已经够不错的了，种子可以分6级，而先锋的种子可以分15级，每袋都是8万粒，小包装卖，这样的种子农民怎么能不欢迎呢。这样的公司进来之后可以引进新的技术，新的管理经验，这是正面的效益，我们积极欢迎的。如河北省种子公司和美国孟山都公司合资成立了冀岱棉公司，引进美国的保铃棉和先进的管理，经营效果很好，占领了整个河北市场。同时我们也看到，中棉所和生物中心的抗虫棉种，在河北没有销路，这是事实。我们应该服气，这次请冀岱公司在会上发言，就是让大家学习。外国公司进入，我们不是排斥，但市场竞争确实激烈了。

四是科技企业的融入。科研体制改革正在进行。最近科技部宣布全国基层的科研单位有 4 000 家，到年底要有 2 000 家转制为企业，这 2 000 家转制企业当中的一部分是农业科研院所，农业科研院所肯定是要融入种子产业内，或与种子公司联合，或转制为种子企业。当然，科研单位也有不足之处，比如资产、设备、资本、销售网络不具备；但也有优势，拥有品种，总的源头在它那儿，尤其是新品种保护条例的实施，优势更加明显。种子公司要以积极的姿态和科研单位合作。

五是企业资本的介入。这也是规律和方向。现在世界上形成了兼并潮。比如说先锋公司，我们看已经是巨人了，它还被一个化工公司——杜邦公司以 94 亿美元兼并。孟山都以 37 亿美元收购迪卡公司，成立了生命科学研究中心。这些都是化工企业向种子产业投资，重点发展生物技术。我们国家也有一些公司在跃跃欲试了，如德农公司最近兼并了赤峰松州种子有限公司。现在的种子公司不仅是产品的营销，还应包括资本的运作。

六是 WTO 的加入。前几天，美国参议院以 83 票对 15 票通过了中国永久正常贸易关系议案，中国和其他 WTO 成员的谈判已基本结束，按一般程序，中国有望于今年底加入 WTO。加入 WTO，对我国参与国际贸易竞争，引进资金、技术、设备，都是有利的。但同时要承诺承担一定的义务，比如说，降低关税，增加配额，最后取消配额，取消一些非关税壁垒，给外国的投资公司国民待遇。所以我认为，冲击是不言而喻的，竞争是相当激烈的，这个形势我们要看到。

七是《种子法》出台是活力的注入。《种子法》的颁布实施是我国种子产业的一件大事，使我国种子产业进入了依法治种的新阶段，将有力地促进我国种子产业的发展。我在第二部分发言中已做了分析，这里就不再讲了。

机遇和挑战应该说是一把双刃剑，机遇和挑战总是并存的，没有挑战也就没有机遇，要得到机遇就要面对挑战。所以结合《种子法》的学习，我认为需要抓好这五好：

第一，学好《种子法》。这里有四点，一是要认真学习。行政领导要学习，委托的执法单位要学习；科研单位要学习，企业也要学习。农业系统的干部都要学习，因为《种子法》就是规范育种者、生产者、经营者、使用者的行为。你不学习，怎么知道你的行为是不是规范呢。你要开车就要学习交通规则嘛，你要不学习交通规则，那就没法开车，或者是一开车就要被罚款，要想行为达到规范就要学习。二是要宣传培训。要向企业宣传，要向农民宣传，因为企业是市场的主体，是贯彻《种子法》的主体，也是我国种业发展的主体。要向农民宣传，我国农民千家万户，2.3 亿个经营单位，不宣传不行啊。三是要搞法规配套。部里已经确定要起草 10 个配套法规，本着轻重缓急的原则，这次印发了 5 个征求意见稿。各省也要搞好调查研究，按照部里配套法规的规定，各省也可以搞一些配套办法。四是要作好实施准备。部里已经发了通知，从现在起，停止审批新的种子生产、经营许可证。

通过学习，我认为最重要的就是要解放思想，转换观念。我们都说，要成为“强者”。“物竞天择，适者生存”。首先我们要做“适者”，适应新形势。连“适者”都当不好，怎么能成为“强者”呢？要顺应这个形势，辨识我们的生存环境，遵循发展规律，服从法律规范，顺乎改革潮流。要增强市场观念、竞争观念、创新观念、合作观念、质量观念、服务观念、产权观念、品牌观念，以至于文化观念。这些观念都要有所转变，都要转换，还是我们传统的计划经济的那一套，绝对是不行的。我认为，这一条非常重要。不解放思想，不转换观念，不适应形势，这个法肯定贯彻不好。

第二，搞好股份制。这也就是我所说的改革。我认为改革的突破点应该是股份制。“体制决定机制，机制决定管理，管理决定效益”，我看这话总结得很好，搞好企业，确实存在管理问题、领导班子问题和创新问题等。但解决的动力哪儿来？怎么就选不好这个领导班子呢？它怎么就不创新呢？它怎么就不加强管理呢？我看最根本的是我们企业的产权没有明确。国企改革提出了四句话，“产权清晰，权责明确，政企分开，管理科学”，为了理解这四句话我想在改革上主要抓住五个方面：

一是产权形式。现在应该说产权不清或者是不太明确，现在往往是不应该说了算的经常说了算，什么县长、局长、科长他来说一句话，让你卖这个品种，不让你卖的品种就得积压。都说职工是企业的主人，应该说了算的说了不算。主要是由于产权不明确，产权是国家的，谁都不负责任，行政干预严重。所以我觉得突破口就是明晰主体，产权到位，职工持股，身份置换。既要按劳分配，又要“股利”机制。

二是政企分开、事企分开。企业就是要执照经营，依法纳税。政府应该作为出资人代表，按照出资额来行使权力，享有收益。要大胆地改革，增加非国有股比例，股份要多元化，政府不得干预企业的经营活动。企业和合作伙伴、服务对象发生联系挂钩。

三是治理结构。明确股东会、董事会、监事会、经理层的职责，形成各负其责、协调运转、有效制衡的公司法人的治理结构，避免家长式管理，当然也要考虑政府的政策指导。

四是经营机制。建立与现代企业相适应的人事制度、用工制度、分配制度、财务制度、会计制度等一系列的管理制度。

五是社会剥离。要解决好社会负担问题。要积极参加医疗、养老、社会保险，解决职工的后顾之忧。

第三，抓好“哑铃型”。抓紧构造育、繁、销一体化公司。在这里提醒大家，我们不叫育繁推，而叫育繁销。前五年，实施种子工程，在战术上我们是实行中间突破，抓中间带两头，“橄榄型”。这五年来很有成效，种子加工能力得到普遍提高。当然，我们还会争取资金加强这方面的建设。因为按照《种子法》的要求，销售的种子应当是经过加工包装的。下一步，我想应当向“哑铃型”发展。一头加强科研育种，一头加强销售网络。加强科研育种是企业的生命，没有品种就没有生命，当然也不能生存。如先锋公司，其育种人员占职工的1/3，博士又占育种人员的1/3，将近有1 000人，每年可以选育出200多个品种。美国孟山都搞生物技术研究，特别是转基因，科研人员中1/3是博士，有250个试验室，100多个人工气候室，温室接近1公顷，投资10亿多美元研究基因，取得显著成效。目前，我国正处于转制时期，育种可以采取多种形式，种子公司可以自办科研，科研单位可以办公司，也可以采取品种转让、品种买断、委托育种、合作育种、投资入股等多种形式。另一头就是销售网络，销售网络非常重要。美国的沃尔玛1999年的销售额是1 660多亿美元，占美国零售额的1/5，居世界500强第二。他就是有遍布世界各地几千家销售网络，其销售策略是低成本、低利润。对销售网络、售后服务这一点，我们还做得不好。沃尔玛公司要求微笑服务，先锋公司更是这样。先锋公司的口号就是“第一想的是农民”，企业的经营思想就是说让农民在其所卖产品中获得最大利润，增加农民收入。其服务非常周到：一是提供好的品种，二是对农民进行技术指导，三是帮助农民分析市场，四是帮助农民处理一些环境问题。许多人考察先锋公司后说，比较而言，“我们是卖种子，先锋公司是在卖服务”，这也是先锋公司的销售额达到18亿美元的直接原因。所以，我们一定要在提供优质服务方面加强工作，因为将来市场份额不完全在于产品，还在于良好的销售网络和优质的售后服务。这方面河北冀岱公司做得很好，他们制种采取订单生产，质量环环控制，经营不搞零售，保证了产品质量，而且售后服务周到，很受农民欢迎。今后市场的占领，我认为可以用三句话概括：新品种，精加工，连锁销。

第四，建好大集团。我们知道，从1991年开始，美国经济连续114个月保持了一高三低的状态。一高是GDP增长高，超过4%，而一般发达国家只有2%；三低是失业率低、物价低、财政赤字低，实际上美国财政已转赤为盈。GDP占世界总量近30%。经济学家分析说这是美国的“新经济”，什么是“新经济”，我不是经济学家，说不清楚。但我认为“高科技，大资本，全球化”应是“新经济”的主要特征。我们知道，运用高科技，美国信息产业对GDP的增长贡献达到50%。大资本，全球化，就是进行企业兼并、重组，实行全球化的经营，通过跨国公司的合并、兼并，使企业规模越来越大。大家都熟知的美国波音购买麦道公司，德国戴姆乐奔驰公司和美国的克莱斯勒公司合并，美国在线这个最大的网络服务商，以1 800亿美元收购了时代华纳。大公司的作用举足轻重。微软之所以效益好，就是垄断了 90%以上的市场份额。现在跨国资本的流动占美国 GNP 的 223%。美国现在利用全球 3/4 的储蓄。目前我国种子公司经营往往遇到缺乏资金的困难，资金怎么来？可以利用外来资金，甚至是世界其他国家的资金。人才流动也与此类似，比如加州硅谷，2/3 的高科技人才都是外来的，尤以亚裔居多，印度人、华人。目前美国在全球范围内优化结构、配置资源，有些大企业 2/3 的收入都来自海外，导致经济发展迅速而且久盛不衰。我们知道，全球 500 强美国就占了 190 多家，足以说明问题。所以我们要借鉴这些经验，采取优势互补、强强联合的做法。可以品种、资产、资本、商标、名牌或规模等为连接纽带，成立有限责任公司或股份有限公司，组成集团公司，建成我们的航空母舰。本次会议我们初选了 70 多家销售额在 2 000 万元以上的公司参加会议，算是百强的预备队了。希望大家把企业做好、做大、做强。当然联合还是要有步骤的，避免那种鞭长莫及、尾大不掉、管理失控的情况。由于亚洲金融危机，韩国的大宇、日本的大银行相继倒闭，说明有些公司做得很大，资产负债率很高，导致资金流动不畅，很多回货款回不来，说明操之过急不可行，要真正地、实实在在地进行股份制改造。

第五，当好“裁判员”。古人讲，“天下之事，不难于立法，而难于法之必行”。当好裁判员必须要抓住以下几点：一要行政执法。经营和管理必须分开。是综合执法还是专业执法，我看要按照部长的讲话落实，没开展综合执法的地方，只要是分开了就要委托种子管理站继续来抓。已经开展综合执法的，也要和专业执法做好衔接工作，不要抵消力量，而要形成合力。总之，不要形成管理“真空”。二要主动执法。迅速完成角色转换。要由原来的会同别人、充当配角，转换成执法主体，要负起责任、积极主动执法。过去执法，习惯在办公室审批。市场经济，行政审批会越来越少，我们要加大走出去现场执法力度。三要公开执法。阳光作业。执法的程序、内容、结果都要公开，不要搞得很神秘。四要廉洁执法。执法是一种权力，我们一定要正确使用这种权力。

今天我作为个人学习发言，讲的不一定正确，供大家参考。毛泽东的词里曾写道：“风樯动、龟蛇静，起宏图。一桥飞架南北，天堑变通途”。《种子法》公布之后，对于种子产业发展，我说是“机遇多，挑战大，前景好。一法颁布天下，种业换新貌”。

伍精华[①]同志在贯彻实施《种子法》座谈会上的讲话

——认真学习　深入宣传　坚决执行种子法

（2000 年 11 月 30 日）

《中华人民共和国种子法》已于 2000 年 7 月 8 日经九届全国人大常委会第 16 次会议审议通过。它是新中国成立 50 多年来，也是中华民族进入农业文明几千年来第一部关于种子的专门法律。这是我国农业发展史上的一件大事，标志着我国种子产业进入了一个有法可依、规范化发展的新阶段。

一、种子法的制定具有重大的意义

新中国成立以来，党中央、国务院一直高度重视我国种子产业的发展，制定和颁布了《中华人民共和国种子管理条例》，推行了种子工程等，采取了许多切实可行的措施，有力地促进了我国种子产业的发展。在种质资源保护、育种科研、种子繁育经营服务、基础设施建设和种子对外合作等方面都取得了很大成绩。但是，我国种子产业无论在数量上还是在质量上都不能满足农业林业现代化对种子的需求。对种子产业，我们在认识上、管理上和资金投入上都还有不足的地方，与国际种子产业发达的国家相比，我国种子产业仍存在一定的差距。我国迫切需要进行种子方面的立法，以适应种子产业在新的条件下进一步发展的要求。

依法治国首先要依法治农，依法治农首先要依法治种。种子法的通过不仅使我国种业有法可依，而且对我国农业林业的发展、农民的增收、生态环境的改善、整个经济和社会的可持续发展都具有极为重要的意义。马克思主义辩证法告诉我们，内因是根据，外因是条件，外因通过内因起作用。种子乃一切生命之源，是决定农林产品的品质和数量的内因。如果没有好种子，水、肥、土等外因条件再好也不行。国民经济的基础是农业，而农业生产中最基本的生产资料是种子。从一定意义上来说，抓好了种子就是抓住了农业、林业的根本。如果没有好种子，农民就不能

① 伍精华，1998 年至 2003 年任全国人大常委会委员、农业与农村委员会副主任委员。

在有限的土地上获得品质更好、数量更多的农产品，也就不能提高农林产品的竞争力，农民的增收就会受到影响；如果没有好种子，就不能适应我国农业结构调整的需要；如果没有好种子，就不能有效地实施退耕还林还草等战略，就不能促进林产品数量的增多和质量的提高，就不能有效地保护和改善生态环境，提高森林覆盖率；如果没有好种子，农业的发展将受到很大的制约，广大农民的利益将受到影响。种子的这一重要地位与作用决定了必须进行种子立法，只有这样，才能够更好地规范种子的生产、经营、使用与管理，保证种子的质量，促进我国种子产业的发展，促进农业林业的大发展，进而促进国民经济的全面发展。

在日益开放的国际环境下，种子法的通过有利于我国种子产业和农业林业的快速发展，有利于种子和农林产品更好地参与国际竞争。目前，我国的育种水平和农产品的竞争力与世界发达国家相比，仍然存在不小的差距。不仅在国际种子市场上我国所占的市场份额很少，获得的植物育种者权益有限，而且在国内种子市场上，国际种子产业对我国种子产业的冲击也日益加剧，一些外国种子公司已经在我国某些地区的种子市场上占领了一定的份额，而我国却没有一批有实力的种子公司能够与国际种业集团相竞争。我国种子产业的管理体制仍有许多不完善的地方，也限制了我国种子产业的发展，不利于能够适应市场机制的大型种业集团的形成和发展壮大。我国农产品要有效地参与国际竞争，也迫切需要种子产业有一个大发展。我国在某些专用农产品品种的培养与生产上比较落后，某些在国际市场上有竞争力的农产品也需要进一步提高品质，以保持竞争优势。可以预计，21 世纪世界农产品的竞争，首先是优良品种的竞争，农产品贸易大战，首先是种子大战。可以说，谁掌握了优良品种，谁就掌握了主动权。如果没有发达的种子产业，国家的粮食安全就难以保证，国民经济的发展就会受到制约，甚至是只能依赖以至依附别人。

二、种子法为种子产业的健康发展提供了切实的法律保障

种子法首先规定了国家对种子产业的扶持措施。它明确规定，国家扶持种质资源保护工作和选育、生产、更新、推广使用良种，鼓励品种选育和种子生产、经营相结合，奖励在种质资源保护工作和良种选育、推广等工作中成绩显著的单位和个人；国务院和省、自治区、直辖市人民政府设立专项资金，用于扶持良种的选育和推广；县级以上人民政府应当根据科教兴农方针和种植业、林业发展的需要制定种子发展规划，并按照国家有关规定在财政、信贷和税收等方面采取措施保证规划的实施。这些扶持措施从资金、政策等各个方面为种子产业的发展提供了条件。

种子法规定了种子选育者、使用者和生产经营者的合法权益。为保护选育者的合法权益，种子法明确规定：国家鼓励和支持科研单位、学校、科技人员研究开发和依法经营、推广农作物新品种和林木良种；实行植物新品种保护制度，育种者对其经授权的植物新品种享有排他的独占权和依法获得相应经济利益的权利；未经品种权人授权，生产、经营授权品种的单位和个人要依法承担相应的法律责任等。种子法保护种子使用者的合法权益，它明确规定：种子使用者有权按照自己的意愿购买种子，任何单位和个人不得非法干预；强迫种子使用者违背自己的意愿购买、使用种子给使用者造成损失的，应当承担赔偿责任；保证使用者用到质量合格的种子，当发生因种子质量问题遭受减产、绝收等损失时，使用者有要求种子销售者赔偿的权利，出售种子的经营者赔偿的不仅是购种价款，还应当包括有关费用和农民的可得利益损失。种子法还规定了种子生产者和经营者的合法权益，例如：享有生产、经营自主权；认为有关行政机关的具体行政行为侵犯其合法权益时，有申请行政复议或者依法直接向人民法院提起诉讼的权利等。这些规定从科研到生产、经营、使用等各个环节保证种子产业的顺利发展，有利于提高农业的生产力。

种子法在规定了有关种子产业各主体合法权益的同时，也规定了其相应的义务，尤其对种子生产者和经营者的生产，经营行为加以严格规范。例如种子法规定种子的生产者和经营者要对种子的质量负责，凡违法生产，经营假、劣种子给使用者造成损失的，出售种子的经营者应当予以赔偿，赔偿额包括购种价款、有关费用和可得利益损失；种子生产、经营实行许可证制度；销售的种子应当有标签，有说明等。这些规定对保证种子质量和正常的市场秩序无疑有着重要的意义。

在种子进出口和对外合作方面，种子法作出了详细的规定。例如，关于进口种子和出口种子必须实施检疫，防止植物危险性病、虫、杂草及其他有害生物传入境内和传出境外的规定，既是对我国植物的保护，也与国际上的做法接轨。种子法还规定，进口商品种子的质量，应当达到国家标准或行业标准；禁止进口假、劣种子以及属于国家规定不得进出口的种子。这些规定对保证我国农业、林业用种的质量，维护国内种子市场的秩序是必要的。

种子法还规定了保障农业生产安全的条款。种子法关于主要农作物和主要林木的品种审定制度、对转基因植物的安全性评价制度等规定，对确保农业生产安全，保证农民增收有积极的作用。

种子法明确了种子行政主管部门及其职权。其中，行政主管部门与生产经营机构在人员和财务上必须分开的规定，体现了“政、事、企”相分离的原则。这些规定为依法行政，促进执法的公正性和权威性提供了保证，也为适应市场竞争规则的大型种子公司的成长提供了可能。

三、认真学习、宣传、贯彻种子法

种子法将于今年12月1日起施行。目前，首先要认真学习，深入宣传种子法。只有懂法、知法，才能很好地执法。各级人大、政府及农业、林业部门都要认真组织本部门、本系统、本地区学习种子法。各地要举办种子法的培训班，培训主管农业林业的干部和农村干部，尤其是执法部门的有关人员。执法部门的干部要非常熟悉种子法，农业系统所有人员、与种子有关的各类主体，尤其是种子公司，都要了解种子法，掌握种子法的主要条款。

为切实贯彻种子法，执法部门，即各级农业、林业行政主管部门要尽快制定具体实施办法，各省、自治区、直辖市人大要制定配套地方性法规，使种子法的执行有依据，有措施，有实际行动，将种子法的条文真正付诸落实。

要通过机构改革逐步建立起“政、事、企”相分离的种子管理体制。长期以来，我国的种子部门是行政、事业、企业三位一体。这种体制曾经发挥过积极的作用，但在市场经济条件下，其弊端也日益显露，不利于执法公正，也使经营与管理都难以搞好。目前，有些地区已将种子管理站同种子公司分开，逐步改变了种子管理站、苗木管理站“一套人马，两块牌子”的现象。但是，由于各方面的原因，这项工作进展缓慢。我们必须认识到，种子行业的行政管理体制已经非改不可了。行政主管部门与生产经营机构在人员和财务上必须分开的规定一定要落实。这是有效行政、促进执法公正的需要，也是经济和社会发展的要求。

国务院以及各省、自治区、直辖市人民政府必须尽快设立专项资金，用于扶持良种选育和推广。资金扶持是对种子产业最大的扶持。没有投入就没有产出。种子产业非常重要，但它生产与经营上的特点使它难以获得金融机构的商业贷款支持，需要政府从各方面对种子产业给予更多的资金扶持。以前，国家用于优良品种选育和推广工作的资金太少，特别是林业投入过少，取之过多，农业科研条件差，科技成果推广经费不足，影响了种子产业的快速发展。种子法规定国务院、省、自治区、直辖市人民政府设立专项资金，用于扶持良种选育和推广。我们必须明确，用于保护、利用新品种，选育、推广优良品种的资金支持一定要兑现，要落实。

各有关部门还要严格种子生产、经营许可证管理。目前，某些地区在发放许可证的管理上不规范，往往不考察许可证申请者的科研、育种、生产或经营条件，不考察其赔偿能力就发放许可证。据反映，有的地方一个县就发放了两千多份许可证。乱发证现象的存在，严重扰乱了种子市场秩序，不利于种子产业的健康发展。各地各部门要切实采取措施，按照法律规定整顿种子公司，规范许可证的发放工作。在发放许可证之前，应当仔细审查生产、经营者的资金情况是否符合设立公司的条件，是否具有与生产、经营种子相适应的赔偿能力，还要仔细审查它们的科研、育种、经营等方面的条件。只有在资金、生产或经营条件等方面都达到法律法规要求的，才能发放许可证。要重点支持培养一批有实力的种子公司。这些种子公司发展壮大之后，不但能够形成规模效益，为国内提供优良品种，而且能够有效地参与国际交流与竞争，促进我国种子产业整体水平的提高。

各有关部门要重视种子法的宣传工作，要利用报纸、电视、广播等多种形式深入宣传种子法。要使与种子科研、生产、经营、使用有关的主体了解种子法，熟悉种子法的主要条款。宣传的最终效果，就是要力争使种子法家喻户晓，人人皆知。

总之，种子法的通过只是迈出了规范种子产业，促进种子产业健康发展的第一步，还有很多更为艰巨的工作需要我们去做。种子立法的目的不是为了立法而立法，更重要的是要把法律落到实处，做到有法可依，执法必严，违法必究，以保障种子产业健康发展。各级人大、政府，以及农业、林业行政主管部门和其他农业战线上的有关部门要为种子法的贯彻落实发挥应有的作用。

我们相信，只要各部门同心协力贯彻执行种子法，将种子法的法律规定真正落到实处，那么它必将在保护和合理利用种质资源，规范品种选育和种子的生产者、经营者、使用者的权益，提高种子质量，保障和促进我国农林产业的发展等方面产生积极而深远的影响。

刘坚同志在贯彻实施《种子法》座谈会上的讲话

——履行职责　依法治种

（2000 年 11 月 30 日）

《中华人民共和国种子法》（以下简称《种子法》）已于 2000 年 7 月 8 日经九届全国人大常委会第十六次会议通过，将于 2000 年 12 月 1 日起施行。这是我国农业法制建设的一件大事，标志着我国进入了依法治种的新阶段。《种子法》规定了种质资源保护、品种保护、品种审定、种子生产经营许可、种子贮备、种子质量监督检验、种子检疫、种子进出口管理等一系列法律制度，规定了品种选育和种子生产、经营、使用者的权利和义务，规定了国家对种子产业的扶持措施。种子是最基本的农业生产资料，是农业科技的载体，是决定农产品品质和数量的内因。《种子法》的颁布实施，将会极大地促进种质资源的保护和合理利用，进一步规范品种选育和种子生产，经营、使用行为，更好地维护品种选育者和种子生产者、经营者、使用者的合法权益，从而提高种子质量水平，推动种子产业化，促进种植业和林业的发展。

按照《种子法》的有关规定，各级农业行政主管部门是农作物种子的主管部门，是农作物种子行政执法机关。各级农业行政主管部门一定要认真履行职责，依法行政，公正执法。

首先，要认真学习，提高认识。只有懂法、知法，才能更好地执法。各级农业行政主管部门要充分认识《种子法》在我国种业和农业发展中的重要作用，把学习和宣传《种子法》作为当前一项重要而紧迫任务来抓。各级农业行政主管部门的工作人员尤其是种子管理人员要带头学习《种子法》，熟悉掌握《种子法》的全部内容，正确理解《种子法》的各项规定，不断提高依法管理水平，以适应新形势下种子管理工作的需要。要组织本地区育种和种子生产、经营单位，结合工作实际，认真学习《种子法》，提高认识，转变观念，依法开展种子生产经营。

第二，要加强培训，提高素质。为了使种子生产经营和管理者更好地学习《种子法》，11 月 7—9 日和 25—27 日，我部和全国人大农业与农村委员会在北京和广西举办了两期《种子法》培训班，邀请参与《种子法》起草的领导和专家授课，收到了良好效果。希望各地也要有计划地搞好《种子法》的培训工作，努力提高从事种子行业人员的素质。

第三，要广泛宣传，家喻户晓。《种子法》颁布后，有些省市开展了各种形式的宣传活动，如湖南省召开了《种子法》实施动员会，辽宁省举办了《种子法》知识竞赛活动，黑龙江正在组织开展《种子法》宣传月活动。为配合《种子法》的实施，广泛宣传《种子法》，我部计划于12月份在全国进一步开展《种子法》宣传活动，并于明年春季与有关新闻单位举办《种子法》知识竞赛。各级农业行政主管部门要在组织《种子法》学习的同时，充分利用广播、电视、报刊等各种新闻媒体和信息传播途径，采取印发宣传材料、板报、标语、知识竞赛等行之有效的形式，进行广泛深入的宣传，努力使社会各界尤其是广大农民都了解《种子法》。要向农民宣传，增强农民依法自我保护意识；要向种子企业宣传，促进企业守法经营；要向有关部门宣传，争取有关部门对种子产业的支持。

第四，要制定法规，配套实施。为更好地贯彻《种子法》，按该法授权国务院及其有关部门、省级人民政府及其有关部门制定一些具体的管理办法和相关措施的要求，本着轻重缓急的原则，我部制定了起草配套法规的计划，已有5个规章经过广泛征求意见和多次修改，拟于近期颁布实施。各省、自治区、直辖市农业行政主管部门要根据《种子法》的规定和本省的具体情况，尽快确定本省的主要农作物种类。按照立法程序，积极配合省人民政府有关部门制定《农民自繁自用剩余常规种子销售管理办法》等配套法规，并对本省现行的种子管理法规规章和规范性文件进行全面清理，凡与《种子法》规定不符的，要严格按规定程序予以修订或者废止，确保《种子法》顺利实施。

第五，要深化改革，政企分开。《种子法》明确规定："种子的行政主管部门与生产经营机构在人员和财务上必须分开"。由于历史的原因，我国的种子管理体制一直是"行政、技术、经营"三位一体。根据《种子法》的要求，种子管理和经营要彻底分开，不分开就属于违法。各级农业行政主管部门要充分认识到这项工作的重要性和紧迫性，将种子行政管理和经营彻底分开，同时要加强种子管理机构的建设，健全队伍，明确职责，切实解决执法管理的经费。积极推进国有种子公司的改革，打破地区、部门封锁，优化资源配置，建立现代企业管理制度，构建品种选育和种子生产、经营相结合的新机制，扶持国有种子公司向专业化、集团化发展。

第六，要公正执法，优质服务。各级农业行政主管部门一定要负起执法管理的责任。一是要主动执法。过去，农业行政主管部门对种子质量监督和市场管理主要是配合有关部门，做一些技术性的工作。《种子法》实施后，要迅速完成角色转换，作为执法主体，要积极主动执法。明年春季播种之前，我部将组织开展种子市场检查和质量抽查活动，各级农业行政主管部门也可根据本地实际，安排种子市场检查和质量抽查工作。二是要公开执法、公正执法、严格执法。各级农业行政主管部门要将行政审批的条件、程序、结果公示、公开，接受群众监督，对于行政处罚，严格按照《行政处罚法》的有关规定办理，以保证种子行政执法的公正性；同时要做到执法必严，违法必究，将法律规定真正落到实处。《种子法》规定了种子生产、经营的具体条件，对种子的生产经营资格提出了更高的要求，《种子法》实施后，最迫切的任务就是种子经营许可证的清理工作，各级农业行政主管部门，要按照《种子法》和我部颁布的《农作物种子生产经营许可证管理办法》的有关规定，对现有的生产、经营企业进行认真清理，对具备条件的企业，重新核发许可证，凡不符合条件的，一律予以注销。三是要廉洁执法。种子行政执法人员要提高自身素质，爱岗敬业，廉洁执法，各级农业行政主管部门要加强对执法人员的教育和监督，健全各种规章制度，从机制上防止腐败现象的发生。四是要文明服务。加强种子行政执法的目的是促进我国种子产业的发展，维护品种选育者和种子生产、经营、使用者的合法权益，各级农业行政主管部门在做好种子行政执法的同时，要认真做好服务工作，积极为品种选育者和种子生产、经营者创造从业条件，为品种选育者和种子生产、经营、使用者排忧解难，提高服务质量。

同志们，《种子法》明天就要实施了，这是我国种业发展的一次新机遇，让我们大家共同努力，将种子法的法律规定真正落到实处，开创种业发展的新局面，为我国农业发展作出更大贡献。

刘坚同志在全国种子管理工作会议上的讲话

——面对挑战　抓住机遇　努力增强我国种业竞争力

（2001 年 12 月 5 日）

在《种子法》实施一周年和我国加入世贸组织之际，召开这次全国种子管理工作会议，主题是面对挑战，抓住机遇，转变观念，转变工作思路，努力增强我国种业的竞争力。具体内容是回顾和总结《种子法》实施一年来的情况，研究进一步强化种子管理的措施，商讨“十五”期间我国种业发展的指导意见。下面，我讲三点意见。

一、面对挑战，增强做好种子工作的紧迫感

目前，我国种子工作面临的挑战主要来自两个方面：

一方面，农业结构的战略性调整要求种子工作发挥先导作用，而我们工作的现状还不能完全适应这一要求。农业结构的战略性调整就是要全面提高农产品品质和质量，而提高品质和质量关键是种子。目前，种子工作还远远不能满足农业结构调整的需要，比如，我们在农业结构调整中，虽然在果树、蔬菜、花卉等经济作物品种上进行了一次全面更新，但其种子、种苗大多是从国外或境外引进的。同时，具有优势和市场竞争力的优质专用大田作物品种还不多，有一部分也是从国外引进的。当前，种业发展的滞后，已成为农业结构调整的一个制约因素。

另一方面，加入世贸组织后，我国种子企业普遍缺乏参与国际市场的竞争力，处于明显的劣势地位。由于我国种业发展起步较晚，长期以来，我们一直把种子作为农业生产的一项措施来抓，而不是作为一个产业来发展。与发达国家相比，我国种业存在很大差距。一是种子企业规模小，经济实力弱。目前，全球 10 大种子企业的年销售额都在 3 亿美元以上，其中美国先锋公司达 18.5 亿美元。根据国际种子贸易协会的统计，种子年销售额超过 1 亿美元的有 22 个公司，其销售额之和接近 75 亿美元，占世界商品种子市场份额的 50％左右。而我国的种子企业，虽然数

量多，但经营规模小，年销售额在 5 000 万元以上的只有 18 个，在 1 亿元以上的只有 7 个。二是不少种子企业缺乏现代企业的管理理念和经验，我国的大部分国有种子公司是在计划经济背景下，从种子站衍变而来，多年来既承担政府交给的一些行政任务，又在政府和政策的保护下生存，没有真正地按企业运作，有的政企不分，有的还是事业单位，人员多，负担重，以技术推广人员为主，缺乏企业管理和市场营销方面的人才，机制不灵活，缺少资本，更无名牌。不仅国有企业如此，非国有种子企业在管理上，也与现代企业制度要求存在差距。三是我国种子的科技含量较低，开发能力弱，育繁销脱节。我国目前的品种选育还是以常规的品种间杂交为主要途径，育种周期长，效率较低，而国外一些大企业已非常敏感地将现代生物技术手段与传统育种手段相结合，大大加快了品种选育的速度和效率，并迅速实现产业化。我们无论在新品种的选育还是在现有品种的产业化方面都相对滞后，缺乏市场竞争力。目前，我们尽管对种子企业采取了一些适当的保护措施，但国外企业对我国种子市场的冲击已成山雨欲来之势。据统计，2000 年我国种子进口额为 8 135 万美元，比 1999 年增加 2 593 万美元，增幅达 31.9%，这一趋势不能不引起我们关注。现在，我国已经加入世贸组织，与国际经济运行规则的接轨将是大势所趋，如果不迅速提高我国种业的竞争力，培养一批能够参与国际竞争的种子企业，在国外种子企业大举进入的情况下，我国种业在激烈竞争中将处于不利地位，我国农业发展也将受到威胁。众所周知，种子是农业的基础，一粒种子可以改变世界，在一定意义上讲，种子产业决定一个国家农业和农产品的竞争力，如果一个农业大国的种业主导权掌握在国外公司手上，其农产品将永远没有竞争力，农业发展也是没有希望的。因此，面对挑战，必须增强紧迫感，转变观念，转变思路，加快发展。

二、抓住机遇，理清思路，把我国种业做强做大

尽管我国种业面临严峻挑战，但应当看到，我国种业也具有许多发展机遇和条件，我们应当树立必胜的信心。一是广大农民迫切需要良种，我国种子市场蕴藏着巨大的发展潜力。据有关专家分析，目前我国种子的年销售额约 200 亿元，位居世界第二，占全球年交易总额的 9%左右。未来十年，我国种子的年销售额将达 800 亿元以上，年增长率将达到 10%～15%。迅速发展的种业市场，伴随着新世纪生物技术的发展，将会提供造就世界一流种子企业的环境，这是振兴我国种子产业的重要机遇。二是我国种业具备一定的发展基础，“九五”期间，通过实施种子工程，建设了一批良种培育、生产、加工、检验等基础设施，引进和推广了一批先进设备与技术，引入了一些专门人才和现代机制，建立和发展了种子营销网络，选育

和推广了一批优良品种，尤其在水稻、油菜等杂交育种上，我国一直走在世界前列，在转基因育种技术研究上也取得了较大进展。在种子管理上，颁布实施了《种子法》，使我国种子工作走上了依法治种的轨道，加快了体制改革步伐，市场主体呈现多元化发展趋势。以上这些，为今后我国种业改革和发展奠定了基础。三是我国加入世贸组织，将有利于引进国外先进的技术、设备和管理方式，提高我国的产品质量和管理水平，加速种业的现代化进程。四是我国种业也具有独特的优势，比如，我们有较为廉价的劳动力，有较好的制种基础，尤其是我国西部地区，地广人稀，地势和气候条件很适合农作物制种，我国加入世贸组织后，将有利于我国劳动密集型的瓜菜等经济作物种子和杂交水稻种子走向世界，拓展我国种业的国际市场。五是国内其他行业大量投资种业，可提高我国种业的综合生产能力，带动种子企业的机制转变，提高其科技创新、经营管理和市场运作水平。所以，我们既要正视我国种业所面临的挑战，增强紧迫感，又要紧紧抓住机遇，振奋精神，树立信心，扎实工作，努力提高我国种业的竞争力。

“十五”期间，我国种业发展的具体思路和目标是：紧紧围绕农业结构战略性调整和农民增收和加入世贸组织的总体要求，认真贯彻实施《种子法》，继续推进种子工程建设，以执法管理为中心，以深化改革为动力，以科技创新为基础，大力推进依法生产、经营和管理，初步建立起公平、公正的市场竞争环境和完整、规范的市场新秩序；加快种子企业改革和机制转换步伐，建立起适应市场经济的经营体制和企业化运行机制，使企业真正成为市场竞争的主体，形成一批初具国际竞争力的大型种子企业；提高种子科技创新能力和产业化水平，提升产业聚集度和规模效益，使主要农作物品种基本更换一次，商品供种率提高 10 个百分点，种子质量明显提高，良种在粮食增产中的科技贡献率由目前的 36%提高到 40%。

根据这一指导思想和发展目标，我部种植业管理司起草了《我国种子产业十五发展指导意见（讨论稿）》，供会上讨论修改。我重点就如何把我国种业做强做大，谈几点意见。

要把我国种业做大做强，提高我国种业竞争力，必须在观念、体制和科技上进行全面创新。

首先，要更新观念。树立四个观念，一是确立种子产业的观念。长期以来，我们总是将种子工作作为农业生产的一项措施，甚至仅仅是作为一项技术措施来抓，缺乏产业理念。虽然也讲种子的重要性，但是，往往是从农业技术的范畴来谈种子工作，没有把种子作为一个产业进行整体考虑。我们必须从技术的角度向产业的角度转变，把种子作为一个产业来抓，深入研究其活力、竞争力和发展空间。二是树立企业是种子产业主体的观念。种子产业的主体是企业，而不是政府。种子企业一头连着育种，一头连着推广，贯穿着整个产业链，提高我国种子产业的竞争力关键是要组建一批有竞争能力的企业。三是增强市场经济的观念。目前，许多种子公司还是事业单位，还有一些种子公司没有与农业行政主管部门脱钩，还在行政的干预和保护下运行。当然，必要的扶持是需要的，但是政府的扶持必须通过市场经济的机制来运作。四是增强依法治种的观念。要求一切种子经营和管理行为都必须以法律和 WTO 规则为准绳。尤其是种子管理部门，要找准位置，对于法律赋予的管理职责，必须不折不扣地履行，做到不缺位；对于法律没有赋予的职能，不能自行设定，做到不越位；对于企业自己能够办好的事情，不要随意干预，做到不错位。

其次，要理顺体制。要逐步形成一个政府执法和行业自律相结合的管理体系，政府宏观调控和企业自主经营相结合的种子营销体系。

要强化政府的行政执法。各地一定要严格按照《种子法》的要求，把种子行政管理部门与生产经营机构在人员和财务上彻底分开，建立一支精干、高效、公正的现代化执法队伍。关于如何处理专业执法、综合执法和联合执法的关系，请种植业管理司牵头，产业与政策法规司参加，有关部属事业单位也参加，专门深入基层调查研究，提出具体意见。种子执法是政府行为，种子执法人员要纳入或参照公务员管理，执法经费要列入同级财政预算，足额保证。种子执法机构和管理人员不准以任何形式参与或从事种子生产、经营，以确保执法的公正性和权威性。

要充分发挥行业的自律作用。行业自律是规范企业行为的重要途径，要逐步建立行业自律的体系和机制，探索行业组织的形式、职能和运转方式，这既是做大做强我国种子产业的需要，也是与国际接轨的需要。要充分发挥行业协会和中介组织的作用，使之成为连接政府和企业的桥梁，成为企业间相互约束的纽带。

要强化政府宏观调控。一要通过信息引导、市场准入、资金投入和科技体制改革等政策措施，促进种子科研、生产、经营相结合，解决育繁销脱节的问题；二要鼓励种子企业建立育种开发体系，形成一个完整的产业链；三要利用 WTO 的“绿箱”和“黄箱”政策，加强种子基础设施建设，并在政策、资金、技术、宣传、指导和服务等方面，加大对种子龙头企业的扶持力度，促进生产要素向优势企业流动，整合优势资源，提高产业聚集度，降低经营成本，增强种子企业和产品的市场竞争力。

要建立企业自主经营的机制。种子企业要真正成为种子产业的主体，关键是建立现代企业制度，转变机制，自主经营，强化内部管理。目前，国有种子公司普遍存在投资不足、行政干预、机制不活等问题，其他种子企业在管理上也不够科学、规范，要解决这些问题，根本出路在于深化改革，建立现代企业制度。一是加快企业化进程，建立和完善法人治理结构，实行规范的公司制管理。二是在内部管理上要形成科学的决策机制、有效的激励机制、严格的约束机制。特别是几个已经上市的种子企业，更要规范管理。随着证券市场的逐步规范，证监部门对上市公司的监管将不断加强，上市企业不能打着种子的旗号去做其他的事情。对一些产权比较单一的企业，可以实行股份制、股份合作制等，通过产权多元化，增加投资，规范管理。三是通过市场机制，进行横向联合、资产重组和资源整合，实现种业生产要素的合理配置。四是通过公平竞争，鼓励形成一批能走向世界、参与国际竞争的大型种子企业或企业集团。

第三，要加大科技创新力度。要增强我国种子产业竞争力，主体是企业，关键是品种。要通过引进和自主开发种质资源、育种技术，培育一批有突破性的新品种，这既是提高种子产业竞争力的根本，更是农业结构战略性调整的需要。一要紧紧跟踪发达国家生物技术的研究动态，充分利用生物技术的新成果，与常规育种技术相结合，加快我国优良品种选育步伐。如果我们在生物技术研究和利用上迟疑，一些发达国家就会凭借现代生物技术的优势，进一步垄断世界农产品市场，我国又会处于被动的地位。二要加强种子企业与科研育种单位的联合。从设备、资源、人力等合理配置看，联合是最佳方式，联合的形式可以多种多样，如买断品种、委托育种、品种入股、品种转让、联合开发、销售分成等。三是企业要逐步成为新品种引育开发的主体。四是政府要积极支持。一方面，要加大执法力度，切实保护品种、品牌的产权；另一方面，对育种新材料、新技术、新方法等基础理论研究，对繁殖系数大、品种产权保护难、经营利润低、社会效益大的常规品种的培育和推广，要作为公益事业来抓，组织联合攻关，加大财政支持力度。

三、突出重点，扎扎实实做好当前工作

今年，在各级农业部门的共同努力下，在遭受严重旱灾的情况下，农业结构调整取得了较大进展，农业和农村经济平稳发展，农民收入有一定的回升。但是，应当看到，明年是我国加入世贸组织的第一年，又与世界经济不景气相遇，国民经济和社会发展将面临一个更加严峻的形势，任务更加繁重。因此，我们要加倍努力，突出重点，加大措施，扎扎实实做好工作：

（一）全面加强种子管理

一是不能忽视和放松对非主要农作物种子的管理。根据《种子法》规定，非主要农作物种子不实行品种审定制度，可以不办理种子生产许可证，其他方面的管理与主要农作物一样，对其加工、包装、标签、经营资格、生产经营档案等，必须依法加强管理。至于是否进行自愿登记或注册，需要进一步研究。二是不能忽视和放松对瓜菜等经济作物种子的管理。从今年各地上报和投诉的种子案件来看，近年瓜菜等经济作物种子、种苗的违法案件有所上升，农民意见大，社会反响大。各级农

业行政主管部门，尤其是种子管理部门，要把扶持培育、开发和推广常规作物、经济作物和具有地方特色产品的良种，纳入“十五”种子工程规划中，把这些作物种子纳入农资打假和种子市场整顿。三是不能忽视和放松对代销、零售种子的管理。代销、零售种子可以依法不办理种子经营许可证，但应当办理营业执照，建立经营档案，代销者要凭委托者盖章的经营许可证复印件、书面委托和营业执照开展代销业务，代销和零售的种子也要符合包装、标签、质量等要求。对代销、零售种子的管理，在最近我部和国家工商总局联合发布的文件中已有明确要求，希望各地认真贯彻执行。

（二）确保春耕供种质量

据我部调查分析，明年春播水稻、玉米的供需总量基本平衡，部分优新品种可能出现结构性短缺，品种间、地区间价格可能会有一些波动。值得注意的是，今年两杂种子生产期间部分地区遭受自然灾害，两杂种子产量和质量受到一定影响，加之有的地方人为制造紧张空气，种子收储、销售混乱，套购、串换严重，陈种、新种掺和，优种、劣种混合，种子质量和市场秩序不容乐观。对此，各级农业行政主管部门务必高度重视，一要搞好信息引导；二要指导和督促调种单位把好调种对象、品种和质量关，不从非法渠道和不知底细的单位调种，调入的种子要做发芽试验和纯度检测；三要把好市场关，加强市场检查和质量抽查；四要在今冬明春种了销售的关键季节，集中力量，组织开展种子市场检查活动，依法查处违法经营行为，确保供种数量和质量，满足农业生产和种植结构调整的需要。

（三）积极完善配套法规

各省农业行政主管部门，尤其是省种子管理部门，要积极履行职责，依法制定和完善规章制度。积极配合省人大，搞好地方法规的调研、起草、论证工作。要在制定地方法规中发挥积极作用，要从有利于农业和种业发展的大局出发，而不是从地方保护主义和部门利益出发，主动宣传，正确引导，使地方法规与《种子法》的基本要求和含义相一致。

（四）继续搞好宣传培训

目前，一些地方的种子经营者不守法、种子管理者执法犯法，主要原因之一是对种子法规宣传、培训不够，需要加大力度，抓好宣传培训工作。一要组织开展多种形式的法规宣传活动。要结合典型案例，针对普遍存在的模糊认识，利用网络、声像、画报、挂图、书刊等手段，进行直观、形象的宣传，做到人人知法、守法，自觉用法律维护自己的合法权益。二要进一步搞好从业人员培训，提高种子生产、经营和管理者素质。既要培训生产、加工、检验、储藏技术人员，也要培训企业营销和管理人员，还要培训行政管理和执法人员；既要进行法规培训，也要进行业务培训，还要进行综合理论培训。为此，我部计划明年分别组织种子执法人员培训班和大型种子企业管理人员培训班，培训种子经营、管理的骨干人才。

同志们，我国已经加入了世贸组织，将融入全球经济一体化的洪流，让我们振奋精神，坚定信心，奋力拼搏，团结协作，以积极的姿态，迎接新的挑战，振兴我国民族种业。

刘坚同志在第一届国家农作物品种审定委员会成立大会上的讲话

——与时俱进　开拓进取　再创品种审定工作新局面

（2002 年 12 月 17 日）

根据《中华人民共和国种子法》规定，第一届国家农作物品种审定委员经过近一年的酝酿、筹备，今天正式成立了。在此，我代表农业部对第一届国家农作物品种审定委员会的成立表示热烈的祝贺！对第三届全国农作物品种审定委员会各位委员五年来所做的工作和取得的成绩表示衷心的感谢！下面，我讲几点意见。

一、进一步提高对品种审定工作的认识

品种审定是一项政策性、法制性、技术性很强的工作，搞好这项工作，意义十分重大。

首先，品种审定关系农业生产安全和农民切身利益。品种审定是《种子法》赋予国家和省级农业行政主管部门的职责，是农业行政审批和种子行政执法的重要组成部分，是保护农民利益，保证农业用种安全的重要手段。品种审定作为行政执法，一方面要严肃、公正、科学，有章可循，依法行事，对待不同的品种和育种者要一视同仁，有关评价要科学、明确；另一方面要研究执法中出现的新情况，解决新问题，如相邻省区间同一生态区域的划分，这个问题不解决，引种审批就缺乏科学依据，难以操作。一个省区的品种审定工作搞得好与不好，不仅能体现其种子管理部门的工作水平，而且能反映出农业行政主管部门的管理水平和执法水平。品种审定作为行政审批，就要公开申报条件、程序和审定标准，规范工作，简化手续，方便申报，提高效率。为此，各省农业行政主管部门要把品种审定摆在行政管理和执法的高度，加强领导，精心组织，切实抓紧抓好。

其次，品种审定关系到种植业结构调整和优势区域布局。为了推进农业和农村经济结构的战略性调整，促进主要农产品生产向优势区域集中，我部制定了主要农作物优势区域规划，并把规划的组织实施作为下一步农业工作的重点。温家宝副总

理指出："优化农产品区域布局，必须依靠农业科技进步与创新。关键是良种良苗，要有重点地进行科研开发，加快引进、选育和推广优良品种，加速品种更新换代。大力推进良种良苗的育、繁、产、加、销一体化，把种业作为推动优势农产品发展的先导产业来抓"。品种审定作为新品种推广的前提条件和法定要求，是优良品种进入生产领域的重要关口，如果审定工作跟不上优良品种选育和推广的步伐，农业结构调整就会因缺乏适应市场需求的品种而受到影响。为此，品种审定工作必须紧紧围绕主要农作物优势区域规划的实施，服务农业结构调整的要求，满足市场对农产品多样化的需求。

第三，品种审定关系到农产品市场竞争力。农产品的竞争实质就是品种的竞争，没有优质、专用、适应市场需求的优良品种，就不会有竞争力强的农产品。在短缺经济条件下，我国小麦育种主要看重产量，而忽视品质和市场需求，使小麦生产缺乏优质品种，曾一度出现这样的情况：国内生产的小麦"卖难"，而外国的优质小麦却大量进口。近年来，品种审定工作进行了制度改革，完善了审定标准，加速了优良品种的审定、推广步伐，使一大批优质、专用品种迅速投入农业生产，缓解了我国优质小麦的供需矛盾，增强了我国小麦的国际竞争力，遏制了进口势头，1999—2001 年平均进口量为 100 万吨左右，仅相当于"九五"前的 1/10。因此，品种审定工作既要科学把关，避免品质差、产量低、有严重缺陷和栽培风险的品种进入生产领域，又要服务生产，有利于多出新品种、快推好品种，加速科技成果转化，提高农产品品质和质量，增强我国农业的国际竞争力。

二、第三届全国农作物品种审定委员会工作成绩显著

第三届全国农作物品种审定委员会任职的五年间，恰逢国家实施种子工程和颁布实施《种子法》，并由此推动我国种子产业成为新中国成立以来发展最快的时期。品种审定工作作为种子管理的一个重要组成部分，五年来也取得了全面发展，120 名委员和 181 名专家遵循科学化、规范化的原则，对审定工作认真负责，为我国种业和农业的健康发展，做出了积极贡献。

一是审定通过了一大批农作物优良品种。第三届全国农作物品种审定委员会共审定通过各种作物品种 643 个，比上届增加了 218 个。审定的品种大多产量高、品质优、稳定性好、适应范围广，成为现阶段农业生产的主推品种，其中优质品种达 1/4 左右，在种植业结构调整中发挥了重要作用。如杂交水稻品种 Ⅱ 优 838、金优 207 等种植面积均接近 1 000 万亩，取代了"九五"以前主推的汕优 64、威优 46 等品种。优质小麦品种豫麦 34、高优 503 已成为黄淮优质小麦产业带的主推品种，龙麦 26 号和辽春 10 号已占到东北春麦面积的 1/3 以上。玉米品种农大 108 种植面

积近4 000万亩，豫玉22种植面积超过1 000多万亩，取代了中单2号、掖单13、丹玉13等老品种。目前，在主要农作物生产中，国家审定品种的种植面积已超过一半，占主导地位。

二是建立健全了品种审定规章制度。根据《中华人民共和国种子管理条例》，第三届全国农作物品种审定委员会组织起草了《全国农作物品种审定委员会章程》和《全国农作物品种审定办法》，于1997年10月由我部颁布实施。2000年《中华人民共和国种子法》颁布实施后，根据《种子法》的要求，第三届全国农作物品种审定委员会组织起草了《主要农作物品种审定办法》和《主要农作物范围规定》等规章，于2001年由我部颁布实施。同时，还组织专家着手起草《主要农作物品种审定规范》和各作物的品种审定标准，这些标准颁布后，将会使品种审定工作更加科学和规范。

三是改进了品种试验、审定工作。过去，全国品种试验审定中存在的一个主要问题是试验周期长，审定速度慢。针对这一问题，第三届全国农作物品种审定委员会改革了品种试验和审定办法。首先，改革了品种试验的运行机制，将原来2～3年区域试验、1～2年生产试验为一轮的阶段式安排，改为每年都有品种进出的滚动机制，有效地缩短了试验年限，增加了试验品种的容量；其次改革了审定办法，将原来只有通过两个省以上审定的品种才能申报国家审定，改为通过国家级试验的品种也可直接申报国家审定，使品种试验审定的时间由过去的6～8年缩短到2～4年，大大提高了品种审定效率，加速了优良新品种的推广应用和农业生产用种的更新换代。

四是加大了对品种试验审定工作的投入力度。“九五”期间种子工程投资建设126个国家级农作物品种试验站，使品种区域试验条件差、手段落后的状况得到改善，试验质量全面提高。同时，国家将农作物品种试验和审定经费列入中央财政年度预算，从根本上解决了过去因经费不足而使品种试验难以正常开展的问题。在中央财政投资的带动下，有些省也安排了品种区试审定专项经费。

五是理顺了工作关系，强化了监督管理。区域试验是品种审定的基础，为了整合资源，理顺关系，强化监管，第三届全国农作物品种审定委员会将原来并行的品种区域试验和筛选试验体系合二为一，将品种试验与审定工作紧密结合起来。同时，加大法规宣传和监督管理，增强种子生产经营者的守法意识，使之严格遵守有关法规对品种审定的要求，使“未审先推”主要农作物品种、违法销售未经审定种子的行为逐步减少。目前，通过国家和省级审定通过的主要农作物品种占到种植面积的90%以上，生产上因乱引乱推而发生的种子案件明显减少，没有发生像“铁秆小麦”、“超大穗小麦”、“巨丰大豆”、“遗传工程稻”等“九五”前因品种未审定品种而造成大面积严重损失的恶性种子事件。

同志们，第三届全国农作物品种审定委员会之所以取得这样显著的成绩，首先是由于种子工作得到党中央、国务院和各级政府部门前所未有的高度重视，建立健全了法律法规，规范了对种子工作的管理；其次是中央和地方加大了资金投入力度，改善了种子科研育种、生产经营和推广管理的手段和条件，加快了新品种选育和成果转化的速度；第三是得益于第三届全国品审会的全体委员、专家及我部品审办同志们科学严谨的工作作风、实事求是的工作原则和认真负责的工作态度，第四也是工作在区试第一线的广大科技人员一丝不苟、兢兢业业工作的结果。去年我们对在国家级农作物品种区试审定工作中表现突出的99个先进单位、203个先进个人进行了表彰。在此，我再次代表农业部对在农作物品种区试审定工作中做出贡献的历届委员、专家及广大区试管理和技术人员表示衷心的感谢！

三、继往开来，为农作物品种审定工作再立新功

同志们，第三届全国农作物品种审定委员会任期届满，根据《种子法》及配套法规、规章的有关规定，我部从年初就开始酝酿筹建新一届国家品种审定委员会。在各省农业部门、科研院校推荐的基础上，根据突出主要产区，平衡推广管理、生产经营和科研教学单位，兼顾地区间差异的原则，经过我部认真研究，组建了第一届国家农作物品种审定委员会。本届委员会任期五年，由稻、小麦、玉米、棉花、大豆、油菜、马铃薯和转基因植物品种8个专业委员会组成。其中转基因作物品种审定委员会，待国务院转基因品种审定规定颁布后另行组建。这届委员会人员组成结构合理，知识层次高，平均年龄45岁，本科以上学历占96%以上，其中博士12人，硕士13人，是一支年轻的专家队伍。

这一届品种审定委员会的成立不是简单的换届。众所周知，种子法及其配套规章对品种审定制度进行了重大改革，虽然审定的作物减少了，但是由于育种速度加快了，人们的法制观念增强了，各专业委员会的人数减少了，区试和审定的任务更重了，工作的要求更高了，希望各位委员和工作人员继往开来，在总结和借鉴往届委员会经验的基础上，认真研究新情况、新问题，开拓性地做好品种审定工作。

一要认真履行法定职责。《种子法》及其配套规章赋予国家品种审定委员会七大职责：一是制定并发布国家农作物品种试验办法；二是拟定稻、小麦、玉米、棉花、大豆以及农业部确定的主要农作物的品种审定标准；三是组织审定申报国家审定的农作物品种；四是对审定通过的品种，如发现在使用过程中有不可克服的缺点，向农业部提出停止推广的建议；五是对省级审定未通过而提出复审申请的农作物品种进行复审；六是组织评选在品种试验和审定工作中成绩显著的单位和个人；七是指导、协调省级农作物品种审定委员会的工作。各位委员和工作人员要以十六

大精神为指导思想，以法规规定为准绳，以服务种植业结构调整和农民增收为中心，以建设现代种业和现代农业为目标，解放思想，更新观念，大胆探索新思路、新举措，以改革的精神和饱满的热情，以高度的责任感和使命感，认真履行好法律赋予我们的神圣职责。

二要进一步完善规章制度和技术标准。关于品种审定工作，温家宝副总理在有关批示中有明确要求：要制定和完善农作物品种试验审定技术标准和制度。本届国家农作物品种审定委员会要在现有工作的基础上，根据《种子法》及其配套规章的有关要求，修订、制定品种审定的有关规章制度和技术标准，完善品种试验的管理办法，使品种审定和相关工作有章可循，规范运转，减少工作的随意性和主观性，增强品种试验、审定的科学性和公正性，使品种审定工作进一步规范化、科学化。

三要进一步加强试验设施和队伍建设。区试承担单位的客观条件和从业人员的职业道德、业务素质，直接关系着区域试验质量的高低，决定着对品种评价的客观性和准确性。为了进一步提高试验质量，将对目前承担国家试验的单位进行普查和评审，对具备试验条件，长期承担试验并能较好完成试验任务的单位，给予承担国家品种试验的资格认可，并在今后的区试站建设和完善中予以支持；对承担品种试验人员，将结合职业技能认证工作的推行，通过培训和考核，持证上岗；对不能完成试验任务的单位和通不过培训考核的不合格人员，将取消承担试验的资格。

四要探索品种审定的相互协调和资源共享机制。要加强对国家和省级间以及各省之间的工作协调，通过信息联网和资料互认，实现资源共享，减少不必要的重复工作，加速品种审定推广。要建立、完善品种试验与审定的数据库和信息网络，通过信息网络，利用现代信息技术，逐步实现网上安排试验、观察记载、汇总资料、发布信息，提高工作效率，方便信息查询。要根据作物布局和生态区划，建设、调整和完善试验网点，逐步将国家品种试验与省级品种试验联网，实现资源共享，使基础设施好、管理水平高、经验丰富的区试站得到充分利用，提高试验、审定的科学性、公正性和高效性。

五要为农业行政主管部门当好参谋。国家农作物品种审定委员会既是一个权力机构，又是一个学术权威机构，肩负着为农业部把好主要农作物新品种审定关的重任，各位委员都是科研、生产、经营和管理等方面的专家，大家要发挥自己的特长，为农业生产确定主推品种，为提高农产品品质，增强市场竞争力，指导农业生产当好谋士。按《种子法》规定，还有很多新问题需要研究，如生态区的地理界定问题，同一生态区相邻省间引种问题，多个省确定为主要农作物的品种加快审定速度问题，除主要农作物外其他农作物品种如何进行管理问题等，这些问题请各位委员进行调查研究。

四、贯彻种子法，做好明年种子工作

10月份全国人大常委会组织了《种子法》执法检查，针对检查中发现的问题，我部提出了改进意见。现在正值岁尾年初，大家也都在关心着明年的工作，借此机会，我将我部明年关于种子工作的一些想法跟大家沟通一下，希望大家提出更好的意见。

（一）进一步提高对做好种子工作的思想认识

一是在明年初召开的全国农业工作会议上，针对当前贯彻实施《种子法》过程中存在的主要问题，进行专题研究，落实整改要求，对各级农业部门的思想认识进行再动员、再提高，对各项工作进行再部署、再落实。二是印发《关于进一步做好种子工作、促进种业发展的意见》。以温家宝副总理在听取农业部农产品优势区域规划汇报会上的讲话精神为指导，围绕农作物优势区域规划的组织实施，针对当前种子工作的新情况、新问题、新要求，提出指导意见和工作措施。三是在2003年上半年召开一次全国农业种子工作会议，对有关问题的整改情况进行评估，对进一步加强和改进种子执法工作进行全面部署。

（二）推进种子产业发展

一是针对国有种子企业体制不顺、机制不活的问题，通过行政推动和示范带动，引导种子企业深化改革，逐步建立现代企业制度。尤其要加快产权制度、人事制度、分配制度等改革，促进与育种科研机构联合和合作，构建育、繁、销一体化机制。二是协调有关部门，争取将育繁销一体化的大型种子企业，纳入国家级农业产业化龙头企业中，享受同样的信贷、融资、税收等扶持政策。同时，加大对种子企业的信贷、融资支持力度，切实解决种子企业的种子收购资金，并争取享受国家粮食收储资金的同等政策待遇。三是继续利用国家农业综合开发等有关专项资金，扶持有发展潜力和竞争优势的种子企业，帮助其完善良种培育、开发、生产、加工、检验、储藏、营销等基础设施。四是要求各级农业部门解放思想，转变观念，进一步树立“企业是市场主体、企业是产业主体”的观念，增强服务意识。

（三）完善配套法规和标准

一是配合全国人大和有关部门，对《种子法》有的规定不明确、具体，而又容易产生歧义的条文，进行统一释义。二是组织专门班子，研究拟订需由我部起草的有关配套法规、规章，争取今年底以前出台一批，明年底以前基本完成。三是督促、指导各地制定和完善有关地方性配套法规、规章。四是加快制定和修订有关国家、行业和地方标准，力争明年完成我部已确定的8大优势作物种子的行业标准，并争取将一部分上升为国家标准。

（四）健全种子执法体系

制定时间表，督促各级农业部门把种子管理机构与种子生产经营单位彻底分开，对目前还没有分开的，要求在2003年6月底以前彻底分开。对到期仍不分开的，将采取必要的行政调控措施。同时，通过协调有关部门，总结和交流各地经验，推动各地搞好种子管理机构的“三定”工作，实行政、事、企分开，没有与种子生产经营单位分开的种子管理机构，不得从事种子执法工作，对于已经分开的种子管理机构，要明确执法职能，解决执法经费，强化执法手段，依法委托执法，提高执法人员素质，切实解决种子执法的基本队伍、基本职能、基本手段和基本素质问题。

（五）规范行政管理行为

对农业部门负责的有关行政审批和生产经营许可证核发，特别是种子进出口审批、植物检疫审批和品种审定等，要在不违背有关法律、法规要求的前提下，进一步简化手续，规范收费，做好服务，对各地农业部门的有关工作进行分类指导，对违规行为及时纠正。

（六）做好种业发展的重大问题调研

一是为充分发挥甘肃“河西走廊”的自然资源和区位优势，使之成为具有世界级分量的良种引进和出口的“河西种廊”，我部将组织对这一优势制种基地的建设和管理进行专题调研，并在此基础上，制定全国农作物优势制种基地建设与发展意见或规划；二是为加快我国种业健康发展，我部拟对我国种业发展的现状和前景进行专题调研，从制度、体制、机制和措施上全面研究分析，并以此形成《关于促进我国种子产业发展的意见》。

同志们，本次会议会期2天，时间紧、任务重。以后各年度主要以各专业委员会为单位开展活动，大家集中在一起讨论、交流的机会不多，因此，希望各位委员能够认真负责，集中精力开好这次会议，为加强国家主要农作物品种审定工作献计献策。

当前，我国农业正处在新的发展时期，十六大报告提出“建设现代农业，发展农村经济，增加农民收入，是全面建设小康社会的重大任务”。要建设现代农业，首先要建设现代种业。“国以农为本，农以种为先”。把好品种关，在座的各位委员任务艰巨，责任重大。希望第一届国家农作物品种审定委员会与时俱进，开拓进取，全面开创国家品种审定工作新局面，为我国农业发展做出新的贡献。

刘坚同志在全国种子工作会议上的讲话
——把握机遇　扎实工作　全面提高种业竞争力

（2003 年 11 月 20 日）

这次会议很重要，是农业进入新阶段后，研究种子产业发展的一次重要会议。可以说，这次会议是一次建设新型种业体系的动员会。回良玉副总理对种子工作的重要批示，杜部长出席会议并做了重要讲话。陈萌山、刘旭等同志就新型种业体系、种质资源保护利用、种子企业竞争力等方面做了专题讲座。部分省的主管部门、种子企业做了典型发言。这次会议时间短，主题明确、内容丰富、重点突出、措施可行。下面我就如何贯彻会议精神，建设新型种业体系再讲几点意见。

一、深刻领会和把握新型种业体系的内涵

随着我国社会主义市场经济体制的建立和不断完善，农业和农村经济结构战略性调整的不断深入，国内外市场对农产品的需求呈现多样化和优质化，对种业体系提出新的要求。要保证我国农业生产的安全，提高粮食综合生产能力，提升农业的竞争能力，进一步发挥种子的科技优势，必须建设一个运转高效的新型种业体系。为此，部党组审时度势，提出构建新型种业体系的意见。

建设新型种业体系是我国发展现代农业的客观需要，是提高我国种业水平、发展民族种业、提高种业竞争能力的需要。新型种业体系是由种质资源保护利用、种子引育扩繁、生产经营和推广使用以及与其相适应的政府管理、公共支持、社会服务等构成。种业体系是以市场为平台，发展种子产业为主线，把企业作为主体，通过公共主持、政府扶持、法制管理、行业规范等相互联系、相互作用形成一个新的有机整体。新型种业体系的目标是大幅度提高种业的科技创新能力，做强做大一批种子企业，建立统一开放的种业市场，形成监管、调控和保障有力的体制。所以新型种业体系具有方向性、指导性、纲领性、操作性和鲜明的时代特征。

新型种业体系建设主要突出了以下几个方面：

第一，突出了企业、政府公共服务和行业管理的地位和作用。建设新型种业体系就是加快推进种业体制改革，切实做到农业行政主管部门与种子企业彻底脱钩。

推动国有种子企业进行体制性改革，把企业推向市场，使企业真正成为市场的主体。这次会议讨论了《加强新时期种业发展意见》，明确了政府该干什么，行政主管部门该干什么，企业干什么，行业干什么。以此推动政府特别是我们各级农业行政主管部门转变职能，转变观念，转变行政行为，使农业行政主管部门真正做到有所为有所不为。

第二，突出了种业市场开放的重要性。种子产业的发展必须符合社会主义市场经济规律，必须发挥市场配置资源的基础作用。放手发展多种经济成分和多种形式的种子企业，激活种业生产要素市场，吸引外界资本投资种业，拓宽投、融资渠道，促进产权多元化；革除一切妨碍市场经济发展的规定，要把监管市场和建立规范的竞争秩序作为主要工作，切实打破地方保护主义和部门利益的束缚，建立统一、开放、竞争、有序的市场体系，为产业发展创造宽松的市场和投资环境。

第三，突出了支撑种子产业发展的公益性。现代种业将种子产业的商业行为和公益事业进行明确分工。新型种业体系的主要任务是加强种子产业的基础性和公益性设施建设。就是建立和完善种质资源保护利用机制和种子科技创新体制；建成覆盖全国的、独立的种子质量检测、认证、品种区试和展示网络；建立功能完善的种子储备和应急保障制度，形成监管、调控和保障有力的体制。

建设新型种业体系突出了合理分配育种资源。即将商业育种交给企业，公益性育种由国家承担。国家和企业各有侧重，分工明确，相互支持。这样利于集中财力、物力和人力资源，发展种子产业。

第四，突出了种子产业各链条效能的发挥。种子产业是由市场主体、政府支持、公共服务、行业管理等各个链条构成，形成了管理与企业两条主链。建设新型种业体系突出了整合种业管理资源。即把分散在农业部门内相关机构的管理资源进行整合，重组为一个有机的管理系统。促进种子产业形成一个符合市场规律、以高新育种技术为先导，注重种业人力资源开发，健全品种产权保护制度，明确产业发展的主体，发挥市场配置资源基础作用的新体系。

二、紧紧抓住建设新型种业体系的良好机遇

建设新型种业体系任务艰巨，我们既有困难也有条件，要求各级行政主管部门一定要解放思想，抓住机遇，精心组织，狠抓落实。建设新型种业体系的有利条件是：

（一）有中央实施积极的财政政策支持农业发展

从统筹城乡经济社会发展的大战略入手，国家财政部门将把解决“三农”问题

放在突出位置予以支持，将继续加大对农业的投入，让公共财政的“阳光”照耀到农村。

（二）有种业发展的良好基础、基本经验、基本队伍

“种子工程”实施以来，种子产业的巨大变化，为建设新型种业体系奠定了基础。一是《种子法》及其配套法规的实施，我国已经初步确定了种子法律体系。二是50强种子企业的推出，作为市场的主体一批骨干种子企业正在崛起。三是一批优质、高效新品种的推广应用，农业植物新品种保护制度的实施，种子科技含量和商品质量大幅度提高，良种综合生产能力的显著增强，我国种业育、繁、销相脱节的局面已有很大改观，种子科研能力和种业竞争能力明显提高。四是种子生产经营行为逐步规范，假冒伪劣种子坑农害农案件明显减少，市场秩序趋于良好；种子管理队伍已初步建立，执法人员素质逐步提高，公正执法赢得了社会的认可。

（三）有种子企业和农业生产的发展需要

随着种子产业基础条件的不断改善，种业综合能力的提高，种业渴望发展的积极性增强。种子产业的这种需求，必然要求有一个适应其发展的种业体系。

党的十六大报告指出，全面建设小康社会，推进农业和农村结构调整，这是新阶段保持农民收入持续稳定增加的基本途径，也是入世后提高农业竞争能力的根本措施。推进农业结构调整对种业的要求表现在以下三个方面：

第一，调整农产品结构，全面提高农产品质量，满足市场优质化、多样化需要，要求种子产业发展适销对路的优质专用农产品生产，加快品种更新换代。

第二，调整种养业结构，加快发展畜牧业和渔业。要求种植业做到为养而种，提供满足养殖业和渔业发展需要的各类作物种子和服务。

第三，推进种子企业改革，扶持种子龙头企业，加快发展种子产业化，吸纳农业剩余劳动力，扩大农民就业途径。目前，种子产业作为一个基础产业得到社会越来越多的关注，必然成为国家重点支持并充满活力的产业。

（四）有各级党委和政府长期的重视和支持

多年来，各级党委和政府一直在关怀种子产业的发展，各个涉农部门一直在支持种子产业的发展。建设新型种业体系是农业部党组提出建设七大体系中的第一个体系。为此，部党组专门的成立了领导小组和研究机构，在反复论证的基础上，制定《种业体系建设规划》并经部长办公会议批准实施。新型种业体系建设不是孤立的，“体系服务农业，工程支持体系，项目保证工程”。新型种业体系的任务和目标物化为具体的工程和项目，得到了国家财政、发改委、农业综合开发、扶贫开发、

金融等各部门的支持。

建设新型种业体系，是以实施二期“种子工程”为依托。二期种子工程重点是加强种质资源保存、品种改良、重点作物良种繁育基地以及种子质量检测、品种试验等基础设施建设，进一步提高农作物新品种开发能力、商品供种能力和质量检验能力，强化种业公益性事业发展和基础设施建设，进一步建立健全种业管理、监控和宏观保障机制，提高种子产业的整体功能，形成一个结构优化、布局合理、相互促进、良性循环的种子产业体系，全面促进农产品质量和效益的提高，为农产品竞争力的提高和农民收入的增加打下坚实的基础。

三、建设新型种业体系应当处理好几个关系

（一）处理好法规建设和普法宣传的关系

建设新型种业体系要树立依法治种的观念，建立和完善种业法规体系。

首先，要继续抓好立法工作。我部和各省、直辖市、自治区农业行政主管部门抓紧制定和完善《种子法》配套法规。认真落实全国人大常委会《种子法》执法检查中提出的立法要求，并依法清理和废除不利于种子产业发展的规章、规定，打破地区封锁和行业垄断。抓紧制定和完善相应的技术标准。逐步完善种子法律体系，切实做到有法可依。

其次，要做好种子法律的宣传和贯彻，改变重立法，轻宣传的做法，法律宣传不仅要面向农村、农民，而且还要面向有关部门特别是基层领导机关、领导干部。从发生的种子案件来看，有相当部分案件是领导对种子方面的法律法规学习的不够造成的。

（二）处理好依法行政与服务的关系

1. 依法行政必须为种子产业发展提供服务。随着社会主义市场经济体制的建立和依法治国方略的实施，特别是《种子法》的颁布实施，种子行政管理则是农业行政主管部门的主要职能。各级农业行政主管部门要确立农业执法特别是种子执法的主体地位，彻底变参与执法或协助执法为主动执法。依法行政、依法治种就是为种子产业发展服好务，为“三农”提供服务。这要求各级农业行政主管部门、种子管理机构的一切管理行为符合法律规定，做到管理机构合法、执法人员合法、管理程序合法。要依法行政，政务公开，接受社会监督；要克服衙门作风和行业不正之风，做到文明执法，树立农业执法的良好形象。

农业部门本身是一个经济技术部门，所含的专业职能多。农业执法必须从我国正处于社会主义初级阶段这个实际出发，认真研究农业执法的特点，探讨农业执法

规律，特别是认真研究种子执法的特殊性。

依法治种不能超过相关法律法规规定的范围，既不能把行业管理与政府支持等内容混为一谈，也不能将公共服务与执法混淆。

2. 依法行政必须完善管理机构，强化管理手段。强化种子行政管理部门建设，提高服务能力是实现种子管理的前提。1996 年，启动一期“种子工程”时，农业部提出种子管理和经营分开，特别是《种子法》实施后，各省、自治区、直辖市先后都成立了种子管理站，从上而下基本形成了一个独立的种子管理体系。2002 年全国人大常委会开展《种子法》检查活动，充分肯定了种子管理的成效、肯定了这支年轻的种子管理队伍的工作。所以我们应当进一步完善种子管理机构、稳定队伍、理顺关系、明确职能、强化手段、降低管理成本、提高行政效能。

3. 依法行政应当优化队伍结构，提高执法人员素质。种子管理的一切活动都是通过执法人员来实现。执法队伍的素质决定管理成本的高低。这一次部党组提出要进一步深化改革，坚定不移地推进种业的行政管理与企业经营彻底脱钩的体制改革。很重要的一个方面就是要建立一支精干、高效、公正的现代化执法队伍。

加强种子管理队伍建设，应当借鉴国家公务员的管理机制，把好种子管理人员的“进口”，疏通“出口”，增强种子管理机构的生机与活力。在现有管理队伍的基础上建立一支政治素质好、业务素质好、工作作风好、专业技术水平高的“三好一高”的现代化执法队伍。

4. 依法行政应当建立健全农业执法监督机制，强化对农业执法机构、人员的监督。农业部门是一个较大的部门，涉及的农业行政法律多。按照党的十六大的要求，农业执法应当建立和完善立法、执法、监督机制，加大农业执法监督力度，各级农业主管部门应当是明确农业执法监督机构。具体监督农业的执法机构和人员的行为，负责农业立法调研、检查法律宣贯、政务公开情况，提出对已经实施的法律、法规、技术标准的修改意见、受理行政复议等，树立执法的严肃性、公正性、权威性。

依法治种应当明确种子的执行机构是各级农业行政主管部门设立的种子管理机构，一定避免农业内部种子执法出现既当“裁判员”又当“运动员”的现象。

5. 依法行政就是履行《种子法》赋予的职能和责任。依法治种，就是依据《种子法》及其配套的法规和规章，对涉及种子的一切活动进行行政管理。种子管理本身就是一个完整的系统，包括种质资源管理、品种管理（含品种试验与审认定、新品种保护、转基因品种管理）、种子质量监督、种子市场管理（行政许可、市场检查、行政处罚）、质量标准管理、种子质量检验机构认可等，这些管理内容相互联系、相互制约、相互促进。品种管理是前提，市场管理是手段，质量管理是目的。从农业执法的内容看，种子执法是从资源到产品、从技术研究到售后服务，全部在农业系统内部。种子管理应当从种子管理的特点出发，整合管理资源，将目前分散在农业部门内的职能理顺，减少多头管理，从而降低行政管理成本，提高行政效能。要求各省、直辖市、自治区设立的种子管理机构做到政务公开、主动执法，恪尽职守，做到不缺位、不越位、不错位。这方面辽宁省提出了种子执法“五化”标准值得学习，即执法权限法定化、执法责任明晰化、执法程序公开化、执法行为公开化、执法检查经常化。依法治种还要求种子执法机构和管理人员不准以任何形式参与或从事种子生产、经营活动。这次会议我们再次重申这一点，希望大家必须高度重视。

6. **依法行政应当有一定的执法经费保障。**各级农业主管部门必须积极争取把种子执法经费列入同级财政预算，在种子执法经费未列入财政预算前，各级农业行政主管部门先安排一些专项资金用于种子执法，以确保执法的公正性和权威性。

（三）处理好行政管理与技术管理的关系

我国尚处于社会主义初级阶段，农业生产力水平比较低，社会主义市场经济体制还不健全。从事农作物种子生产、经营等活动的企业和人员数量大、层次多、覆盖面广，并且这些人员知识结构、从业能力、守法意识及自律水平等诸方面差异较大；作为种子使用者的农民是一家一户自主经营土地的庞大群体，自我保护意识差、承担风险能力低。种子又是农业生产中一种具有活力的、特殊的生产资料，它的特殊性决定了其作用将发生倍增效应。使用优良品种、优质种子必定会给使用者带来极大的效益；相反，使用劣质种子会给使用者带来巨大的损失，而其产生的效益和损失远远超过种子本身的经济价值。依法治种是一项专业性、技术性很强的管理，它是种子技术管理和行政管理的高度统一。

（四）处理好依法管理与行业管理的关系

在社会主义初级阶段，种子产业是由种子企业和管理体系两个方面构成的。种子企业是种子产业发展的前提，种子管理是种子产业发展的保障。二者相互依存、相互制约、共同发展。管理促竞争、管理出效益，强化管理是提高种子产业竞争能力的主要措施之一。行政管理是种业管理的基础，行业管理是种业管理的补充。

1. **加强行业管理是种业发展的客观要求。**行业管理是社会主义市场经济发展的客观需要，也是种业发展成熟的标志。我国种子产业起步晚，行业管理机制尚未建立。行业管理主要由行业协会负责，是靠会员自律与相互监督来实现。希望各级主管部门加大对协会的引导力度，充分发挥协会的职能。目前，归口在农业部有两个行业组织，一个是种子协会，一个是种子贸易协会。这两个协会为种子产业的发展做了很多工作，农业部将继续支持种业协会的工作。但两个协会的会员组成、职能、工作范围等大部分内容相同。从发展的角度看，条件成熟时两个协会可以整合，组成一个新的种业的行业组织。

2. 推进企业改革是实施管理的具体措施。党的十六届三中全会进一步提出加快企业改革的意见，这次会议讨论了《关于进一步加快新时期种子产业发展的意见》，明确了种子企业的市场主体地位。要求各级主管部门积极主动与有关部门联系，从当地实际出发，抓紧制定本地国有种子企业改革方案，推进国有种子企业进行身份置换，建立现代企业制度。在两年内将国有种子企业与其隶属的行政部门彻底脱钩，并按照国有资产改革与管理的政策要求，盘活现有的国有存量资产。山西省在推进国有种子企业改革中有许多新做法值得借鉴，他们按照“政府创造环境，企业创造财富”的思路，提出了“分类指导、明晰产权、转变机制、建立现代企业制度”的企业改制构想，把政企分设和企业改制结合起来，对较大的国有种子企业实施“以种业上市为重点，带动整个农业股份制改造”，农业厅成立了龙头企业股份制改造协调小组具体实施改革。对较小的县级企业按照政企分设，分类搞活，剥离重组原则进行改制。目前山西省国有种子企业基本完成了体制性改革，种业发展充满了生机。

在国有种子企业改革过程中，各地要积极争取优惠政策，如：可以先从国有或集体积累中预留种子科研基金、安排税前种子研发基金、企业改革奖励金，在一定的时限内，刚改制的企业继续享受免税优惠政策等，支持种子企业改革。同时积极引导民营种子企业建立规范的公司制企业。树立企业是主体的观念和市场竞争的观念，鼓励、扶持各种所有制种子企业共同发展，推出一批有竞争能力的企业。

3. 强化企业管理是提高种业竞争力的有效手段。

企业管理是衡量一个企业竞争能力的重要指标。从大的方面讲，企业管理包括企业的决策、激励、创新、管理、约束机制；从小的方面讲，企业管理包括质量管理、劳动、人事、分配制度等。

加强企业管理应当建立规范的法人治理结构。要按《公司法》的规定，本着董事会、监事会、经理层三权分立的原则，明确股东会、董事会、监事会和经理层的职责，并规范运作。进行改制的企业一定要引入竞争机制，强化激励与约束相统一，充分调动企业经营者、管理者和员工的积极性，提高企业的效率和效益，增强企业的竞争能力。通过劳动、人事和分配制度的改革，建立起行之有效的企业高层经理人员的激励与约束机制；在全面推行合同制基础上，建立起“双向选择”的制度，即：员工能进能出、管理者能上能下的劳动制度；员工收入随岗位变动、贡献大小而增减，奖勤罚懒、多劳多得的分配制度；坚持奖优罚劣，对造成企业重大损失的责任人建立责任追究制度。

改制的企业必须加快管理现代化、信息化建设，加强和改进企业质量、成本、营销管理，进一步建立健全科学的、严格的企业管理制度，完善企业会计制度。

（五）处理好科技创新与示范、推广的关系问题

创新是种业发展的灵魂。科技创新是种子产业发展的立足点，是提高我国种业核心竞争能力的主要手段。讨论科技创新问题，首先要提高对种业科技创新的认识。从国家来讲是要建立种业创新体系，由政府、科研机构、农业大学、种子企业等组成一个网络，能够形成更加有效地提升种业创新能力和创新效率，使科学技术与“三农”融为一体，协调发展。从企业或部门来讲科技创新表现在管理体制、机制、方法、手段以及途径等方面。其次要解决创新基础问题。在知识经济时代，知识的基础成为企业部门、行业乃至国家提高核心竞争能力的重要平台，创新既包括提高创新能力和效率，也包括提升种子产业的知识基础。各级行政主管部门、管理部门、企业、科研机构优先研究科技创新机制、手段和方法。在育种材料和方法等方面寻找突破口，制定符合本地区、本单位实际的创新路线。

创新要求是从市场需求出发，整合种质资源、人力资源加快品种选育力度。要尊重品种成果权益，在尊重知识产权的前提下，加快成果转化速度。要继续加强和改进品种审定与展示工作，努力探索非主要农作物新品种的管理方式。充分利用国家品种试验与展示平台，选择和推荐一大批优质、高抗和专用新品种应用于农业生产中，为农业结构调整，农民增收做出贡献。

（六）处理好种子项目建设与监管关系

今年7月，农业部召开的“全国农业工作会议”上，杜部长强调了农业项目的管理问题。我在这里重点说一下种子项目的管理问题。

最近，我部组织力量检查了近几年国家投资的一些重点基建项目，发现了很多问题。有的是立项不符合要求，有的是管理存在问题。实施二期种子工程是建设新型种业体系的主要措施，各级主管部门一定加强项目管理，保证资金到位、保证项目实施，发挥投资效益。

第一，科学立项。要求各级主管部门要结合当地实际和种子产业发展需要，根据《优势农产品区域布局规划》和《二期“种子工程”项目指南》，做好项目的申报工作。申报二期“种子工程”以及相关部门投资种子的项目，一定要充分听取种子部门和种子专家的意见，从种子产业的特点出发，按照种子产业的发展规律，深入调研、统筹规划、全面论证。二期“种子工程”重点是加强种质资源保存、品种改良、种子质量检测、品种试验以及良种繁育基地等基础设施建设，进一步提高农作物新品种开发能力、商品供种能力和质量检验、新品种试验与展示能力，强化种业公益性事业发展和基础设施建设，进一步建立健全种业管理、监控和宏观保障机制，提高

种子产业的整体功能。希望各省主管部门坚持轻重缓急的原则编报项目，组织有关部门和专家做好项目的立项、调研、评估论证、申报工作。尤其是抓好2004年二期“种子工程”项目的申报工作，保证二期“种子工程”有一个良好的开端。

申报项目必须克服要钱项目，为上项目而报项目的做法。申报的项目既要符合当地的实际又要符合种子产业的发展要求，我部相关业务部门要严格审查，确保项目的质量。

第二，抓好管理。项目批准后，一定要按要求执行项目、管理项目，管好项目资金。项目竣工后，一定按程序组织验收，达到要求再移交使用。

第三，加强监督。项目实施过程中，加大中期检查力度，农业部将组织力量检查重点项目实施情况，对违反项目管理规定的，不但终止所实施的项目，而且撤销或调整二期“种子工程”的其他待建项目等。

同时也请各省、直辖市、自治区组织力量对“九五”以来，实施“种子工程”支持的种子重点项目进行效益评估，对项目管理差，资金使用效益不好的项目单位挂牌公示，农业部暂不对其投资。

四、近期应抓好的几项工作

（一）做好会议精神的贯彻工作，搞好新型种业体系规划

这次会议是在新形势下，农业部召开的一次重要的种子工作会议，会议主要内容就是启动新型种业体系。希望大家统一思想，提高认识，回去后向政府和有关部门汇报，把会议部署的内容列入你们的工作日程中，取得各级政府的支持。同时，结合本地实际搞好本省的种业体系规划，并组织实施。

（二）做好玉米、水稻、棉花等主要农作物种子的供求预测分析，抓好种子供销服务

今年以来，我国各种农业自然灾害连发并发，北方地区的春旱、南方地区的低温冷害和阴雨渍涝、夏季淮河流域的洪涝、江南华南江淮西南大面积的夏伏旱，以及近期渭河流域的洪涝灾害，北方低温寡照，积温不足，部分地区虫害严重。这些对种子生产都有影响。要求各级农业行政主管部门要加快种业信息网络建设，注意掌握市场供求动态，向社会发布比较准确的种子供求信息。

（三）抓好种子市场管理和种子质量监控，整顿和规范市场秩序

受气候影响种子质量可能存在不同程度的问题，在春备耕季节和种子销售旺

季，各级农业主管部门及种子管理机构加大市场检查力度，及时查处种子案件。种子质量检验部门认真抓好种子质量监督，结合当地实际，组织种子抽检活动，保证农业用种安全。

（四）加大协调力度，抓好相关项目的组织实施

党的十六届三中全会之后，国务院和相关部门已经召开或即将召开一系列会议部署工作，许多会议都是围绕提高农业综合生产能力、提高粮食综合生产能力这个主题召开的。请各级主管部门主动协调，积极争取有关部门支持，加大对种子产业的投入力度，提高我国种业的国际竞争能力。

同志们！党的十六大提出全面建设小康社会的目标，是与推进农业现代化相统一的目标。农村实现小康社会需要农业现代化，现代农业迫切需要现代种业，现代农业不但需要种业提供技术保障，而且还要求加快种子产业化进程，拉动农业结构调整。希望大家振奋精神，把握机遇，扎实工作，奋发图强，加快建设新型种业体系，为发展现代种业，农业增效、农民增收做出新的更大的贡献。

陈萌山[①]同志在全国农资打假专项治理行动电视电话会上的讲话

——标本兼治　狠抓落实　加强种子市场监督管理

（2004年5月17日）

近年来，各级农业行政主管部门认真贯彻实施《种子法》，采取了一系列措施，加大了种子市场管理力度。总体上看，当前种子市场进一步向好的方向发展，主要表现：一是种子市场进一步开放，地区垄断被打破，育繁销一体化龙头企业正在主导杂交水稻、杂交玉米等主要农作物种子市场。二是种子经营者的守法意识逐步增强，无证经营和大案要案明显减少。三是种子质量大幅度提高。据我部抽查，杂交玉米、杂交水稻种子质量合格率1996年以前均低于70%，1997—2002年稳定在85%左右，2003年达90%以上。四是种子包装、标签逐步规范。1996年以前标牌包装销售的种子不足50%，现在除农民自繁自用剩余部分在集贸市场销售外，市场上销售的种子基本都是标牌包装。五是种子经营正在由过去的单纯买卖向“种子加技术”的配套服务发展。但是，应当看到，一些地方种子市场还比较混乱，品种多杂、未审先推、违法经营等问题仍然突出，假劣种子坑农害农事件时有发生，广大农民和社会各界对此反应强烈。针对这一情况，我部本着标本兼治的原则，研究提出了加强种子市场监管的具体措施。

一、强化专项治理

种子作为今年全国农资专项治理的重点，要进一步加大工作力度。各地农业行政主管部门要充分发挥专业优势，积极履行法律赋予的职责，再次对本辖区种子市场开展一次拉网式排查，对农民举报和有关方面反映的种子案件要做到有一起查一起，决不姑息迁就。要依法查处违法生产经营行为，严惩制假售假者，查办大案要案，加大执法力度，维护市场秩序，保护农民利益，确保农业生产持续发展。

---

① 陈萌山，2008年至2012年任农业部总经济师，2012年至2018年任中国农业科学院党组书记（副部级），2018年至今任政协第十三届全国委员会提案委员会委员。

二、理顺管理体制

为了从根本上解决种子工作中的政企不分问题，我部将会同国家有关部门进行专题调研，制定种子管理体制改革方案。一方面，实行政企分开，将国有种子公司从农业行政部门剥离出去，加快企业改制，建立现代企业制度。另一方面，要努力把种子管理经费纳入同级财政的年度预算，解决种子管理的机构、编制和经费问题。希望各地农业部门增强紧迫感，主动地推进国有种子公司脱钩改制工作。

三、明确监管责任

种子市场监管是法律赋予各级农业行政主管部门的神圣职责，各级农业部门要进一步增强种子执法的属地责任意识，建立行政领导责任追究制。因政企不分、监管不到位而发生重大案件，以及对案件查处不力的，当地农业行政部门主要领导要承担责任。我部将利用中国种业信息网的交换平台，建立种子市场监管信息月报制度，对各省种子案件的发生和查处、举报和投诉的受理、种子市场动态、跨省区案件的协查和联合办案等情况，每月调度一次，及时通报各地市场监管动态。

四、完善配套法规

我部正在拟定《转基因植物种子品种审定办法》、《转基因种子广告审查办法》、《种子质量监督抽查管理办法》和《种子检验员考核管理办法》等配套法规和技术标准，修订品种审定和标签管理等规章，并对种子法实施中出现的新情况、新问题研究提出具体的处理意见。各省农业行政主管部门也要积极做好本职工作，主动向省人大、省政府汇报，加快制定和完善省级配套法规和规章。

五、整顿良繁基地

当前，制种基地不稳，生产条件较差，收购秩序混乱，是影响种子质量的主要问题之一。各省农业行政主管部门要组织制定本地区制种优势区域规划，引导企业在优势区域制种。要在制种关键季节，组织开展田间质量和生产档案抽查，审查种子生产基地，对隔离条件和生产条件不好的，收回或不再发给生产许可证。要在种子收购季节，对主要制种基地进行明察暗访，发现套购种子和不履行合同的行为，依法查处，公开曝光。要加强良种繁育基地建设，改善制种优势区域的基础设施，提高制种产量和质量。

六、扶持优势企业

各级农业行政主管部门要把打假与扶优结合起来。要利用国家有关投资项目，扶持育繁销一体化龙头企业，强化品种培育和良种生产基础设施。要向龙头企业提供政策信息，帮助其申报农业产业化龙头企业。要组织开展龙头企业经营管理人员培训，培植诚信理念，提高管理水平。利用新闻媒体，借助行业协会，宣传诚信企业和名优品牌，曝光违规失信企业和假劣产品。还要利用企业掌握的线索与信息，联手打假，查处大案要案。

七、推进连锁经营

为了推进种子连锁经营，我部拟在深入调研的基础上，于今年下半年召开专门会议，总结和交流经验。各地农业部门要加强调研，及时总结推广种子连锁经营的典型经验，并利用有关项目和政策，积极扶持种子生产经营的龙头企业，建立和完善连锁经营的营销网络。

八、加强技术服务

为了引导农民选用优良品种，进行科学种植，我部将通过科学评估和筛选，继续公布主导品种和主推技术，并利用优粮工程投资，在粮食主产省建设一批新品种试验展示基地，向农民示范、展示优良品种及其配套栽培技术，使良种良法配套推广，提高良种覆盖率和技术入户率。

范小建[①]同志在全国种业高级经营管理人员培训与研讨会议上的讲话

——深化改革　强化管理　推动我国种业快速发展

（2004 年 8 月 24 日）

为贯彻落实去年召开的全国种子工作会议精神，推进新型种业体系建设，加快国有种子企业改革，强化种子市场管理，做实、做强、做大我国种子产业，农业部种植业管理司和中国种子协会举办了这次会议。到会的有种子生产经营大省农业厅（委、局）的领导，各省区市种子管理站长，大型种子企业经理，大家聚集一堂，共同分析我国种业发展面临的问题，探讨加快国有种子企业途径和措施，明确下一步种子工作的重点，会商明年主要作物种子供需形势，听取有关现代企业管理讲座。会议选在青岛海尔召开，具有特殊意义。海尔是我国民族工业的知名企业，在国际上享有盛誉，这里不仅能听到海尔发展经验的介绍，还能感受到海尔企业发展的成就和独特的文化。因此，这次会议既是工作研讨会，又是工作部署会，还是一次学习和培训活动，希望大家珍惜难得的机会，集中精力，开好会议。下面我讲四点意见。

一、进一步增强推进种子产业发展的紧迫感

我国农业生产面临的一个基本矛盾，就是人口越来越多，耕地越来越少，人均占有耕地面积呈逐年递减的趋势。从粮食生产来看，虽然今年有望恢复到 9 100 亿斤的产量目标，但是由于耕地总量的减少，粮食综合生产能力要达到 1 万亿斤绝不是一件容易的事。根据预测，到 2006 年我国粮食需求总量可能会超过 1 万亿斤，而粮食生产能力仅能恢复到 9 500 亿斤的水平。也就是说，在现有基础上，并保持今年粮食增长的势头，2006 年粮食需求量还将有 500 亿斤的缺口。要解决总量供求的矛盾，最终还是要靠科技，要在单产上下功夫。

种子作为特殊的生产资料，在生产过程中发挥着倍增效应，是农业生产发展最重要的基础性因素。使用优良品种、优质种子会给农民带来高产量、高收益，误用

---

① 范小建，2000 年至 2007 年任农业部副部长。

劣质种子会给农民造成种子本身价值几十倍甚至上百倍的损失。在市场经济体制下，农业发展进入了新阶段，科技发展日新月异，良种的作用更加突出，给农业发展带来更加深刻的影响，种子工作的任务更加繁重。杜部长在全国种子工作会议上强调“真抓农业，就要抓科技；真抓科技，首先要抓种子。科技兴农，种子要先行”。各级农业部门要按照杜部长的要求，充分认识种子工作的重要性和特殊性，始终把种子工作纳入重要议事日程，下大决心，用真功夫，做好种子工作。

为促进种子产业的发展，我部于1996年开始组织实施了“种子工程”，通过八年的建设和发展，我国种子产业发生了巨大变化。主要有以下几个特点。

第一，种子产业体系初步形成。目前，已建成一批国家农作物改良中心和分中心、国家级原种场、农作物种子质量检测中心、国家救灾备荒种子储备库、农作物品种区域试验站、种子繁殖基地、种子加工中心和农作物品种资源圃及原位保护区等，种子综合生产能力明显增强，初步建成了较为完备的种子科研、生产、经营和管理体系。

第二，种子市场主体逐步实现多元化。在各级政府和农业部门大力支持和推动下，种子企业改革的步伐加快，全国涌现出一批育、繁、销一体化的上市公司、股份公司和有限公司，一大批民营和私营种子企业迅速崛起，去年农业部评选的50强种子企业，正在种子产业构建中发挥骨干作用。为适应种业发展的要求，根据《种子法》规定和党的十六大精神的有关要求，湖北、辽宁等省种子公司已从农业行政主管部门脱离出来，真正成为面向市场、自主经营的企业实体。

第三，企业开始成为种子科技创新主体。随着“种子工程”的实施，种子企业和农业科研院校密切合作，育、繁、销一体化进程加快，创新活力明显增强，新品种的选育单位已由过去单一的农业科研院校已发展为种子企业、农业科研院校和多种合作形式的科研单位为主体，一些作物新品种选育开始出现以企业自主创新为主的新局面。

第四，种子管理步入法制化轨道。种子法实施后，我部出台了7个配套规章，还有3个即将颁布；有18个省区市也相应制定了种子管理条例或《种子法》实施办法，这些为依法治种提供了有力的保障。种子管理力度加大，违法大案要案得到有效遏制；种子管理内容拓宽，各级种子管理机构的职能已由过去以种子质量监督为主发展为品种管理、质量管理、生产经营许可管理和市场管理并重，统一开放、竞争有序的种子市场秩序正在形成。

但是，我们还应该看到目前种子产业正处于起步发展阶段，还存在许多问题，面临着严峻的挑战。对此，我们要有清醒地认识。

一是品种多杂。近年来，全国平均每年审定水稻、小麦、玉米品种均在100个以上，棉花、大豆、油菜品种均在30个以上，但有突破性的主导品种不多，其中

90%的品种推广面积都不足100万亩。造成这种情况，既有基础研究薄弱的原因，也与审定把关不严有关。二是未审先推。有的育种和种子生产经营单位守法意识差，加上转基因安全评价和品种审定等管理过严，一些新品种未经审定就先推广，已经成为种子纠纷的典型问题，尤其是抗虫棉品种问题比较突出。三是违法经营。有未取得合法许可证生产、经营种子的；有包装标签标注不真实，夸大品种特征特性的；有生产经营档案不健全，难以追踪种子来源和去向的。四是制假售假。利用高科技仿造包装，真假难辨；生产、储藏、销售地点相分离，逃避应有惩处；现金交易，不开票，躲避追查。

从总体上看，缺少强势品种，存在假冒伪劣是种子市场亟待解决的突出问题。其中的原因是多方面的，一是企业规模小，竞争力不强；二是投入不足，科研创新能力弱；三是政企不分，管理不到位。说到底，还是种子产业整体水平不高。随着我国加入WTO过渡期的结束，国内种子市场国际化步伐加快，孟山都、先锋、先正达等大型跨国种子公司已经进入国内市场，一方面促进了国内种子产业的发展，另一方面其强大的资本、技术和管理优势也对国内种子企业提出了严峻的挑战。

种业发展要以保护农民利益、促进农业发展为根本。面对广大农民的迫切要求和国内外种子产业发展的新形势，我们必须增强紧迫感和危机感，进一步理清思路，深化改革，强化管理，推动我国种子产业快速发展。因此，在产业发展目标上要把握好以下几点：

第一，提高种子产业的整体水平，要靠一大批建立了现代企业制度的、充满活力的龙头企业。从产权制度改革入手，深化国有种子企业体制改革，是提高种子产业整体水平和竞争能力的一项重要举措，要进一步加快改革的步伐。同时，要坚持多种形式的市场主体长期并存。

第二，种子市场的管理，要从政企分开入手，要加强种子管理体系的建设，明确种子管理的责任主体，加强执法监督，强化市场监管，加快建立统一开放、竞争有序的市场秩序。为此，各级种子管理部门，一定要在明年年底之前完全实现政企分开。

第三，种子产业的发展，主要体现在提供优良品种的能力上。近期内重点抓好一批有苗头的优良新品种的示范和储备，形成主导品种并在全国大力推广。到2007年，商品种子覆盖率在现有基础上提高5个百分点。要把良种补贴政策和主推品种的推广结合起来。

二、坚定不移地加快国有种子企业改革

在农业和种子产业发展的历史进程中，国有种子公司曾发挥了重要作用。但是

在市场经济条件下，国有种子企业产权不清、权责不明、体制不顺、机制不活等问题，已成为企业发展的瓶颈。根据中央关于加快国有企业改革的精神和现代种子企业发展的客观要求，加快国有种子企业改革刻不容缓。

（一）加快企业体制创新

加快推进政事企分开，促进国有种子公司尽快从农业行政主管部门脱离出去，使企业成为“产权明晰，权责明确，政企分开，管理科学”的市场主体。要进一步强化企业是市场主体的观念，鼓励和支持多种所有制形式的企业，参与国有种子企业改革、改制、兼并、重组，通过市场机制，实现产权多元化。

（二）加快企业制度创新

要学习借鉴海尔经验，按照科学发展观的要求，以产权制度改革为核心，企业置换性质，职工置换身份，加快企业改制步伐，构建企业法人治理结构，转换企业经营机制，完善各项管理制度，激活种子生产要素市场，推进育繁销一体化的市场化进程，发展现代种子产业。

（三）加快企业科技创新

大力支持种子企业与科研育种单位多种形式的合作，加大对科研育种人财物的投入，培育开发具有自主知识产权的新品种，加快品种的更新步伐，提高农产品产量和品质。

（四）加快种业国际化进程

我国加入 WTO 已近三年，种子企业不但要在国内市场平等竞争，还要积极进入国际市场，与世界种业融入一体。我国种子科研、生产在国际上有独特的自身优势，如杂交水稻既有原创技术优势，又有生产技术优势，还有生产成本低的优势。据专家测算，未来 10～15 年全球将有 150 万～200 万吨杂交稻种子的市场需求，市场价值空间约 120 亿～160 亿美元。这是一个潜在的巨大市场，需要政府部门和种子企业共同努力开发。我部和省级农业部门要重点支持大型种子企业实施“走出去”战略，积极开发国际种业市场。

（五）加快企业诚信建设

诚信是种子企业的生命，是推动种业发展的不竭动力，是种子市场健康发育的重要标志。对种子企业来说，品种、品牌、诚信三者互为依存、相得益彰、缺一不可。品种依靠科技创新获得，品牌通过质量、价格、服务、宣传创造，诚信则依托企业自律、道德规范、文化建设和法制约束等互作形成。加快诚信建设，就是要企业不违法经营、不制假售假、不侵权冒名、不唯利是图、不虚假广告、不违规违约，以高度的责任感和使命感共同打造诚信种业。为此，我部将采取正面扶持和反面惩治，建立种子市场管理的“黑名单”制度，促进种子市场诚信制度的建设。

（六）加快企业家队伍建设

这次培训是面向种子企业界，是政府为企业服务的一个标志。我国民族种业要在短期内赶超世界先进水平，关键是培养一支良好的企业家队伍。海尔等著名企业的崛起，无一不是由杰出的企业家及其团队完成的。作为成功的种子企业家，要有强烈的责任感、危机感和使命感，吃苦耐劳、勇于创新的精神，坚韧不拔、勇往直前的毅力，统领全局、果敢决策的能力和魄力，勤学善思、与时俱进的品格，要具备很强的专业知识、超前意识和过人胆识。同时，强化企业家队伍建设，也要靠政府的关心和支持、企业的重视和培养、社会的关爱和帮助。

三、切实加强种子管理工作

在全面建设小康社会，保障粮食安全的实践中，种业担负着重要的使命。加强法制建设，强化种子管理，建立统一开放、规范有序、公平竞争的种子市场体系，是新时期种子管理工作的首要任务。

（一）切实加强种子管理体系建设

种子管理体系是新型种业体系的重要组成部分。经过二十多年的建设，特别是通过“九五”种子工程的建设，我国种子管理体系有一定的基础，专业化、知识化的管理队伍已经形成；质量检验、品种试验、良种繁育和推广的物质技术条件得到改善，在品种管理、质量管理、生产经营管理、市场管理、良种推广等方面发挥了重要作用；种子管理信息系统基本完备，管理效率大大提高。上述成果为建设新型种业体系，奠定了坚实的物质和技术基础。

各级农业行政主管部门要按照《种子法》和我部关于加强种子管理的要求，对种子工作实行科学管理，严格做到政企分开。已经实行政企分开的种子管理站（局），要作为责任主体，在品种管理、种子质量管理、生产经营许可管理、市场管理和良种推广等方面，做到管理到位、服务到位、责任到位，切实履行好职责。各级种子管理机构，要按照新时期建设新型种业体系的要求，努力做好组织建设、队伍建设、制度建设和基础建设，进一步完善区试站、质检中心、新品种展示中心和种业信息建设。在农业行政主管部门的领导下，努力提高管理水平，把种业发展好。

（二）尽快完善法规体系建设

我国《种子法》已于2000年12月1日颁布实施，目前还有一些配套规章需要抓紧制定，同时随着改革的不断深入，种业的法律环境、市场环境、国际贸易和竞争环境发生了很大变化，出现了许多新情况、新问题，迫切需要完善种子法规规章体系。各地要针对《种子法》实施以来出现的新情况和新问题，开展深入细致的调研，提出相应的对策。根据有关法律规定和种业发展的要求，需要制定规章、办法或技术标准的，要尽快组织制定，尽早颁布实施；对已颁布实施的有关种子法的配套规章、办法或技术标准，在程序、范围、内容等方面不完善、不适宜的，要尽快组织修订；在执法实践中涉及种子法本身的问题，要进行专题调查研究和收集整理，按有关程序向人大报告，建议适时修订。目前，我部正在就种子法实施中的有关问题向全国人大请示释义。

（三）品种是种子科技创新的成果和结晶，是种业竞争的重要因素，品种管理是种子管理工作的主要内容

《种子法》实施3年来，为育种工作注入极大的活力，种子市场空前活跃，新品种推广取得了显著成绩。但在品种审定、引种批准、品种权保护和非主要农作物品种管理方面也出现了许多新问题，必须予以高度重视，切实加强品种管理。

一是进一步完善品种审定和引种审批。品种审定和引种审批是品种管理工作的中心内容，对良种推广应用、农业增产增收有很大影响。要建立和完善新品种检测和查询制度，严格审定受理条件，严格品种试验条件，严格品种审定（批准）程序。坚持科学、规范、公平、公正的原则，依法、公开、民主进行评审，切实把好品种的市场准入关。

二是研究非主要农作物品种的管理。非主要农作物由于种类多、范围广、价值高，在农业生产特别是在种植业结构调整中具有重要地位。近年来，各地对非主要农作物品种命名不规范、标签不规范、侵权难界定、使用纠纷难处理等问题上反映强烈，要求加强对非主要农作物品种的管理。鉴于此，希望全国品种审定委员会办公室、种子协会等部门在种子法的框架内，积极研究提出管理方案，逐步完善品种管理。

三是加大品种权保护力度。这几年，在利益驱动下，品种侵权纠纷不断发生，已成为新时期种子管理的新问题，省级农业行政主管部门要切实加强对新品种权的保护力度，有关责任主体要负起责任，认真履行好职责，保护品种权人的合法权益和科技创新的积极性。

（四）强化种子质量管理

种子质量是种子价值的表现，种子质量出现问题，不仅直接影响农业生产，甚至波及社会稳定。

一是加强对种子质量源头的管理。加快优势制种区基地建设，改善基础设施，提高种子生产能力，引导企业在优势区域制种，推进种子生产区域化、专业化。同时加强制种基地的监督管理，确保隔离条件、生产条件、亲代种子质量、花期检验等关键环节，从源头严把质量关。

二是加快推行种子认证制度。种子认证是对种子物理质量和遗传质量进行全过程跟踪和控制的质量管理制度，是国际种子贸易的通行证，是欧美国家种子质量管理和控制的主要形式。我部对种子认证进行了八年的试点，取得了显著的成效。目前，我国推行种子认证的条件已基本成熟，种子认证采取企业自愿和政府引导与支持相结合的原则，在重点企业、重要作物、重要区域、重要基地大力推行，尽快与国际接轨，使我国种子的质量水平迈上新台阶。

三是加强种子质量检验机构的建设。根据我国种业生产分区状况和种子管理工作的需要，不断完善种子质检机构的布局和建设，力争在3年内建成以国家质检中心为龙头，以省级质检中心为骨干，以市级质检中心为网络的全国种子质量监督检验测试体系，发挥监督检验职能，当好质量卫士，指导企业建立健全种子质量管理体系，确保农业生产用种安全。从今年起，我部将用两年时间，在原有省级种子质量检验中心的基础上，在全国地市级建设135个分中心。

四是加强种子质量监督。充分利用种子质量监督检验体系，加大对种子质量监督的力度，抓住种子生产、加工和销售等关键环节，深入到种子生产基地、加工场所和市场，进行检查和指导。对在生产过程中发现的质量问题，要及时整改；对抽查不合格的种子，责令立即停止经营，依法处理。

（五）切实加强市场管理

近年来，随着种子法的贯彻实施，种子市场愈趋活跃，市场发育总体是健康的。但是种子市场仍然有许多不容忽视的问题，如市场准入不严、品种杂乱、未审先推、违法经营、制假售假、种子管理行政不作为与乱作为等，广大农民和社会各界反应强烈，强化种子市场管理刻不容缓。

一是严格市场准入许可。据初步统计，我国从事种子生产经营的企业和个体约8万多家，数量过多，过于分散，企业素质良莠不齐，恶性竞争时有发生；有些企业因经营不善已经倒闭，有些企业因重组、兼并而不复存在，但其生产经营许可证却未被吊销。因此，进一步清理整顿市场主体，严把市场准入关非常必要。对已发放种子生产经营许可证的企业进行一次全面清理、核查，不具备条件、弄虚作假、假冒伪劣经营的企业，依法吊销生产经营许可证，净化市场主体。

二是加强对四种行为的管理。对农民在集贸市场销售、串换自繁常规种子、经营包装种子、代销种子及分支机构销售种子的，要依法加强管理，控制扩大范围经营，严禁拆包装销售、再委托经营。尚未制定农民在集贸市场销售、串换种子管理办法的，要尽快制定相关管理办法。

三是重拳打击制售假劣种子的违法行为。近年来，一些地方制售假劣种子事件有所抬头，必须重拳出击，坚决遏制。制售假劣种子是种业的一颗毒瘤，各地要把打击制售假劣种子的违法行为作为市场监管的重点，发现一起，依法查处一起；触犯刑律的，要及时移交司法部门。

四是强力推进专项整治。对影响大、危害重的违法行为，如未审先推、虚假广告、虚假标注、套购种子、无证经营、借证经营、侵权冒名、误导农民等，要根据种子市场的实际情况，适时开展专项整治。各地要针对本地市场存在的主要问题，在认真调查基础上精心组织、缜密部署，上下联动，重点整治，务求成效。力争用2～3年时间，使种子市场秩序逐步规范有序，确保种业发展有一个良好的市场环境。

五是切实落实种子管理问责制。针对目前有些地方种子市场秩序混乱、执法不严、以罚代法、以罚为目的等现象，各级农业行政主管部门要以高度的政治责任感，担负起规范种子市场秩序的责任，层层制定责任制，把任务和责任分解到有关单位和个人，主要领导要切实履行第一责任人的职责，主管领导要及时掌握情况，检查督促。按照整顿和规范市场经济秩序的统一要求，实行责任追究制度。对种子市场监督管理中行动不力、不作为甚至乱作为，导致当地种子市场秩序长期没有改变的有关责任人，要追究领导责任。

（六）做好对种子企业的扶持和服务工作

发展现代种业，推进快速发展，希望在企业，关键在企业。各级农业行政主管部门要围绕种业发展的总目标，坚持扶持与监督相结合，规范与引导相结合，检查与指导相结合，管理与服务相结合，创新管理，主动服务，政务公开，为企业排忧解难；制定有利于企业发展的优惠政策，争取在融资、信贷、税收和农业综合开发等方面予以倾斜；在种子出口贸易、参与国际竞争、建立跨国公司、实施“走出去”战略等方面予以鼓励和扶持，使我国种业的国际竞争力有快速、明显的提升。

四、近期着力抓好的几项重点工作

今年我国粮食生产出现恢复发展的好势头，明年要保持这种发展的好势头，关键的是要抓科技兴粮，首先就是要抓好良种的推广。从年前的工作看，要突出抓好以下几个重点。

（一）切实抓好种子的生产管理

今年秋季，我国部分种子产区降雨增加、温度偏低，当务之急要加强种子生产的后期管理，加大田间质量监控力度，做好种子收储、加工和检验，确保明年农业生产用种安全。我部检测中心要继续抓好玉米、水稻杂交种子的种子质量抽检，各省区市也要提早做好本区域内种子质量抽检的工作安排。

（二）各级种子管理部门要全面分析农业生产形势和种子生产情况

准确预测主要作物种子的市场供求情况，及时向广大农民和种子企业通报种子供求信息，做好余缺调剂，确保生产用种。

（三）要进一步加大种子市场管理力度

特别是今秋种子收购入库和明春种子生产秩序，严厉打击抢购套购和扰乱种子生产秩序行为，依法维护种子生产者的合法权益。

（四）千方百计提高良种的统一供种率

根据作物优势产区的需要，做好优质、高产、高抗新品种的推荐工作，特别是小麦、大豆等常规新品种的推荐工作，及时发布品种信息，积极指导农业生产。要加大良种补贴等政策实施力度，各级农业部门都要努力扩大良种补贴品种范围和补贴资金规模，改进工作办法，充分发挥扶持粮食生产发展的政策效应，切实提高种子商品率和良种的统一供种率。

同志们，当前农业生产的不断发展对种子工作提出更高的要求。发展种子产业是我们各级农业主管部门的重要工作，要进一步加强种子工作。这次会议的精神，请大家回去后，认真向农业厅（委、局）主要领导汇报，并结合各地实际，提出学习和贯彻意见，进一步加快种子产业发展，提高种业管理水平，推动产业升级，为振兴我国的民族种业做出新的贡献。

范小建同志在全国种子工作会议上的讲话

（2006年8月18日）

国务院领导十分重视、关心种子工作和种子产业的发展，多次做出重要批示。针对当前种子市场存在的突出问题，今年5月，国务院办公厅下发了《关于推进种子管理体制改革 加强市场监管的意见》。这次会议的主要任务，就是以科学发展观为指导，全面贯彻落实国务院领导重要指示和国办《意见》的精神及要求，推进种子管理体制改革，强化种子市场监管，打造种业“航空母舰”，加快建设现代种业体系，巩固社会主义新农村建设的产业基础，促进现代农业发展与和谐社会的构建。

会议选在甘肃省召开，主要基于以下三点考虑：一是甘肃是我国农作物制种大省。甘肃具有得天独厚的自然资源，特别是河西走廊气候干燥、光照充足、昼夜温差大，天然隔离条件好。今年甘肃杂交玉米制种面积150万亩，预计产量5.5亿公斤，均居全国第一位。同时，甘肃的瓜菜、花卉对外制种在全国也独具优势，年制种面积稳定在10万多亩，产量300万公斤左右，年出口100万公斤以上，远销美国、法国、日本等10多个国家和地区。二是这里云集了一大批全国知名的种子企业。全国种业50强中50%的企业都在这里设立了分公司，建立了稳定的种子生产基地和现代化的种子加工中心，为我国种子产业发展奠定了基础，为甘肃农业和农村经济发展注入了活力。三是甘肃种子管理体制改革取得积极进展。目前，省种子公司完成改制，交省国资委，全省80%的市（州）国有种子公司与农业行政主管部门脱钩，80%的县（市、区）种子管理与经营分开，近40%已实现彻底脱钩。

通过昨天的实地参观考察，沿途所见给我们留下了深刻的印象。一是种子生产集中连片，规模很大。十几万亩的连片制种田，充分展示了种子生产的专业化、规模化程度。二是种子基地功能全，加工设施先进。整齐的种子加工新厂房、成套的现代化加工流水线和高标准的质量检测实验室，展现了现代化制种基地的雏形。三是农民制种积极性高，技术操作规范。制种不但收入较高，而且也是农民最稳定的收入来源。几家大公司一致反映，这里的农民从事制种的积极性很高，经济效益好，制种技术过硬，十几年来，造就了一大批素质高、技术强的制种能手，形成了一支精通制种技术的专业化农民队伍。甘肃给我们这次会议提供了好现场、好经验。下面，我讲四点意见。

一、提高认识，增强贯彻落实国办《意见》的紧迫感

"九五"实施种子工程和2000年《种子法》颁布以来，我国种子产业发展进入了一个新的发展阶段，取得了显著的成就。一是种子法律框架已经建立，种子管理步入法治化轨道。《种子法》施行后，我部出台了9个配套规章，各省区市依据《种子法》制定了一系列地方法规，为依法治种提供了有力的保障。二是种子市场主体多元化，产业形态基本形成。目前，全国各类持证企业8 500多家，其中国有种子企业2 000多家，民营企业6 400多家，外资企业70多家。种子企业开始成为产业的主体，科技创新的新生力量，市场机制在产业要素的配置中起到主导性作用。三是基础设施得到强化，种子生产能力显著提升。目前，已建成了一批国家农作物改良中心和分中心、国家级原种场、种子质量检测中心、救灾备荒种子储备库、农作物区试站、良种繁育基地、种子加工中心和农作物种质资源库（圃）和原位保护区等，正在发挥着积极的作用，产生了明显的效益，提升了种子综合生产能力。四是良种推广进程加快，增粮增收成效显著。在良种补贴政策带动下，以展示示范为平台，新品种推广速度不断加快，为近年粮食增产和农民增收发挥了重要作用。

在肯定成绩的同时，应清醒地看到，我国种子产业发展仍处在起步阶段，还存在许多问题，面临新的挑战。当前，突出的是体制不顺、队伍不稳、手段缺乏、监管不力等问题，假劣种子坑农害农事件时有发生，这不仅影响了农业生产安全，也损害了农民利益。对此，国务院领导极为重视，多次作出重要批示。温家宝总理2005年2月17日在《中科院专家关于加强我国种子市场管理的建议》（专报信息210）上做出重要批示。回良玉副总理2006年4月30日在《种业市场"内忧外患"粮食生产潜藏风险——我国种子产业发展面临的问题及对策调查（上）》（《国内动态清样》第1309期）上也做出重要批示。为贯彻国务院领导的重要指示精神，今年5月，国务院办公厅印发了《关于推进种子管理体制改革 加强市场监管的意见》（国办发〔2006〕40号）。这是继1962年、1972年和1978年后，国务院第四次专门就种子工作作出的具体部署，也是改革开放以来第一次就种子产业发展印发的纲领性文件。这充分表明国务院高度重视种子产业发展，高度重视国家粮食安全，高度重视维护农民的利益。国办《意见》对推进种子管理体制改革、强化市场监管提出了明确的目标和具体的要求，这对于促进我国种子产业持续健康发展具有重要的指导意义。农业部门作为种子管理的责任主体，肩负指导种子产业发展和市场监管的重任，必须认真学习领会国办《意见》的精神，切实抓好各项措施的落实。认真贯彻落实国办《意见》的精神，具有重要的意义。

(一) 推进种子管理体制改革，强化种子市场监管，是落实科学发展观的必然要求

科学发展观是我们党对社会主义现代化建设理论的重大创新，是指导发展的世界观和方法论的集中体现。用科学发展观武装头脑、指导实践，就要大力弘扬求真务实的精神，努力把科学发展观的要求转化为谋划种业发展的正确思路，转化为促进种业发展的政策措施，转化为引领种业发展的实际能力，以确保实现我国种业又快又好地发展。当前，种子产业发展中出现的问题，不仅是农业农村经济发展中出现的新问题，也是改革开放中出现的新情况，必须用发展和改革的办法来解决。落实科学发展观的要求，加快我国种业发展，必须建立适应市场经济发展要求的种子管理新体制，加快新型种业体系建设，构建种子市场新秩序，切实保障农业生产安全，维护农民利益，促进农业农村经济持续健康发展。

(二) 推进种子管理体制改革，强化种子市场监管，是巩固新农村建设的产业基础，发展现代农业的内在要求

发展现代农业是社会主义新农村建设的重要内容，是一项重大战略任务，需要有强大的农业科技作支撑。“国以农为本，农以种为先”。种子在发展现代农业中起着基础性和先导性作用。实践证明，种子的每一次突破都给我国农业生产带来巨大的变化。水稻矮化品种的选育成功，使单产提高了 50%；水稻杂种优势利用技术的重大突破，杂交水稻大面积推广，使单产提高了 20%以上；超级稻育种技术的突破，实现了亩产 800 公斤的跨越，正在引领水稻生产“第三次革命”。同时，以转基因为核心的现代生物技术的迅速发展，不断带来新品种的重大突破，必将引发一场新的农业科技革命。推进种子管理体制改革，加快种业科技创新，体现了发展现代农业的内在要求。

(三) 推进种子管理体制改革，强化种子市场监管，是构建和谐社会的现实需要

构建社会主义和谐社会，是建设中国特色社会主义的一项长期历史任务。这要求我们更加积极主动地正视矛盾、化解矛盾，最大限度地减少不和谐因素，不断促进社会和谐。农业、农村和农民问题，始终是事关全局的问题。只有加快促进农村经济社会的全面进步，让亿万农民过上富裕文明的生活，才能为我国经济的持续发展和构建和谐社会奠定坚实的基础。种子作为特殊的生产资料，涉及亿万农户，一旦出现假劣种子等生产安全事故，就影响农民一季或一年的收成，从而增加了不和谐因素。近年来，一些地区种子市场比较混乱，假劣种子坑农害农事件时有发生，

甚至引发群体上访事件，中央领导高度重视，社会反响强烈。强化种子市场监管，严厉打击制售假劣种子行为，就是保护农业生产力，保护农民生产积极性，保护农民的切身利益，促进和谐社会的建设。

（四）推进种子管理体制改革，强化种子市场监管，是提高种业国际竞争力的迫切需要

随着经济全球化的发展和对外开放的不断扩大，农业及其产品市场竞争日趋国际化。我国农作物种子常年用量125亿千克左右，潜在市场价值达800亿元，是世界第二大种子市场。随着入世后过渡期的结束，农业投入品及服务市场的放开，跨国种业集团纷纷“抢滩”中国这个巨大的市场。全球销售额排名前几位的杜邦先锋公司、孟山都公司、利马格兰种业集团等跨国企业，都以不同的方式进入国内，并在甘肃等地建立了种子生产基地。美国孟山都已在我国转基因抗虫棉市场取得突破，杜邦先锋正在全面向杂交玉米种子市场进入，已通过国家和省级审定的玉米品种10多个，覆盖我国东北和黄淮海玉米主产区，可谓“攻势凌厉”。而我国种业市场开放晚，产业形成时间短，规模小，核心竞争力不强。去年，销售额超过1亿元的种子企业仅30家，前10大企业的销售总额只有48亿元，仅相当于全球十强种子企业销售额的6%，只相当于孟山都销售额的22%。因此，提升种业的国际竞争力，打造我国民族种业“航空母舰”，这是一项十分紧迫和艰巨的任务。

总的看，我国种业发展正处在一个重要时期，机遇与挑战并存、目标与要求更高、责任与任务更重。我们一定要把思想和行动统一到贯彻落实国务院领导重要指示和国办《意见》的要求上来，准确把握种业发展的新趋势，始终与时俱进谋划种业改革，始终立足建设现代农业推进种业发展，始终坚持维护农民利益强化市场监管，抓住机遇，乘势而上，加大力度，扎实推进，努力开创我国种业发展的新局面。

二、坚定信心，全力打好种子管理体制改革攻坚战

在计划经济时代，“四自一辅”的农作物供种体系，适应当时自给自足的农业集体生产的要求。80年代初，以“四化一供”为特征的供种体系，把种子作为农业行政主管部门指导农业生产一项重要措施，种子公司作为农业行政主管部门的一个职能部门，负有保障本行政区域内生产用种的责任，形成了“行政、技术、经营”三位一体的种子管理体制，为保障农业生产安全和粮食稳定发展作出了突出贡献。随着社会主义市场经济和种子产业的发展，种子由产品转变为商品，特别是

《种子法》的实施，种子市场全面放开，生产经营实行许可制度，市场主体多元化，改变了国有种子公司主渠道的地位，农业行政主管部门承担种子市场和种子质量监管责任。政企不分、三位一体的种子管理体制已严重制约种子产业的发展。我部早在1992年就提出种子管理和经营要逐步分开。1994年3月在北京召开的全国种子管理工作会议上，又明确提出推进种子管理体制改革，实行管理和经营分设。实现政企分开，才开始有实质性推进。

十多年来，各地按照政企分设、逐步脱钩的原则，积极推进种子管理体制改革，取得了一些进展。目前，省级种子管理部门与种子公司全部实现了分设，地（市）级种子管理部门与种子公司分设达到90%，县（市）级种子管理部门与种子公司分设达到80%以上。但国有种子企业与农业行政主管部门脱钩进展缓慢，省级完成脱钩的仅有辽宁、湖北和甘肃省，另有贵州、广东和北京等三省市种子公司已经注销；现有地（市）农业部门所属的种子公司252家，其中已与农业行政主管部门脱钩的81家，占33%；现有县（市）农业部门所属的种子公司1 950家，其中已与农业行政主管部门脱钩的301家，占16%，绝大部分仍是政企不分。从这些企业现状来看，大致可分为以下几类：一是经营效益较好，有一定发展潜力的，约占5%左右；二是能维持经营，且少量盈利，占30%～35%；三是经营亏损，资不抵债，约占25%～30%；四是“空壳”企业（主要是县市级），没有正常的经营活动，职工多在外自主经营，约占30%左右。在县（市）农业部门所属的1 950个种子企业中，事业性质的1 236家，占64%。截至2005年底，627家县级种子公司亏损，亏损额近2亿元。

从各地反映的情况看，造成这种情况的原因，既有客观因素，也有主观因素，但最根本的是认识问题。一是维护地方行业垄断。一些地方虽然实行了政企分离或事企分设，但出于历史渊源及情感的原因，仍是明分暗合。有的地方为了维护本地企业的利益，甚至采取一些违背市场经济原则的措施，阻碍外地种子企业进入，仍保持着计划经济时期条块分割、行业垄断的格局，个别还影响中央惠农政策的有效落实。二是回避矛盾。目前，多数县（市）种子企业亏损或资不抵债，基本停业或名存实亡。但还有很多职工要工资、等饭吃，即所谓有职工、有债务、无资产、无债权的“两有两无”企业。一旦推进改革，就会引发一系列的矛盾和问题，地方政府一般不愿触及这一问题。三是基层农业部门的小利益。一些地方种子公司经营状况不错，基层农业部门作为自己的“小金库”，舍不得脱钩。这些问题表明，种子管理体制改革的情况复杂，难度很大，任务艰巨。

在看到困难的同时，也应看到一些地方按照建立市场经济体制的要求，积极推进种子管理体制改革，积累了一些有益的做法和经验。如四川、甘肃等省，绝大多数国有种子企业实现了政企脱钩。主要有：一是农业部门认识到位。农业部门自觉把推进种子管理体制改革作为职能转变、依法行政的重要举措，用足、用好、用活国有企业改革的优惠政策，加快实现政企脱钩。二是积极争取政府的支持。种子管理体制改革政策性强、涉及面广、难度大，尤其在资产处理和人员安置上，必须得到当地政府及有关部门的支持。多数实现政企脱钩的县（市），都成立了以县（市）长为组长，农业、财政、计划及国有资产管理等部门组成的种子管理体制改革领导小组，采取切实可行措施，坚持不懈地推进。三是采取了不同的模式。比如：公司整体改制。主要通过资产处置、人员分流、改变隶属关系的方式同时推进，一般是资产和经营状况较好的企业多采取这种方式。公司整体出让。出资者买断整个公司，政府利用出让金对职工按规定进行补偿，有的出资者还聘用一部分员工，一般是目前经营状况不佳但资产较好的企业多采取这种处置方式。公司关闭注销。对停止经营、资不抵债的企业，实行关闭注销，由政府承担公司债权债务和解决职工安置等遗留问题。当然，各地的情况不同，采取的方式也不同，进展很不平衡。实现政企脱钩，是种子管理体制上的又一次重大变革。各级农业部门要迅速行动起来，不要等待观望，坚定信心，加大力度，强化措施，坚决贯彻落实国办《意见》精神和要求，坚定不移地推进种子管理体制改革，确保在 2007 年 7 月 1 日前全部实现政企脱钩。为此，部里制定了一个政企脱钩的工作实施方案。这里我提出以下五点要求：

第一，学习动员，加强领导。国办《意见》下发后，各地都进行了认真学习，有的已提出了贯彻落实的初步意见。但一些地方行动比较缓慢，仍持观望等待的态度。这说明存在学习领会不深入、思想认识不到位、贯彻落实不坚决的问题。这次会议就是实施国有种子企业全面、彻底脱钩的总动员，不仅要把各省区市农业厅（委、局）的思想和行动统一到国办《意见》的要求上来，更要把市（区）、县（市）级政府和农业部门的思想和行动统一到国办《意见》的要求上来。现在不是讨论要不要脱钩的问题，而是如何加快脱钩的问题；能不能在明年 7 月 1 日之前彻底脱钩，这是检验我们农业部门贯彻落实国务院的部署、确保政令畅通的政治问题。从现在起，到 8 月底，在前一段认真学习的基础上，各级农业部门要在全系统，尤其是组织种子管理部门和经营机构的人员，认真学习领会国办《意见》的精神，广泛动员，积极行动，加大力度，扎实推进。同时，要切实加大对种子企业脱钩工作的组织领导。省、地（市）级要成立地方政府分管领导为组长，由农业部门主要负责人，财政、工商、计划、国资管理局等部门负责人组成的国有种子企业脱钩工作领导小组，加强领导，强化责任，抓好落实。考虑到县（市）一级是重点和难点，应成立由县（市）长任组长的领导小组，以便按照国办《意见》的精神和要求，顺利推进工作的开展。组织落实的情况要于 9 月中旬报农业部种植业管理司。要求以省为单位上报逐县核实的名单。

第二，制定方案。这次会议前，各省厅已制定了推进改革的初步方案，会后，各地都要结合这次会议的精神，联系工作实际，进一步完善种子企业脱钩的实施方案。这里要明确的是，农业行政主管部门所属的种子生产经营机构，包括农业行政主管部门开办的国有独资、国有控股、国有参股的种子的生产经营机构。按照国办《意见》的要求，实现政企脱钩，有以下三个标准：一是将种子生产经营机构从农业行政主管部门剥离出去，实现人、财、物的彻底分开。二是农业行政主管部门及其工作人员不得参与和从事种子生产、经营活动，不得在种子企业中入股、参股。三是脱钩的种子企业原则上要整体移交同级国有资产管理部门，也可以按照有关规定，通过企业改制等多种方式，退出国有资产。各地要在充分调研的基础上，科学论证，广泛征求意见，制定切实可行的实施方案，并报上一级农业部门备案。要按照政企分开、分类指导、剥离重组的原则，对种子生产经营单位属于企业性质的，要在清产核资的基础上，将人、财、物等生产要素整体移交同级国有资产监督管理机构；对种子生产经营单位属于事业单位性质的，采用转化或合并的方式，剥离经营职能，与种子管理或技术推广部门合并；农业行政主管部门在股份制种子企业参股的，所持股权要按国家有关规定退出。制定实施方案的工作，要在10月底以前落实，以保证实际操作有充分的时间。县一级的实施方案，要报省级领导小组备案。

第三，实施脱钩。实现政企脱钩，目标要明确，工作要细化，重点要突出，态度要坚决。要强化责任落实，一个地（市）一个地（市）地抓，一个县（市）一个县（市）地抓，不留死角。一是明确时限要求。要在2007年6月底完成脱钩，这是硬任务，必须按时完成。到时仍未分开的，农业行政主管部门不得向其核发种子生产经营许可证，持有的原生产、经营许可证自动作废。同时，我部还将研究对这些省、市、县在项目安排上的惩罚措施。鉴于2001年前后发放的种子经营许可证将陆续到期，没有分开前暂不换发新的经营许可证，原许可证的有效期可以延期到2007年6月30日。各企业要合理安排好种子生产计划和销售库存种子，2007年7月1日后将不得再销售。否则，造成的后果由种子生产单位自负。从现在开始，重新核发的许可证必须是政企脱钩的种子企业。二是突出重点难点。从目前种子企业脱钩的情况看，重点在县级，难点在人员的安置。大家都知道，这些单位的工作人员，有不少是农业系统或党政机关的子女、亲属，要将这些人员推向市场，特别是一些处于破产状况的企业，在县城再就业机会少，阻力很大。同时，多数市县级种子公司经营状况不好，亏损严重。要将这些企业整体移交同级国有资产管理部门，面临不少具体问题。尤其是中西部地区的问题更为突出。要借鉴黑龙江勃利和河北承德县的经验，争取政府的支持和更多的优惠政策，通过政策促改革、保稳定，把各项工作做深、做细、做实。三是妥善做好移交工作。各级农业部门要认真细致地做好所属种子生产经营单位的清产核资工作，摸清底数，编制移交清单。在人员安置和财产处置方面，做到周全细致，不能一推了之。在当地政府的统一领导下，与国资管理机构及时沟通，密切配合，协同作战，共同推进。要以对广大职工、对历史高度负责的态度，积极、稳妥地做好脱钩的善后工作。重点做好分流人员的社会保险关系接续、辞退人员的经济补偿和自谋职业的优惠安置等工作，确保种子体制改革的顺利进行。此外，各地要积极做好脱钩过渡期的种子供应，避免出现种子公司脱钩后常规种子供应不足的问题。

第四，监督检查。要根据工作实施方案的要求，把每一个阶段的工作抓紧、抓实。各省区市农业部门在前两个阶段，要分阶段报告工作进展情况，此后要分季度向部里报告政企脱钩进展情况，部里要分阶段、分季度对各地的政企脱钩情况进行通报，并及时总结推广各地的好做法。同时，针对一些地方政企脱钩进展缓慢的情况，适时派出工作督导组，进行督查督办。

第五，总结验收。各省区市农业部门要在明年 6 月底以前向我部上报种子企业脱钩的总结报告，部里于明年 7 月初组织全国种子管理部门的负责同志和有关专家，对各地种子企业脱钩情况进行交叉检查和总结验收。在此基础上，我部将向国务院上报国有种子企业脱钩情况的报告。对一些地方贯彻落实国办《意见》不坚决、不彻底的情况，建议国办向各省区市人民政府进行通报。

三、强化监管，着力构建种子市场新秩序

种子质量关系到农业生产安全、农民的利益和农村社会的稳定。《种子法》的颁布实施，使种子管理步入法治化轨道，种子法规基本健全；种子监管队伍不断壮大，执法条件有所改善；质量监督得到加强，种子质量显著提高；市场秩序明显好转，有效地保证了农业发展和粮食生产能力的提高。市场经济的发展，激活了种子生产要素，呈现市场主体多元化、品种多样化、种子来源复杂化的新趋势。目前，全国各类持证种子企业 8 500 多家，其中育繁销一体化、全国范围经营的 97 家，有种子进出口权的 93 家，外资企业 73 家，还有 16 万多零售商。市场主体迅速增多，企业素质良莠不齐，导致种子市场出现了许多新问题。一是商品种子品种多杂、未审先推。由于有的品种审定把关不严，审定办法不尽完善，一些品种严重雷同，甚至出现“一种多名、一名多种”的现象。一些种子企业利用农民选种崇新求贵的心理，心存侥幸，未经审定就擅自推向市场，或审定品种跨区推广，导致品种事故时有发生。二是一些企业违规经营、制假售假。有的未取得许可证生产经营种子；有的标签标注不真实，夸大品种特征特性，发布虚假广告；有的生产经营档案不健全，难以跟踪种子来源和去向等，扰乱了正常的生产经营秩序。还有极少数不

法分子受利益驱使，制假售假，坑农害农。三是有的地方执法不严、监管不力。一些地方行政许可管理重发证、轻监管，对企业后续经营跟踪监督少；市场管理重处罚、轻服务，有的地方执法不严，以罚代管、罚而不纠的情况仍然存在。

为强化种子市场监管，国办《意见》明确提出要严格企业市场准入、严格商品种子管理、严格种子市场执法。从工作来讲，贯彻落实国办《意见》的精神，要着力加强“三个建设”、把好“三个关口”、保持“一个打假高压态势”。

第一，加强“三个建设”，即加强种子管理体系建设、加强监管制度建设，加强企业诚信建设。

加强种子管理体系建设。种子管理是农业行政主管部门的重要职责。种子管理机构是农业行政主管部门依法设立和授权管理种子工作的机构，依法履行种子行政许可、行政处罚、行政管理等职责，切实抓好品种管理、质量管理、市场管理、生产经营许可管理和良种推广等方面的工作。适应政企分开后新形势、新要求，必须加强种子管理体系建设。一是健全种子管理机构。目前，一些地方种子管理职能有分散、弱化的倾向，个别地方甚至出现“撤、并”的现象，严重影响了种子市场的有效监管。种子管理机构作为责任主体，要按照“协调统一、相对集中、权责对等、执行顺畅、保障有力”原则，健全种子管理机构，进一步加强省、县级种子管理机构建设，完善种子管理体系。要积极争取当地政府及财政部门的支持，切实解决县级种子管理机构编制少、经费不足、队伍不稳的问题。二是提高业务素质。种子管理责任大，必须建设一支廉洁公正、作风优良、业务精通、素质过硬的种子管理队伍。要加强种子管理人员的法制教育和业务培训，经过资格考核，持证上岗，不断提高依法行政的水平。三是强化基础设施建设。种子管理是一项技术性很强的工作，必须要有强大的技术和服务体系作保障。通过种子工程、优粮工程等项目，重点加强种质资源保护利用、品种改良与繁育基础设施、种子质量检测中心、品种区试展示中心、执法装备等公益性、基础性建设，完善种子技术支持和服务体系，健全质量检验、品种区试、信息服务和种子新技术推广等体系。四是保障管理经费。各地农业行政主管部门要积极争取财政部门的支持，把种子管理经费列入财政预算，保障种子质量监督、技术推广、品种试验、检验检疫及市场监管等经费支出，确保种子管理的正常运转。此外，在实行农业综合执法的地方，县级综合执法机构可以行使种子行政处罚职责，要与种子管理机构密切配合，形成监管合力。

加强市场监管制度建设。坚持“标本兼治、重在治本，以防为主、打防结合”的方针，加强种子市场监管制度建设。一是完善配套法规。各地要根据《种子法》和国办《意见》要求，进一步完善实施《种子法》的配套法规。此外，《种子法》实施以来，出现了一些新情况新问题，对此部里将组织专题调研，适时按程序向全国人大提出修改建议。二是建立责任追究制。建立健全市场监管长效机制，落实种子市场监管属地责任制和行政领导责任追究制。严格执行执法标准和程序，加大市场监管力度，做到公开透明，确保公正公平监管。三是健全专项治理和督查制度。建立健全专项治理行动制度，重拳出击，对重点地区和重点市场进行专项整顿，做到明察与暗访相结合，经常性巡查和突击性检查相结合，正面引导教育和依法严肃处理相结合。对重点种子案件，实行督查督办制度。

加强企业诚信建设。制定行规会约，建立企业信用档案，推行质量公开承诺制，引导企业履行检疫申报、规范销售、指导服务等义务。强化社会监督，宣传诚信企业，曝光违规失信企业，并积极推行违规企业“黑名单”制度，建立扶优罚劣的引导机制。

第二，把好“三个关口”，即把好品种“源头关”、市场“准入关”和种子“质量关”。

加强品种管理，把好品种“源头关”。品种准入是种子管理的第一道关口，直接决定着品种的应用水平。一是严格品种审定标准。针对审定品种越来越多、主导品种种植规模缩小的趋势，坚持高产、优质、高（多）抗的原则，完善品种审定程序，严格审定标准，注重国家级与省级审定标准的一致性。二是规范区试审定程序。改善区试条件，提高试验的科学性，严格规范区试程序，逐步开展“三性”（特异性、一致性、稳定性）测试工作，逐步推行评审回避制度、过程保密制度、结果公示制度和责任追溯制度，从制度上避免区试审定过程中的不规范现象。三是规范引种管理。依据《种子法》的规定，严格按品种审定的标准，开展同一生态区引种工作，制定相应的引种管理规定。四是建立品种退出机制。要借鉴国外品种登记制度的有益经验，定期清理已不适应生产需要的或有难以克服缺点的品种，发布退出品种公告，引导农民正确选种，解决品种多、杂的问题。

加强许可管理，把好市场“准入关”。按照《农作物种子生产经营许可证管理办法》，严格生产经营许可条件，做好种子经营许可证的核发工作。对不具备条件的，坚决不予许可。要纠正“重发证、轻监管”的现象，加强对种子企业的经常性监管，及时发现并查处违法违规行为。首批种子生产经营许可证今年将到期，重新核发时要严格审核。同时对未到期的企业进行一次全面清理、核查，对停止生产经营活动1年以上，或不具备生产经营条件的企业，依法注销种子生产经营许可证。

加强质量监管，把好种子“质量关”。一是强化全程监管。各地要加强对种子生产、加工、包装、检验、检疫、储藏、经营等环节的监管，强化种子质量全程管理。要积极推行种子质量认证制度，尽快建立与国际接轨且符合国情的种子合格评定制度，为实施种子“走出去”战略创造条件。二是健全抽检制度。从专项检查、定点检查向经常化、规范化的质量抽检转变。采用种子质量单项与多项指标检查、产地检查与销区检查相结合的多种形式和方法，加大抽查力度，增强时效性和针对性。三是拓展抽检范围。不仅要对出库前的种子进行检查，更要检查市场流通环节；不仅要检查有规模的企业，更要重视中小企业检查。四是严格检疫管理。各地要加强异地调种检疫管理，严格进口种子检疫审批。种子企业要自觉遵守植物检疫法律法规的要求，主动向检疫站如实申报产地检疫、调运检疫，向省级植保站申报国外引种检疫，切实履行法律规定的义务。植检部门要切实履行检疫职责，严禁只收费不检疫，严防检疫性病虫害随种传播。

第三，保持严厉打击制售假劣种子的高压态势。对制假售假等坑农害农行为，必须始终保持一种打假高压态势，重拳出击，有效遏制。一是严格执法。重点打击无证生产经营、未审先推、侵犯品种权、虚假广告、虚假标注、制售假劣种子等违法行为，发现一起，依法查处一起，决不姑息养奸。涉嫌犯罪的，要及时移交司法部门处理。二是建立通报制度。对各类违法违规行为进行通报，对重大违法行为要在媒体上公开曝光，接受社会监督。健全种子案件查处限时通报，真正起到震慑作用。对监管不力、发生大案要案的地方，要予以通报，并依法依纪追究有关人员的责任。三是开展专项整治。要根据种子市场的实际和社会的反响，依法、及时、有效开展专项整治活动。对重大案件实行集中联合查办，要主动与工商、公安等部门密切配合，协同作战，力求实效。

这里还要特别强调对种子零售环节的监管问题。目前，种子市场中反响强烈的一个问题，是如何加强对种子零售市场的管理。各级农业部门一定要强化对种子零售市场的监管，主动与工商部门沟通协调，准确掌握种子零售商的具体情况，建立零售商档案。要把广泛分布于边远农村的种子零售摊点、门市作为监管的重点，通过加强日常巡视检查、不定期的突击检查以及聘请市场监督员等方式，加强对零售商的监管。

四、积极引导，努力打造民族种业“航空母舰”

随着经济全球化的发展和对外开放的深入，我国种子企业必将融入国际竞争之中，更多的发展机遇和更严峻的挑战将比肩同行。适应这种新形势、新趋势，如何确立我国种子企业的战略定位，寻找符合自身条件的发展方向和途径，应对国际市场的冲击和挑战，这是一个十分紧迫的现实问题。

从国际种业发展趋势上看，呈现出一些新的特点：一是企业兼并与收购加剧，产业集中度和专业化程度不断提高；二是知识产权保护措施在全球范围内不断加强，带动了企业在技术研发上的投入，技术垄断趋势日趋加强；三是生物技术在品种研发中广泛应用，使种子产业保持较大的利润空间，并面临着其他产业资本的渗透，跨行业的资本联合使种业巨头的经济基础更加雄厚。总的看，规模化、专业化、国际化是种子产业发展的必然趋势，与之相配套的技术、资本、人才的国际流动将越来越频繁。

针对我国种子企业“多、小、散”的现状，借鉴发达国家成功经验，做大做强我国种子企业，应把握好以下几点：第一，做大规模。按照市场经济和现代企业制度的要求，推进种子企业兼并重组，推行法人治理结构，扩大企业规模，促进种子科研、生产、经营的大联合。通过创办、联办、兼并等形式，加快构建自身的科研创新机构，完善技术推广服务网络，实现种子育、繁、销一体化，尽快形成具有较强竞争力的大型种子企业或专业化种业公司，提高产业聚集度。同时要鼓励社会资本和资源向大型种业集团公司聚集，增强企业资本实力，促进企业做大规模。第二，做强实力。科技创新是企业发展的基石。从一定意义上讲，企业的核心竞争力，就是通过科技创新，不断开发新产品，通过抢占科技制高点，赢得市场，只有这样企业才能不断发展和壮大。有时一项新技术的突破，甚至可以使企业之间的竞争格局重新洗牌。玉米品种郑单958的推广就是一个很好的例子，一个新品种可以成就一个企业。要利用生物技术等高新科技成果，加快新品种的选育和推广，提高种子企业的竞争力。一是联合攻关。根据发展需要，在企业与科研单位、企业与企业之间，积极组织联合攻关。充分利用科研院所在育种材料、基础理论、关键技术领域的研究优势和成果，整合种业科技创新资源，促进种业基础研究和商业育种的合理分工，加快选育一批有突破性的品种。二是自主开发。要想成为一流的种子企业，就必须建立自己的研发机构。国外大型种子企业一般都有专属的科研育种机构，并将销售收入的10%用于科研开发。种子企业只有建立自己的育种研发机构，扎扎实实地抓好品种选育和创新，才能在市场竞争中立于不败之地。三是引进提高。鼓励科研单位和种子企业引进国外的先进成果，实行自主创新和消化吸收再创新相结合，培育更多有自主知识产权的品种，增强企业的科技创新能力。第三，形成特色。国际上一些知名大公司都有自己的主业特色和优势产品，例如杜邦先锋的玉米种子，孟山都的抗虫棉种子，圣尼斯的蔬菜种子。我国的一些企业也有自己的优势主业，如隆平高科的水稻种子、莱州登海的玉米种子等。我国杂交水稻、杂交棉花育种处于世界领先地位，完全可以在国际种业市场上占有一席之地。要突出主业特色，改变过去经营范围过宽、当家品种缺乏、市场份额不高的状况，找准主攻方向，积累创新优势，开拓区域市场，大力发展优势产品，把特色产品做精，把主业做优，把企业做大。第四，创响品牌。品牌是企业的无形资产，凝聚着企业信誉和影响力，也是企业经济实力的象征，如“袁隆平”品牌市值评估几百亿元。种子企业的品牌包涵品种特性、种子质量、企业信誉、销售策略及售后服务等，通过树品牌、创名牌，能够扩大企业和产品的知名度。要充分认识品牌就是生产力、名牌就是竞争力，培育民族种业品牌的名牌。经过我部积极争取，今年国家名牌产品推进委员会将玉米种子名牌的评选列入计划，目前有一些玉米种子企业申报参选，不久将公布一批玉米种子名牌。

打造民族种业“航空母舰”，是一项长期的任务，需要各级政府的积极引导和政策扶持。从工作来看，要着力抓好以下四个方面。

第一，强化服务。我国种业发展仍处在起步阶段，在充分发挥市场作用的同时，还需要行政的推动和支持。各级农业行政主管部门要为企业重点搞好三方面的服务。一是指导企业加快机制创新。在确保国有资产不流失的前提下，通过产权转让、股份制改造、兼并、破产、出售等形式，加快改组改制。鼓励支持非公有制经济参股、控股或兼并国有种子企业，实现投资主体多元化，加快建立现代企业制度，完善企业法人治理结构，激发企业自身的活力。二是帮助企业加强人才培养。提升我国种业竞争力，人才是关键。要适应国际种业发展的新趋势，加快培养企业高层管理和科研创新人才，建立激励机制，营造人才辈出、人尽其才的良好氛围。三是服务企业拓展市场空间。要鼓励支持种子企业“走出去”，拓展市场空间。我们初步考虑，在确保技术安全的前提下，对已经建立知识产权保护制度的国家，适当放宽杂交水稻种子及亲本材料出口限制，使我国杂交水稻技术优势转化为经济优势，扩大杂交水稻种子出口贸易。

第二，政策扶持。在政策、信贷、科研、设施建设等方面对种业龙头企业给予支持。一是政策支持。要继续执行生产经营种子免征增值税政策，继续实施农业产业化国家重点龙头企业免征所得税政策，积极探索种子生产经营政策性保险和风险基金制度，增强企业的抗风险能力。经过多年的努力，今年中国农业发展银行增加了粮油作物种子贷款业务，符合条件的种子企业可以积极申贷，解决生产和流通资金不足的问题。二是项目支持。近年来，我部利用农业综合开发项目资金积极支持大型优势种子企业发展。今后要在总结经验的基础上，继续利用优质粮食产业工程、种子工程、农业综合开发等项目资金，重点扶持优势种子企业，鼓励企业的自主创新和技术改造。三是产权保护。随着国外种子企业的进入，品种知识产权保护的压力增大。要按照建立创新型国家的要求，完善制度，强化品种知识产权保护，严厉打击各种侵害企业利益、扰乱企业合法经营的违法行为，为企业发展创造公平竞争的环境。

第三，科技支撑。科技创新，是种子企业发展的源动力。只有一流的品种才能带动一流的种子企业，拥有一流品种的企业才能立于种子产业的潮头。一是加强种质资源保护和利用。农作物种质资源是人类生存与发展的战略性资源，是农业可持续发展的基本保证。我国是种质资源大国，资源总量已有 38 万份，这是一笔宝贵的财富。专家分析，可预见的未来，任何高新技术都不能创造基因，而只能在生物体之间转移、复制或修饰基因。因此，要加强种质资源保护，防止资源流失，加强种质资源的鉴定与创新，向社会提供优异资源，提高我国种质资源的利用率。二是构建自主创新的技术基础。要应用生物技术、信息技术改造传统种业，加强育种基础理论研究，瞄准国际育种技术前沿，掌控核心技术和关键技术，构建自主创新的技术基础，增强育种科研持续创新能力。三是完善质量标准。产品质量是企业的生命。要树立“质量第一”的观念，瞄准国际种子质量及技术标准，建立健全质量监督技术体系，将质量标准贯穿企业质量管理的全过程，提高企业商品种子的质量和档次。

第四，行业自律。建立健全种子协会等中介服务组织，充分发挥行业协会在诚信建设、维护权益、协调关系、信息咨询、开拓市场及解决贸易纠纷中的作用。近期，经研究同意，由中国种子协会组织“中国种业五十强”认定活动，旨在推动种子企业综合实力的提高，希望各省区市农业行政部门给予指导和把关。

同志们，我国种业发展进入了一个新的历史时期，推进种业体制改革，强化种子市场监管，加快建设现代种业体系，做大做强我国种业，任务十分艰巨。我们一定要按照中央领导重要指示和国办《意见》的要求，振奋精神，增强信心，开拓创新，扎实工作，为巩固社会主义新农村建设的产业基础，发展现代农业和构建和谐社会而努力奋斗。

危朝安[①]同志在第二届国家农作物品种审定委员会全体会议上的讲话

（2007 年 8 月 22 日）

第一届国家农作物品种审定委员会历时五年，经过大家共同努力，圆满完成了使命。今天，第二届国家农作物品种审定委员会正式成立。在此，我谨代表农业部，对第一届农作物品种审定委员会各位委员五年来的扎实工作和所取得的成绩表示衷心感谢！对第二届农作物品种审定委员会的成立表示热烈祝贺！

这次会议的主要任务是，认真贯彻落实科学发展观，全面总结第一届品种审定委员会的工作，分析当前种子工作面临的新形势和新问题，部署第二届品种审定委员会及下一阶段种子管理的主要工作。下面，我讲三点意见。

一、第一届品种审定委员会主要工作回顾

第一届农作物品种审定委员会任期五年间，是我国实施农业结构战略性调整的关键时期，也是新品种培育、引进、推广及种子管理体系发生深刻变化的重要时期，全体委员以维护品种选育者和种子生产者、经营者、使用者的合法权益为宗旨，紧紧围绕粮食增产、农业增效和农民增收的目标，认真贯彻落实《种子法》和《主要农作物品种审定办法》，坚持原则，严守标准，开展了大量卓有成效的工作，取得了丰硕的成果，为促进我国粮食以及种植业健康发展做出了重要贡献。

（一）审定一大批农作物新品种

据统计，第一届品种审定委员会共安排 8 447 个主要农作物品种试验，审定通过 898 个品种，通过率为 11%。其中，水稻 292 个，小麦 124 个，玉米 244 个，棉花 45 个，大豆 94 个，油菜 81 个，马铃薯 18 个。国家审定的大部分品种，呈现了优异性和广适性，在生产中发挥了重要作用。

一是促进了品种结构的优化。国家审定的水稻品种，有相当一部分是既优质又

---

① 危朝安，2005 年至 2011 年任农业部副部长。

高产，且综合性状优良的品种，五年来，这些品种累计推广面积已超过水稻总面积的40%，使长期以来水稻品种优质与高产的矛盾得到缓解，实现了从优质稳产到优质高产多抗的突破；优质强筋小麦郑麦9023、济麦20等品种的审定和推广，推进了小麦优势区域布局的形成，优质小麦比重达到60%以上；“十五”期间，我国双低油菜品种推广面积超过70%，比“九五”期间提高了30个百分点以上；绥农14等高油大豆品种面积占大豆优势产区的70%，大豆含油率比“九五”期间提高了近2个百分点。

二是引领了育种方向。为满足生产上对优质、专用、多元化品种要求，第一届品种审定委员会及时调整不同作物的审定标准和内容，进而对农作物育种方向和目标发挥了重要的导向作用，使品种整体水平稳步提高。水稻、小麦、油菜、大豆以及棉花等作物实现了优质高产相统一，玉米品种选育也由传统的高秆晚熟、稀植大棒向高产、早熟、耐密、多抗方向转变。此外，近几年区试审定中增加了专用、特用品种类别，如青贮玉米、鲜食毛豆，更好地满足了农业发展的需要，深受农民欢迎。

三是扭转了部分作物国外品种的垄断局面。第一届品种审定委员会成立以来，十分重视转基因抗虫棉的审定工作，按照“积极扶持、坚持程序、依法审定”的原则，审定了一批转基因抗虫棉品种，加快了国产转基因抗虫棉产业化进程。到2004年，国产转基因抗虫棉推广面积首次超过国外引进品种，2006年达到70%，结束了国外转基因抗虫棉占主导地位的历史；马铃薯品种中大1号、中薯10号的审定推广，扭转了其加工专用品种长期依赖进口的被动局面，为我国马铃薯产业发展奠定了基础。

（二）创新品种推广机制

为加速新品种又好又快推广，第一届品种审定委会积极开展优良新品种展示示范。五年来，累计安排主要农作物新品种展示点1 276个，展示品种10 524个（次）；示范点1 309个，示范品种1 536个（次），示范面积近400万亩。通过举办现场观摩会、培训班以及多种媒体宣传等形式，大大提高了审定品种的影响力和辐射面，加快了科研成果转化速度。新品种展示把政府引导作用、科技支撑作用、企业的市场行为和农民的迫切需求有机地结合起来，受到各级农业部门的高度重视和种子企业、科研单位以及农民群众的欢迎。

一是加速了优良品种的推广速度。通过品种展示，各级农业部门和广大农技人员可以直观、真实地了解到众多新品种在当地的生长表现和特征特性，为帮助农民择优选用新品种起到了宣传、示范和引导作用。如国审郑单958玉米品种，通过良种良法配套示范，突显了高产、耐密、广适的优势，被广大农民所接受，推广面积迅速扩大，2006 年达到 6 000 多万亩，占玉米总面积 15%。

二是减少了推广品种的风险。通过展示示范，集成配套栽培技术，提高了因地制宜选用品种的准确率，做到品种对路，措施得当，降低了品种推广风险，保证了农业生产安全。

三是促进了农民增收。通过展示示范，增加了农民种植优质专用品种的比例，提高了生产水平。如种植丰优香占、新香优 80、吉粳 88 等优质水稻品种，每斤价格比其他主栽品种高 0.1 元，每亩增收 100 元。种植郑单 958 高产玉米品种，每亩增产 100 斤，可增收 70 元以上。双低油菜秦优 7 号已成为当前生产上推广面积最大的品种，到 2006 年累计推广面积 2 500 万亩以上，为农民增加经济收益 10 亿元。

（三）完善品种管理制度

品种审定委员会在已有工作基础上，进一步加强品种区试审定技术标准和品种管理制度建设，使农作物品种管理技术体系日臻完善，制度日益健全。几年来，共组织起草了 7 类主要农作物品种审定规范、试验技术规程等 14 项国家或行业标准，已有 12 项发布实施；制定了《主要农作物品种试验管理办法》、《农作物品种审定委员工作守则》和《农作物品种试验人员工作守则》等行为规范；国家区试实行了品种密码编号、试验封闭运行等制度，并加强试验质量监督检查，适时调整对照品种、提高品种标杆；开展了小麦参试品种抗寒性、抗旱性鉴定和转基因抗虫棉参试品种抗虫株率和 Bt 蛋白含量检测；开展了对玉米、冬油菜、水稻、冬小麦、大豆等主要农作物参试品种 DNA 指纹鉴定，及时鉴别和剔除了一批种性未稳定、特异性不明显、区域与年际间自行更换的参试品种，强化了对参试品种的监管，提高了区试的科技含量。上述标准的实施和制度的建立，以及试验中采取的一系列有效措施，全面推进了农作物品种区试审定的规范化、标准化，确保了区试审定的客观性和公正性，树立了国家农作物品种审定工作的权威性。

实践经验启示我们，品种管理工作应始终立足于为农业发展服务，坚持依法管理、以标准规范、用制度约束的原则，以高度的责任感，科学严谨的态度，实事求是的作风，公正公平地开展品种区试审定，才能不辱使命，顺应形势的要求。

二、第二届品种审定委员会面临的形势和主要任务

（一）面临的新形势

当前，我国农业已经进入现代化发展的关键时期，农业生产和种子产业出现了许多新情况和新问题，对品种审定工作提出了新的要求。

一是建设现代农业需要有现代种业的支撑和保障，现代种业建设需要加速选育

和推广一批有突破性的优良品种，需要健全的管理体系和完善的品种审定制度。品种审定要有效地推动品种科技创新和科技进步，要引导育种者围绕现代农业的要求，选育出更多的优质、高产、多抗、广适优良品种。

二是随着对外开放步伐的加快，农产品的市场竞争更加激烈，我国种子产业将受到国际竞争的严峻考验，国外一些知名企业纷纷涉足我国种业，参与试验和审定品种的数量不断增加，同时一些国外品种的引进，都要求我们要做好审定把关工作。

三是种子经营已形成国有、集体、外资、民营等多元化的经营格局，经营的主体增多了，品种市场准入关的压力进一步增大，确保农业生产安全，责任十分重大。

面对新的形势和要求，第二届国家品种审定委员会肩负着改革、完善、提高的重任，这就要求我们统一思想，提高认识，开拓性地做好新形势下的品种审定工作。

（二）品种审定的基本原则

一是要与市场需求紧密结合。衡量一个品种的优劣，最终是由市场决定的。审定通过的品种有没有竞争力，关键看品种审定的标准和价值导向与市场需求结合得紧不紧。品种审定标准应根据生产发展和市场需求，不断进行完善，从高产、优质、多抗、广适、专用等多方面综合评价，选拔出适合于不同生态类型、不同生产水平、不同栽培模式、不同市场需求的优良品种，满足种植业结构调整的需要。

二是要与农民增收紧密结合。当前和今后一个时期，农业农村工作的重要任务就是加快农民增收步伐。增收需要从多方面采取措施，但对于大多数农民、特别是纯农业户来讲，种植优良品种是至关重要的。审定通过的品种，能不能增产增效，直接关系到农民增收目标的实现。因此，要把是否有利于农民增收作为品种审定的一个重要指标，在具体的指标体系中体现出来。

三是要与维护农民利益紧密结合。农业是弱质产业，农民是弱势群体。我国多数种子企业的经营实力还不强，自我约束能力低，而农民作为种子的使用者，自我保护意识还很淡薄。因此，需要品种审定为企业经营把好关，为农民选用良种当好参谋，为确保农业生产安全服好务。

四是要与种业持续发展紧密结合。选育一批有突破性的、具有自主知识产权的新品种，是促进种业持续发展的关键，要通过品种审定的合理引导，为品种选育培植后劲；对有优势的品种、生产急需的品种，要通过展示示范，加快成果转化，树品种、创品牌，推动我国种业健康发展。

（三）主要任务和工作要求

在座的各位委员，有的是从第一届委员中保留下来的老同志，有的是新兵，但都是在本专业、本领域中具有一定影响的专家。希望各位委员创造性地开展工作，为农作物品种审定工作再立新功。

一是认真履行职责。国家农作物品种审定委员会的委员是代表国家行使品种管理的职责，这就给各位提出了很高的要求。一要强化“四个意识”。即全局意识、责任意识、服务意识和风险意识。大家都是兼职的，来自不同的地区和单位，可以反映你所在地区的情况，但绝对不能仅仅代表当地或所在单位的利益。作为品种审定委员，有投票权力，但更重要的是履行责任；每个委员都有自己的本职工作，不少委员还是单位的领导，这就更要求增强服务意识。既然当了委员，就要把品种审定委员会的工作列入你的工作日程，认真工作；要通过审定规避品种风险，最大程度地保证生产安全和农民利益。二要加强学习。学习有关法律法规规章和发展现代农业、建设社会主义新农村的方针政策，努力提高政策水平，学习现代科学技术知识，注重调查研究，提高把握生产需求、科技发展方向和市场走向的能力。三要坚守职业道德。各位委员要本着对科研成果负责、对品种审定委员会负责、对农业生产负责的态度，以高度的责任感和使命感，忠实地履行好岗位职责，遵守《农作物品种审定委员工作守则》，严格执行品种审定标准，客观、科学、公正地审定品种，排除干扰，维护公正，主动回避，不徇私情，严守纪律，认真履行好法律赋予我们的神圣职责，确保品种审定工作的公正、公开、科学、效率。

二是继续完善品种管理法规和技术支撑体系。品种审定是一项系统工程，具有很强的科学性，一定要严格程序，按章办事。本届国家农作物品种审定委员会要在已有工作基础上，继续完善和实施主要农作物品种试验管理办法，认真执行已颁布的品种审定规范和试验技术操作规程；同时，要进一步探索和研究DNA指纹鉴定等先进技术在品种管理中的应用，制订相应的技术标准，提高品种管理的科技含量。今年部里将修订《主要农作物品种审定办法》列入计划，通过修改审定办法，将增加各专业委员会委员数量，以更好地实行回避制度，也使委员更具代表性；细化品种退出条款，使国审品种退出有章可循。通过完善上述法规和技术标准，使品种审定工作更加有章可循，规范操作，减少工作的随意性和主观性，进一步推进品种区试审定工作的制度化、规范化和标准化。

三是加强区试队伍建设和评审认定工作。区试承担单位的客观条件和从业人员的职业道德、业务素质，直接关系着区域试验质量的高低，是品种审定的基础，决定着对品种评价的客观性和准确性。为进一步提高试验质量，本届品种审定委员会将对目前承担国家试验的单位进行普查和评审，对具备试验条件，长期承担试验并能较好完成任务的单位，给予承担国家品种试验的资格认可，并在今后的国家项目建设中予以支持；对承担品种试验人员，逐步实行考核准入制度，将结合职业技能认证工作的推行，通过培训和考核，持证上岗；对不能完成试验任务的单位和考核不合格人员，将取消承担试验的资格。

四是为农业行政主管部门当好参谋。在座的各位委员都是通过各省农业行政主管部门推荐上来的专家，对本专业的品种管理最有发言权，希望委员们发挥自己的特长，根据当前种业发展面临的形势，深入研究审定品种的后续管理、新品种保护与品种审定工作的衔接等问题，并提出合理建议，为领导决策当好参谋。

三、当前种子管理的重点工作

这次会议虽然是品种审定委员会成立大会，但各省种子管理机构负责人也已到会，大多数委员都是品种选育、种子生产、经营、管理方面的专家，因此，借此机会，我就当前种子管理工作再强调几点。

（一）坚定不移地全面完成政企脱钩任务

今年以来，各级农业部门按照《国务院办公厅关于推进种子管理体制改革加强市场监管的意见》要求，紧紧依靠当地政府，全力推进种子管理体制改革，开展了大量卓有成效的工作。截至 6 月，国有种子企业政企脱钩任务基本完成，其中省级已全部完成，地市级完成 90％以上，县级完成 80％以上，其余企业均已被注销许可证或停止生产经营。但各地进展很不平衡，一些地方由于领导认识、政府换届等原因，政企脱钩尚未彻底完成，有的虽已脱钩，还存在人员安置等善后工作。各级农业部门要进一步提高认识，对自查、验收、抽查中发现的问题，要提出具体意见，限期解决，不留死角。对未脱钩或未按规定脱钩的企业，一律责令停止经营活动，不得安排有关项目，限期做好脱钩工作。对已脱钩的种子企业，一方面要加强监管，另一方面要加大力度支持、扶持。

（二）进一步健全种子管理体系

种子管理体制改革的任务一方面是要做到政企分开，创造公平、公正执法的环境，另一方面要健全种子管理体系，包括机构、人员、装备、经费等，具备执法能力。目前，全国所有省级、90％以上的市级和 80％以上的县级农业部门均设立了独立的种子管理机构。但一些地方人员编制尚未解决，工作经费难落实，有的还存在部门之间职能不清、工作扯皮等问题，影响了种子执法的权威性和效率。按照国办意见要求，政企脱钩的任务要在今年 6 月 30 日前完成，而健全管理体系的任务是一个逐步完善的过程，也应当抓住机会全力推进解决。

一要健全种子管理机构。各级农业行政主管部门要争取有关部门支持，建立种子管理机构，承担种子行政许可、行政处罚、行政管理等职责，省级种子管理机构要加强对市县级种子管理机构的指导和监督。

二要完善种子质量检验和品种试验体系。品种试验是品种审定的依据，种子质量检验是保障农业生产安全的重要环节，两项都是种子管理的重要技术支撑，我部将继续争取国家有关资金，加强国家、省和重点市县种子检验中心和国家区试网络建设，各省也要争取有关部门支持，加强省级区试网络和市县检验中心的建设。要加强考核管理，我部即将发布《农作物种子检验机构考核管理办法》，对种子质量检验机构应具备的条件、考核程序等都提出了要求，希望各地认真贯彻，做好准备。同时各地要加强对品种试验站管理工作，充分发挥其在品种区试中的作用。

三要加强队伍建设。按照国办意见要求，种子行政执法人员，要通过业务培训，经过资格考核，持证上岗。各级农业行政主管部门加强对种子管理人员的教育培训，提高业务水平和依法行政能力。种子检验员考核制度从去年实施以来，取得了显著成效，已成为农业行政主管部门资质考核的一个品牌，但个别省也存在把关不严的情况。种植业司和各省要认真总结经验，不断完善。要加强对品种试验人员的培训，研究品种试验人员考核管理方式，为实行资格准入制度做准备。

四要强化保障措施。要争取财政等部门的支持，确保种子管理及种子质量监督、品种试验等经费支出。

（三）切实加强品种管理

品种管理工作虽然取得了显著成绩，但也存在审定把关不严、品种名称混乱、生产用种多乱杂等突出问题，必须认真研究着力加以解决。

一是严把品种审定关。审定标准过低、对照设置不合理，审定品种数量过多，品种之间雷同严重，是目前品种多乱杂的主要原因。但根本原因是对审定工作不重视，缺乏责任感，如个别省仅一年审定通过的水稻品种就达90多个。品种审定的目的是测定品种的使用价值和适宜种植区域，总结配套栽培措施。严格意义上讲，审定时划定的种植区域不适宜等原因给农业生产造成损失的，品种审定委员会是有责任的。这次会议，各省的品种审定委员会的主任也都到会，我希望大家对此要有清醒的认识，对品种审定工作要给予高度重视。首先从区试环节着手，科学制定试验方案，合理确定对照品种，严格试验程序，保证试验质量，试验人员要遵守职业道德，提高业务水平。其次要根据生产发展和市场的需求，不断完善和提高品种审定标准。再次是严格审定程序，确保审定通过的品种具有先进性，在生产上发挥重大作用。

二是规范品种名称。“一品多名”、“同种异名”等随处可见，是市场上品种多乱杂的又一个重要原因。我部在2004年就规定，品种命名要符合新品种保护条例的有关规定，已经审定通过的品种，在其他省区或国家级再次审定时应当使用原审定公告的名称，审定公告的品种名称属法定的通用名称，不得更改和申请注册商标。为进一步规范和管理品种命名，我部将制定更加严格的《品种命名规范》，并修订《主要农作物品种审定办法》、《新品种保护条例实施细则》、《转基因生物安全评价办法》等规章有关命名规定，要求品种名称要符合命名规则，品种管理坚持“唯一”和“优先”原则，一个品种只能有一个名称，审定通过的品种在生产经营推广时不得更改。

三是尽快启动品种退出机制。农作物品种审定制度的建立，对排除生产风险，增强生产安全发挥了重要的作用。但随着时间的延续，审定的品种越来越多，生产用种五花八门，农民面对数以百计的品种如何选择，难度很大，无所适从。另一方面，让已丧失丰产潜力甚至带有缺陷的老品种继续“超期服役”，不仅不利于生产发展，而且常被一些不法企业利用老品种的名称和合法身份，采用“旧瓶装新酒”的方式，销售未经审定的品种，严重地扰乱了种子市场的正常秩序。据了解，迄今已有12个省制订了品种退出管理办法并付诸行动，有的省已发布了品种退出公告，效果很好。我部将在认真总结各地经验的基础上，加快研究制定《农作物品种退出管理办法》，在全国范围内建立统一、规范、科学的品种退出机制。希望各省和新一届国家品种审定委员会根据我部总的要求，认真研究完善有关规定，共同解决审定品种只进不出的“终身制”问题。

（四）强化种子市场质量监控

种子市场质量监控是一项长期艰巨的工作，要切实予以加强。

一是监管重点前移。把好品种“源头关”、市场“准入关”和种子“质量关”。品种准入关是源头、是基础，我刚才已讲了。行政许可关是关键。要按照《农作物种子生产经营许可证管理办法》的规定，严格生产经营许可条件，对不具备条件的，不得许可。种子质量关是根本。销售的种子应当加工、分级、包装，要认真落实种子标签真实制度，商品种子质量要符合《农作物种子质量标准》和《农作物种子标签通则》的要求。

二是要重点抓好“许可检查、监督抽查、专项整治”。要在重点地区、重点市场、重点商品上狠下功夫，开展经常性许可检查，把解决农民最直接、最关心、最现实的问题作为检查的重中之重。要按照《行政许可法》规定，依法履行监管职责，避免重事前许可、轻事后监管，或者只许可、不监管的现象的发生，加强对种子企业从事行政许可事项活动的经常性监管，做好监督检查的情况和处理结果的记录。要加强种子生产环节的监督检查，实行全程质量管理，维护生产基地和种子收购秩序。要加大种子质量监督抽查力度。进一步提高种子质量监督抽查工作的科学性、权威性、有效性、互动性和统一性，加强种子质量监督抽查规划编制，充分发挥全国种子质量监督的整体优势。要突出重点，增加监督实效；严肃查处大案要案，树立监管权威；实现资源共享，扩大社会影响，确保农业生产安全。要适时开展专项整治。根据种子市场的实际和社会的反映，依法、及时、有效开展专项整治活动。特别是要重点打击无证生产经营、未审先推、侵犯品种权、虚假广告、虚假标注、制售假劣种子等违法行为，努力营造公平公正、规范有序、和谐诚信的种子市场环境。

三是始终保持严厉打击制售假劣种子的高压态势。对制假售假、虚假广告等坑农害农行为，必须始终保持一种打假高压态势，重拳出击，有效遏制。对重大案件实行集中联合查办，要主动与工商、公安等部门密切配合，协同作战，力求实效，特别要注重加强行政执法与刑事司法的衔接，落实我部、公安部今年 5 月印发的《关于在农资打假中做好涉嫌犯罪案件移送工作的意见》，做到当罚则罚，当刑则刑。

（五）加强种质资源管理

大家都知道，品种是种业的基础，种质资源是选育新品种的基础材料，可以讲种质资源是战略性资源，关系到农业的长远发展，关系到粮食安全，谁掌握了资源，谁就掌握了主动。鉴于种质资源的重要性，世界各国都在广泛搜集种质资源，千方百计保持资源的优势。我国《种子法》也将种质资源保护作为专门一章，规定国家对种质资源拥有主权，对外提供种质资源要经农业部批准；2003 年我部颁布了《农作物种质资源管理办法》，规定了对外提供种质资源的办理程序，同时补充规定对外合作涉及种质资源、中外合作考察种质资源的要报农业部批准。近年来，随着改革开放的不断发展，农业科技交流活动的日益增多，大量的资源通过各种不正当途径向外流失。分析其原因，固然有某些国家通过非法手段收集和携带我国资源出境的因素，但更重要的是我国有些农业科研人员和有关部门缺乏种质资源保护的法律意识和种质资源国家主权意识，在对外合作研究或出口商贸活动中，不经申报批准随意向外方提供，甚至存在个别单位或个人，为了自身的利益，置国家利益于不顾，未经审批把珍贵资源私自携带出境的情况。对此，国务院领导高度重视，多次作出重要批示，提出这是关系我国食品安全和农产品竞争力的大事，要求完善管理体系，加大保护力度。今天到会的品审委员既有管理机构的代表，也有科研单位、经营企业的专家，在此希望通过你们同时转达给有关单位和个人，管理部门要认真履行监督职责，科研单位、种子进出口企业要严格遵守国家有关规定，坚决杜绝私自将珍贵资源携带出境的情况发生，一旦发现，国家将依法严厉处罚。

同志们，种业是农业的基础，品种审定工作是种子管理工作的基础，让我们共同努力，开创我国农作物种子管理工作的新局面，为农业生产发展作出更大贡献，以优异的成绩迎接党的十七大胜利召开。

谢谢大家！

危朝安同志在全国种子工作会议上的讲话

（2008 年 12 月 1 日）

在全国深入开展学习实践科学发展观、认真贯彻落实党的十七届三中全会精神的关键时期，我部召开全国种子工作会议，总结种子管理体制改革的成绩和经验，分析种业发展面临的形势，研究部署今后一段时间的种子工作。

昨天上午，辽宁、江西省农业行政主管部门及黑龙江省绥棱县政府负责同志交流了推进种子管理体制改革、加强市场监管、扶持种子企业发展的经验和做法，五位专家就国内外水稻、小麦、玉米育种方向、种业现状及发展趋势做了精彩的报告。昨天下午，分三组围绕种子市场监管、科研企业合作、种业发展进行了热烈讨论，提出了很多好的意见和建议。会议开得是成功的，达到了预期目的。下面，我讲几点意见：

一、充分肯定种子管理体制改革取得的成效

党中央、国务院历来高度重视种子工作，十分关心种子产业发展。针对近几年种子市场存在的突出问题，2006 年国务院办公厅印发了《关于推进种子管理体制改革加强市场监管的意见》，这是继 1962 年、1972 年和 1978 年，国务院又一次专门就种子工作作出的总体部署，是当前和今后一个时期指导种子产业发展的纲领性文件。两年多来，各级农业部门按照国办《意见》要求和我部具体部署，积极争取政府支持和有关部门配合，主动工作，扎实推进，改革取得了成效，较好地完成了国办《意见》提出的目标任务。

（一）政企脱钩任务基本完成

截至今年 8 月，原隶属各级农业部门的 2 339 个国有种子企业，已有 1 986 个完成了脱钩任务，其余 300 多家未完成脱钩任务的企业，也都按国办《意见》要求，停止了种子生产经营活动。脱钩完成率为 85%，其中省、市、县三级分别完成 91%、87%和 84%。这次改革涉及人员 7 万多人，已有 4 万多人得到妥善安置。同时，这些种子企业的技术装备和基础设施等生产要素也得到了妥善处置，实现了

国有资产合理转移。

（二）种子管理体系进一步完善

主要表现在：一是机构进一步健全。目前全国种子管理机构达到 2 500 多个，其中新建或恢复成立 435 个，所有省级、96%涉农地市、90%涉农县区都建立了种子管理机构。二是队伍进一步充实。全国省市县核定人员编制 2.5 万多人，比改革前增加 1 000 多人，实有人员 2.48 万人，比改革前增加 3 000 多人。特别是县一级种子管理队伍得到充实，人员增加较多，平均每个县达到 9 人。三是职能进一步明确。有 60%以上的种子管理机构承担行政许可、行政管理和行政处罚职能，比改革前增加了 30%。四是人员经费基本保障。现有种子管理机构中，全额拨款的 2 229 个，占 90%，其中改革过程中转为全额预算的 372 个，转为参公管理的 54 个，人员工资得到保障。

（三）市场监管明显加强

一是清理了种子市场主体。共注销或吊销许可证 1 300 多个，持证企业由改革前的 8 500 多家减少到目前的 7 200 多家，种子生产经营企业整体实力得到提高。二是启动了品种退出机制。国家和 20 多个省已公告 3 000 多个品种退出了生产领域，市场上品种多、乱、杂状况明显改善。三是强化了质量监督管理。监督抽查在以国家和省级为主的基础上，实现了向市县两级的延伸；抽查范围由玉米、水稻“两杂”种子扩大到小麦、棉花、油菜、蔬菜等种子；抽查方式由冬季仓库抽样检验扩展到春季市场抽样检查，以及不定期有针对性的质量指标抽查；抽查内容从四项质量指标扩大到种子包装、标签、档案等。国办《意见》下发以来，全国共查处种子案件 8 600 多起，有效地保障了农业生产用种安全，种子市场秩序明显好转。

这次种子管理体制改革涉及面广、任务重、要求高、时间紧、难度大，政策性强，对各级农业部门是一次考验，各地积极主动、勇于探索、开拓创新，做了大量艰苦、细致的工作，付出了艰辛的努力，主要表现在：

一是主动工作，争取政府支持。2006 年全国种子工作会议后，各地农业行政主管部门立即行动，多方工作，积极争取政府领导支持和有关部门配合，全国有 29 个省区市成立了分管省级领导为组长、有关部门参加的领导小组或建立了联席会议制度，280 多个地市和 1 700 多个县成立改革领导小组，省、地、县三级共召开政府专题研究部署会和种子工作会议 9 300 多次，全国上下形成了政府主导、相关部门共同推进改革的良好局面，确保了改革顺利进行。河北省政府召开三次专题会议，部署工作，宋恩华副省长多次召开协调会，听取专题汇报，研究制定政策，及时解决了改革中的一些重大问题。

二是深入调研，科学制定改革方案。各地农业部门按照我部的统一部署，对本行政区域内种子企业和种子管理机构建设等情况认真调研，摸清底数，分类指导，科学制定实施方案，全国共有 30 个省区市人民政府印发了实施意见，251 个地市和 1 430 个县政府分别出台了实施方案。湖北省农业厅邀请省编办联合对全省种子管理工作进行调研，取得了编办同志对种子管理工作重要性理解和对改革的支持，及时出台了完善种子管理体系建设的文件。河北省邯郸市针对参与改革 17 家企业的不同情况，实行分类指导，市政府和全市 16 个县政府分别出台了改革方案，通过资产整体拍卖、职工募股改制、职能转化、注销关闭、整体脱钩、职能剥离等多种形式，推动改革工作提前完成。

三是加强督导，推进改革措施落实。各地因地制宜，采取签订责任状、督查、奖惩和宣传等多种方式推进改革。北京、吉林、江苏等地成立工作督导组，检查工作进展，帮助解决实际困难；辽宁、山西、河北、浙江等省实行改革进展月报制度，省农委（农业厅）定期将情况向省政府汇报、请示，通过省政府督办函、简报等推动各市、县的改革工作；甘肃、江西、上海等省市建立奖惩机制，与地方签订目标责任书，将改革与许可审批、项目建设、奖励补贴等挂钩，如江西省农业厅拿出 300 万元，奖励基层成立种子管理局，目前已有 37 个市、县成立了种子管理局；黑龙江、安徽等省利用会议、简报、媒体等，开展典型引导，对进展缓慢的通报批评，交流经验，示范带动。

四是严格验收，确保改革到位。为搞好改革验收工作，我部成立了改革验收领导小组，印发了验收方案和验收标准。从去年下半年开始，改革验收工作在全国自下而上逐级展开。各地严把验收标准，对不达标的，一律不予通过并提出整改要求。如辽宁省验收工作采取现场考察和评议等方式，对验收合格的种子企业和管理机构颁发验收合格通知书，不合格的要求限期完成；四川、重庆、浙江、贵州在验收工作中注重督促指导各地强化种子管理体系建设、妥善处理改革遗留问题，并积极引导扶持龙头企业。目前，全国 30 个省级、175 个地市级、1 153 个县级已通过验收。

总的看，这次种子管理体制改革工作取得了显著成效，在全国农业行业体制改革中走在了前列，成绩值得充分肯定，但改革在地区间还不平衡，还存在一些需要解决的问题。一是企业脱钩工作尚未彻底完成。目前还有 15％的企业没有完成脱钩任务；已脱钩企业中，还有 3 万多人尚未妥善安置。二是管理机构还不健全，人员素质有待提高。还有 10％的涉农市县没有建立种子管理机构，近 50％的县级种子管理机构职能不明确，部分种子管理人员种子业务知识、种子法律知识尤其是行政执法知识欠缺。三是种子管理工作经费不足。现有种子管理机构中，10％的为差额或自收自支单位，30％的机构人员编制尚未落实，35％的机构管理经费未纳入财政预算。各地一定要进一步增强工作的责任感和主动性，继续深化改革，巩固改革成果，全面完成改革任务。

二、科学把握种业发展面临的新形势和新任务

当前，我国种业进入一个新的历史发展时期，既有机遇，也有挑战，新形势对种业发展提出新要求。

（一）发展现代农业和确保国家粮食安全对种子工作提出了新要求

确保国家粮食安全是发展现代农业的首要任务。在粮食连续五年增产基础上，要实现《国家粮食安全中长期规划纲要》中提出的“粮食自给率稳定在95%以上，2010年粮食综合生产能力稳定在1万亿斤以上，2020年达到10 800亿斤以上”的目标，任务更重、要求更高、难度更大。稳定发展粮食生产，依靠扩大面积增产的潜力有限，主要途径是依靠科技进步提高单产，而提高单产最有效的是加快良种推广应用。

（二）种业市场全球化对种业发展提出了新要求

随着经济全球化和我国对外开放的不断深入，种业市场国际化步伐加快。我国农业生产常年用种量在120亿公斤左右，潜在市场价值达900亿元，对跨国种业集团具有巨大吸引力。目前，全国共设有外商投资种子企业70多家，世界排名前几位的孟山都、杜邦先锋、先正达、利马格兰等跨国种业公司均在我国设立了生产经营机构。这些跨国公司拥有雄厚的资本实力和先进的研发能力，在带来资金和先进技术、管理经验的同时，也对民族种业发展构成了巨大的竞争压力。例如，全球第一大种子企业2006年经营额40多亿美元，我国最大的种子企业年经营额只有5亿元人民币，相差60多倍。跨国企业每年投入科研育种经费是其销售额的10%左右，而我国种子企业不足1%。跨国种业公司从优良品种、高质量种子、先进的营销理念到完善的售后服务等诸多方面都给我国种业提出了新的挑战。因此，我国种业必须积极应对，培育核心竞争力，不断提高综合实力，并努力培植开发国际市场的能力。

（三）种子管理体制改革后对种子管理工作提出了新要求

深化种子管理体制改革，实现了种子企业与农业行政主管部门彻底脱钩，种子企业打破了原有计划经济体制的束缚，自主、平等地参与市场竞争、自我发展，农

业行政主管部门弱化了对种子企业生产经营活动的微观干预，强化了对种子市场依法监管和产业宏观指导，农业行政主管部门与企业之间形成了一种全新的关系，种业发展进入了一个新阶段。与此同时，由于农业生产对种子需求是刚性的，而种子生产经营要受到自然和市场因素的双重约束，在新形势下，既要确保农业生产用种需求，又要保障企业自主经营，这对农业部门依法管理种子和科学调控种子供求提出了更新更高的要求，需要各级种子管理机构调整工作思路，创新工作方法，增强调控手段，更多的是通过法律的、政策的和经济的手段，搞好种子管理工作。

面对新形势新要求，推动我国种业发展，做好新时期种子工作，必须认真贯彻党的十七大和十七届三中全会精神，深入贯彻落实科学发展观，把促进种业持续健康发展作为战略目标，坚持促进市场开放、保障企业自主生产经营和加强政府宏观指导的方针，创新管理机制，强化措施落实，维护好种子生产者、经营者和消费者的合法权益，努力完成好新时期种业发展的三大任务。

（一）确保农业生产用种安全

包括数量安全、质量安全和品种安全。数量安全就是确保农业生产用种数量充足、品种对路、结构合理；质量安全就是确保种子内在品质优良；品种安全就是确保品种优质、高产、抗逆性强，无生产风险。今后 5 年，力争良种覆盖率稳定在95%以上，杂交作物种子商品率稳定在 100%，常规种子商品率提高到 60%以上，种子科技贡献率超过 50%，逐步形成数量充足、质量优良、供求平衡的种子供应新局面。

（二）切实提高种业竞争力

围绕企业做强做大，重点扶持企业增强科技创新能力，大力培育优良品种；加强良种繁育体系建设，推动企业建立稳定的种子生产基地；扶持企业改善和提高技术装备水平，增强种子加工处理和综合生产能力。逐步培育若干具有核心竞争力的大型种子企业，以及一批专业化程度高的中、小种子企业，形成大中小相结合、生产经营业务相互补充、相互配套的种子市场主体新格局。

（三）实现有效监管市场

按照《种子法》和国办《意见》要求，以市场准入、品种管理、质量管理为重点，规范品种选育和种子生产、经营、使用行为。加强对种子生产经营企业的监督检查，引导行业自律和改善服务，培植守法经营、诚实守信的企业主体。加强对生产上使用品种的跟踪评估，加强对种子质量的监督抽查，确保品种使用安全和种子质量优良。打破地区封锁和行业垄断，形成统一开放、公平公正、竞争有序的种子市场新秩序。

三、扎实做好新时期的种子工作

今后一个时期是我国种业发展的关键时期，面对种业发展的新形势和新任务，各级农业行政主管部门要统一思想，提高认识，增强推进种子工作的责任感和紧迫感，创新机制体制，完善体系建设，加强宏观调控，强化市场监管，重点抓好以下十项具体工作。

（一）深化种子管理体制改革，全面完成政企脱钩任务

针对种子管理体制改革的一些余留问题和后续工作，各地要进一步增强责任感和主动性，坚持改革方向不动摇，目标任务不改变，标准不降低，要克服畏难情绪，制定倒计时工作方案，采取切实有效措施，加大工作力度，保质保量完成任务。一是农业部门要主动和政府有关部门沟通，对少数未脱钩企业，根据实际情况尽快提出解决方案，采取有力措施，尽早完成脱钩任务，我部种植业管理司将配合大家做好有关工作。二是要继续争取政策和支持，解决好脱钩企业人员安置等善后问题。国办《意见》政策性强、内涵丰富，是争取有关部门支持的依据，各地要用足用好相关政策，妥善解决人员安置问题。三是对已停止生产经营活动，尚未彻底完成脱钩任务的企业，不得以任何形式重新从事种子生产经营活动，农业部门不得以任何理由重新核发生产经营许可证，农业部门工作人员不得以任何方式参与或从事种子生产经营活动，严防脱钩反弹。

（二）加强机制创新，提高企业竞争力

目前，我国种子产业还处在发展初期，企业小、散、弱，专业化程度不高，竞争力不强，还不能适应现代农业发展的需要。做强做大企业、提高竞争力，一要加强分类指导。支持大型龙头企业向育繁推一体化、专业化、集团化和国际化方向发展；引导企业向育种公司、制种公司和种子加工公司等专业化方向发展；指导企业参与国际贸易，实施“走出去”战略，鼓励种子出口；鼓励部分企业抓好常规作物和小宗作物种子的商品开发，突出特色，小产品做成大产业。对于一些控制着生产要素和优质资产，但目前经营困难的中小企业，发挥市场配置资源的作用，加强引导，通过兼并重组，盘活存量资产，使其成为大型企业的分支机构和销售网点。二要促进科研与企业合作。昨天下午讨论中，吉农高新技术发展有限公司介绍了其与省农科院玉米所合作的情况，公司提供科研经费，玉米所选育品种供公司开发，实

现了双赢。这种做法有利于形成育、繁、推一体化的机制，有利于做强做大种子企业，值得各地总结推广。

（三）加强品种管理，降低品种使用风险

目前品种管理存在着审定把关不严、品种描述不规范、生产用种多乱杂等突出问题。如近两年稻瘟病大发生，黑龙江、四川、福建均出现由于个别品种不抗病造成大面积绝收，给农业生产和农民收入造成严重损失，甚至有些地方发生影响农村社会稳定的群体事件。各级农业部门要加强责任意识和风险意识，切实加强品种管理工作。一要严把品种审定关。严格审定标准，完善相关制度，提高审定品种水平，尤其是国家审定要出精品，要审定一批有突破性的品种。尤其要强化适应性和抗逆性测定，客观评价，科学划定推广区域，对于缺陷明显且通过栽培、植保等技术手段无法克服和解决的品种，一律不予审定通过；对审定通过的品种，发布公告时对品种缺陷要准确表述，提出防范措施。二要继续完善品种退出机制。各省按照我部《主要农作物品种审定办法》的规定，制定工作规范，完善退出程序，进一步加大退出工作力度。对于缺陷明显且通过栽培、植保等技术手段无法克服和解决的品种，要坚决退出。三要建立推广品种风险评估机制。加强对推广品种的风险评估和监控，重点加强品种的适应性和抗逆性的跟踪，把品种风险降到最低，最大限度减少生产损失。四要规范品种名称。我部正在制定《品种命名规定》，总的原则是要符合新品种保护条例的有关规定，坚持“唯一”和“优先”原则，一个品种只能有一个名称，审定通过的品种在生产经营推广时不得更改。

（四）加强市场监管，确保生产用种安全

种子市场监管是《种子法》赋予农业行政主管部门的重要职责。《种子法》实施以来，通过各级农业行政主管部门的努力，种子质量大幅提高，市场秩序得到明显改善，但假劣种子坑农事件仍时有发生。当前新形势下，在抓好日常监管的同时，重点做好以下几项工作：一是严格市场主体准入。各地要按照《种子法》和《农作物种子生产经营许可证管理办法》的有关规定，细化核发标准和程序，完善资料审查、实地考察机制，建立健全专家审查和集体合议制度，严格按照标准和条件核发许可证；要加强对持证企业的跟踪检查，及时掌握企业的生产经营情况和条件变化，对已不符合条件的要依法注销许可证。二是加大种子质量监督抽查和市场专项检查力度。各地要根据生产实际，把本地重要农作物种子纳入抽查范围；加大抽检频率，特别是在春、秋市场销售旺季，不定期对市场销售种子进行监督；扩展检查内容，把商品种子包装、标签、品种说明和生产经营档案等纳入监督抽查和检查范畴；扩大抽查市场和企业，延伸到种子营销的各个环节，覆盖到中、小企业和零售商。三

是加强种子执法。按照国办40号文件精神，种子管理机构承担种子行政许可、行政处罚和行政管理职责。农业综合执法重点在县级，主要承担行政处罚职责。

（五）加强“种子工程”建设，夯实种业保障能力

“九五”实施种子工程以来，我国种业基础设施显著增强，种子监管技术支撑体系逐步完善，种子综合生产能力明显提高。但与现代种业发展的要求相比还存在一定差距，项目建设存在覆盖面不足、布局不合理、投资规模偏小、管理不到位等问题。各级农业部门要高度重视项目的规划、建设和管理工作。一要制定种子产业发展规划。按照现代农业发展的要求，结合粮食中长期发展规划，抓紧制定到2020年的种子产业发展规划及新一期种子工程建设规划。要搞好调研，认真分析种业发展面临的形势，深入研究种业发展中存在的问题，提出种业发展目标、方向、主要任务，明确种业发展重点、优先领域以及保障措施。党的十七届三中全会确定三年内健全三大体系，要抓住机遇，搞好规划，争取把种子体系纳入进去，这件事要抓紧做。二要谋划大项目。抓住当前国家扩大内需的有利时机，紧紧围绕提高种业竞争力这个核心，突出基础性、公益性的关键环节，调整项目建设思路和投资重点，科学设计建设项目。同时，采取有力措施，吸引更多社会资金投向种业。三要加强项目管理。对已建项目，加强管护，切实发挥好项目效益；对在建项目，加强指导和监理，加快建设进度，尽早发挥作用。目前，部里正在研究修订种子工程建设规划，希望各地加强调查研究，对建设的方向、目标和内容提出意见和建议，同时做好本地规划。

（六）加强信息管理，提高宏观指导能力

种子信息服务体系是我们搞好种子工作的三大技术支撑体系之一。《种子法》实施以来，种子市场主体实现了多元化，种业信息更加丰富，种子企业自主安排生产、经营，农业行政主管部门对种子信息的统计也更加困难，有的企业不认真填报相关报表，有的企业不客观真实地反馈相关情况，有的管理机构对信息统计工作重视不够，加之缺乏有效的措施和手段，使我们对一些基本信息数据把握不准或不及时，农业生产对信息要求的广度和深度也发生了重大变化，种子信息现状已不能满足政府宏观调控的要求。各地要提高认识，把种业信息管理作为一项重要工作来抓。一要扩展信息调度内容。由“两杂”种子信息向所有重要农作物种子信息扩展，由生产信息为主向供求信息扩展，由数量、价格信息向质量、结构信息扩展，由单一种子信息向品种、监管、生产经营主体等综合信息扩展。二要拓宽信息采集渠道。在种子管理部门统计的基础上，增加大中型企业及市场网点的信息调查，做到点面结合。三要完善信息调度机制，制定工作规范，加强信息分析，实行信息定

期上报和发布制度，畅通信息渠道，实现资源共享。四要落实责任制。指派专人负责，落实工作经费，强化素质培训，增强信息调度的准确性和时效性。

（七）加强外资利用监管，确保种业安全

《中共中央关于推进农村改革发展若干重大问题的决定》指出，要健全符合WTO规则的外商经营农产品和农业生产资料准入制度，建立外资并购境内涉农企业安全审查机制。《反垄断法》也规定了外商并购境内企业的反垄断审查和国家安全审查制度。最近，我部对外资企业对我国种业的影响进行了专题研究，拟根据有关规定和种子产业发展需要修订《关于设立外商投资农作物种子企业审批和登记管理规定》（农农发〔1997〕9号），进一步完善有关管理制度，希望大家提出建设性意见。在新规定出台之前，各地要严格执行《关于设立外商投资农作物种子企业审批和登记管理规定》，认真履行外资立项审查职责，要站在全局的高度，坚守国家利益，全面分析引入外资的利弊，对拟设立的粮棉油种子外资企业进行严格审核，对其他种子外资企业提出审查意见。要加强对外商投资种子产业的监管，对本辖区内已有外资企业的生产经营情况进行跟踪，及时关注外商投资动向，提高外资利用水平，确保种业安全。

（八）加强贮备管理，增强抵御风险能力

种子贮备是抵御自然灾害，保障农业生产安全的重要措施。自1989年国家建立种子贮备制度以来，我部每年安排国家贮备种子5 000万公斤，对灾区恢复生产，降低灾害损失发挥了重要作用。在新形势下，种子贮备功能进一步加强，任务更加繁重，既要承担传统的救灾备荒任务，还要发挥调控市场的功能。各地要按照《种子法》的要求，认真做好种子贮备工作。要完善贮备体系，在国家贮备基础上，各地要积极争取当地财政支持，健全省级贮备，指导市县级贮备，鼓励企业保有一定量的库存，逐步建立中央贮备与地方贮备相结合、政府贮备与企业库存相结合的种子贮备体系。要明确责任，加强监管，确保贮备品种、数量和质量“三落实”。要优化贮备布局和品种结构，科学确定贮备作物种类、品种和数量。要加强贮备种子的检查和质量监督，加强对调用种子使用情况的跟踪，确保贮备种子安全。我部将会同有关部门抓紧制订种子贮备管理办法，完善贮备配套政策，改进管理方式，使贮备种子真正“储得住、调得出、用得上、不出问题”。

（九）加强良种补贴管理，确保惠农政策落到实处

良种补贴是一项重要的强农惠农政策，要确保落实到位。自2002年实施以来，补贴作物已由最初的大豆扩展到水稻、小麦、玉米、大豆、棉花、油菜等6大农作

物，补贴资金由1亿元增加到2008年的121.63亿元，补贴面积由1 000万亩扩大到2008年的10.13亿亩，补贴区域由东北大豆主产区扩展到全国主要粮棉油产区。实施良种补贴，促进了优质高产品种的推广，提高了粮棉油产量，改善了产品品质，为保障国家粮食安全、增加农民收入作出了重要贡献。十七届三中全会决议提出，要进一步健全农业补贴制度，扩大范围，提高标准，完善办法。经与财政部初步协商，2009年水稻、小麦、玉米、油菜、东北区大豆良种补贴将实行全覆盖。2009年良种补贴全覆盖对优良品种种子的数量、质量及服务提出了更高要求，各级农业行政主管部门要根据本地实际，制定切实可行的操作方案，既要保证国家惠农政策的落实，也要保证推广良种目标的实现。要加强良种补贴种子数量的调剂，确保补贴任务落实。要加强良种补贴种子质量监督检查，项目县要全面检查，省级抽查不得少于10%，确保农业生产安全。要加强技术指导和培训，做到良种良法配套，充分发挥良种的增产作用。

（十）加强进出口种子监管，维护国际贸易秩序

《种子法》明确了进出口种子审批制度，要求审查企业资质，检查种子质量，隔离种植检疫，这些制度和做法必须严格执行。各省农业行政主管部门要把种子进出口管理作为一件大事，明确专人负责，严格审查进出口资质条件，对不符合要求的不予报批。进口的商品种子必须经过试种，进口主要农作物种子要经过品种审定。要对进口种子质量和种植情况进行跟踪，及时抽查质量、评估风险。要加强进口种子检疫，防止引进检疫性病虫害。种子企业、科研单位和个人在出口种子、对外提供种质资源过程中要有国家利益意识，严格按照国家有关规定报我部审批，防止珍贵资源外流，特别是出口杂交水稻种子，注意保持技术优势，新组合和重要亲本种子不得出口。要加强对出口种子监管，开展种子质量检验和品种真实性检查，杜绝偷梁换柱行为。广西、云南等边贸省份要积极与海关沟通，加强对边贸出口杂交水稻种子监管，采取必要措施逐步减少边贸出口。种子协会要引导企业规范种子国际贸易，协调出口价格，避免无序竞争，坚决杜绝损害种子行业整体利益的行为发生。

此外，要完善种子立法，没有制定地方法规的省份要加快推动立法进程。要加强对《种子法》实施情况调研，研究种子产业发展中的新情况、新问题，完善种子法律制度，适时向全国人大提出修订《种子法》建议。

同志们，我国农业发展进入了新的时期，种子产业发展也进入了一个新的阶段，种子工作任务重、要求高、压力大，我们一定要按照科学发展观的要求，继续解放思想，转变观念，大胆工作，勇于创新，加快构建现代种子产业体系，为推动现代种子产业发展，推进现代农业建设做出新的更大贡献！

张桃林[①]同志在首届中国（博鳌）农业科技创新论坛上的讲话

——加快种业科技创新　做大做强民族种业

（2010 年 1 月 15 日）

大家好！很高兴参加首届中国（博鳌）农业科技创新论坛。农业科技创新论坛是科技部、农业部、海南省人民政府共同主办的农业科技领域交流研讨的大平台，也是全国农业科技领域的管理精英、知名专家和企业家的大聚会。在此，我谨代表农业部对论坛的召开表示热烈的祝贺！对各位来宾的到来表示诚挚的欢迎！首届农业科技创新论坛把“发展种业科技，保障粮食安全”作为主题，对于凝聚各方共识，明确发展思路，加快科技创新，发展民族种业，意义十分重大。

科技兴农，良种先行。种子是农业生产中特殊的、不可替代的、最基本的生产资料，是农业生产的源头和粮食安全的关键。保证充足的良种供应，对保障农业生产安全、维护农民利益意义重大。粮食实现连续六年增产，种子发挥了重要作用；继续保持农业持续发展的好势头，确保粮食等主要农产品有效供给，种业肩负重任。我国种业的发展经历了从自留种、计划供种到市场供种三个阶段，多元主体进入种业市场不足 10 年，种业市场发育尚处于初级阶段，但发展迅速，尤其是《种子法》实施以来，通过完善配套法规规章，加大科研、生产投入，深化种子管理体制改革，种业发展成效显著。一是品种选育水平明显提升。培育超级稻、紧凑型玉米、优质小麦、转基因抗虫棉、双低油菜等一大批主要农作物新品种、新组合，使我国农作物良种覆盖率提高到 95%以上，促进粮食亩产提高到 330 千克以上，总产量达到 10 616 亿斤。二是良种供应能力明显提升。商品种子供应率由 90 年代中期的 30%提高到现在的 60%，其中杂交玉米和杂交水稻的商品供种率达到 100%，并全部实现了种子精选、包装和标牌销售。同时，种子质量明显提高，种子案件明显减少，“两杂”种子合格率达到 95%以上。三是种子企业竞争力明显提升。育繁推一体化企业发展到近 100 家，前 50 强种业企业经营额由 30 亿元增加到目前的 100 多亿元，市场占有率由 10%提高到 30%以上。种业的发展有力促进了粮食连

① 张桃林，2008 年至今任农业部、农业农村部副部长。

续6年增产、农民收入连续6年增长。

当前，我国种业进入一个新的历史发展时期，既有机遇，也有挑战，新形势对种业发展提出新要求。一方面，从发展要求看，发展现代农业和确保粮食安全为种业发展提出了新的要求。确保国家粮食安全是发展现代农业的首要任务。在粮食连续6年增产基础上，实现《国家粮食安全中长期规划纲要》中提出的“粮食自给率稳定在95%以上，2010年粮食综合生产能力稳定在1万亿斤以上，2020年达到10 800亿斤以上”的目标，任务更重、要求更高、难度更大。稳定发展粮食生产，依靠扩大面积增产的潜力有限，主要途径是依靠科技进步提高单产，而提高单产最有效的是加快良种培育和推广应用。另一方面，从市场竞争看，外资进入速度加快，给我国种业安全带来严峻的挑战。自20世纪90年代初期，排名世界前几位的跨国种业公司陆续进入我国种子市场，并呈现出投资重点由园艺作物向粮食作物拓展、投资环节由生产经营向科研育种延伸、投资形式由合资向并购发展、投资布局由城市向主产区推进的发展势头。虽然外资进入我国种业，对丰富我国的品种资源、提升国内育种水平、提高作物单产、满足多样化消费需求起到了促进作用，但以其目前的发展势头以及国内种子企业的实力分析，其对我国种业安全乃至粮食安全都构成了巨大的潜在威胁。

面对保障国家粮食安全和建设现代农业对种业发展的新要求，面对加快发展民族种业的紧迫任务，我国种业还存在很多问题。一是企业竞争力不强。我国种业进入市场尚属初级阶段，企业小散弱，科技创新能力弱，大多数企业没有科研开发实力，难以发展壮大。二是育种创新能力不强。我国农作物遗传育种总体上与发达国家相比还有差距，突出表现在种质资源创新不足、育种遗传基础狭窄，理论研究比较薄弱、新技术新方法的研究滞后，品种抗逆性弱、商品品质不高。三是产业保护能力不强。我国法律规定对外资与科研院校合作没有约束，对设立外资企业数量和生产规模没有限制，有关部门对保护民族种业安全的认识还不一致。四是供种保障能力不强。种子生产经营完全市场化，加上近年来异常气候多发频发，供种安全受到市场和自然双重风险影响，同时，现有市场监管手段与检测条件落后，不利于打击制售假劣种子等违法行为，保障良种有效供应的难度加大。

推动我国种业科技创新，做大做强民族种业，必须深入贯彻落实科学发展观，以提升种业科技创新能力和核心竞争力为切入点，创新体制机制，加大政策扶持，完善法律法规，强化市场监管，促进以企业为主体、育繁推一体化的现代种业持续健康发展。

一是着力提升种业科技创新能力。加大种业科技支持力度，依托转基因重大专项、农业行业科研专项、“973”、“863”、支撑计划等项目，整合科技力量，重点支持科研单位开展种质资源保护与利用、育种理论、方法和技术等基础性和公益性研究，形成核心资源，获得关键基因，培育重大品种。启动种业科技创新试点工程，重点支持育繁推一体化种子企业提升科技创新和商业化育种能力。加强转基因生物安全管理，加大自主创新品种的保护力度，开展植物新品种保护试点工作，加大对企业自主创新品种的审定、保护和推介力度。加大种业科技的条件能力建设，依托企业建设一批重点实验室、品种改良中心等科研平台。积极推进产学研联合重组，创新科研评价与成果转化机制，引导科研单位之间、科研人员之间开展协作攻关，实现资源共享、成果共享；强化农业技术转移工作，利用现有科研项目，引导企业与科研单位建立合作研发的长效机制，促进新技术新品种向企业转化。

二是加强种子生产能力建设。加大《全国新增 1 000 亿斤粮食生产能力规划》和新一轮《种子工程规划》的实施力度，分作物制订制种优势区域发展规划，加快良种子生产基础设施建设。在粮食主产区规划布局和新建一批常规作物良种生产基地，在西北、西南等制种优势区域建设一批杂交作物良种生产基地，加大海南南繁基地建设力度，加强种子质量检测、品种区试的设施建设。

三是加强种业行业管理。完善种子管理的法律法规，抓紧修订和完善种子管理方面的规章制度，提高品种审定标准、种子市场准入门槛，规范转基因品种审定、生产、经营行为。修订《外商投资农作物种子企业管理法》，制定《农业生物技术领域国际合作研究与交流管理办法》，在充分利用外资优势资源的同时，有效控制外资进入速度。强化种子市场监管，进一步加大执法力度，严厉打击制售假劣种子等违法行为，依法清理种子生产经营许可证，严格种子市场准入，严格品种区试审定标准和程序，坚决退出一批不适宜生产的品种。

加快种业科技创新、做大做强民族种业是一项复杂的系统工程，涉及科研、教学、企业、推广等多个领域，必须加强多部门的相互配合，多环节的密切协作，把各方面力量拧成一股绳，才能尽快取得实效。我们要充分认识加快种业科技创新、做大做强民族种业的重要性和紧迫性，把加快种业科技创新、做大做强民族种业作为推进现代农业发展的重要环节，努力在重大思路上凝聚共识，在关键环节上汇聚力量，在重点领域集聚资源，形成共同推动种业科技创新、做大做强民族种业的强大合力。

同志们，加快种业科技创新、做大做强民族种业，任务艰巨，使命光荣。让我们携起手来，共同推进种业科技创新，大力培育民族种业，合力开创种业发展更加美好的未来！

最后，预祝论坛取得圆满成功！祝与会嘉宾身体健康，万事如意！谢谢大家！

陈萌山同志在第三届种子健康与农业发展国际会议上的讲话

（2010年8月25日）

非常高兴出席第三届种子健康与农业发展国际会议。在此，我对这次会议的召开表示衷心祝贺，向出席会议的专家和来宾表示热烈欢迎！

围绕中国种子产业发展，我谈三个方面问题与大家交流。

一、中国种业发展现状

国以农为本，农以种为先。农业是国民经济的基础，种子是农业最基本的生产资料。农作物产量和质量水平的提高，与种子改良和良种推广息息相关，与种业发展密不可分。新中国成立特别是改革开放以来，中国主要农产品供给实现了由长期短缺到总量基本平衡、丰年有余的历史性跨越，中国用不到世界9%的耕地解决了世界近21%人口的吃饭问题，为世界农业和人类发展作出了巨大贡献。特别是2004年以来，中国粮食连续六年增产、连续三年超万亿斤，主要农产品供应充足，农产品质量水平不断提升。种业发展功不可没，作出了重大贡献。当前，中国良种覆盖率已达95%以上，对农业增产增效的贡献率已达40%。种业已成为促进农业稳定发展、保障国家粮食安全和主要农产品有效供给的基础性、战略性产业。

中国农业发展史从一个侧面看也是一部种子产业发展史。新中国成立以来，中国种业发展大体经历了四个阶段。第一阶段，从新中国成立到改革开放前，种子实行“四自一辅”，由集体生产单位自繁、自选、自留、自用种子，国家进行必要的良种调剂。技术上通过农家种的评鉴与改良推广，以及小麦、水稻矮秆育种，使粮食产量由1亿吨上升到3亿吨，缓解了粮食极度短缺的困难和压力。第二阶段，从1978年到1995年，种子实行“四化一供”，即品种布局区域化、种子生产专业化、加工机械化、质量标准化，以县为单位统一供种，采取行政、技术推广和生产经营“三位一体”的计划经济管理模式。这一时期，通过水稻、玉米杂种优势技术等的应用，粮食产量突破4亿吨，解决了长期制约国民经济和社会发展的粮食问题，实现了粮食供给丰年有余。第三阶段，20世纪90年代中后期，中国政府开始实施跨世纪的“种子工程”，出台了一系列重大举措，推动种子产业快速发展。第四阶段，从2000年到现在，随着《种子法》的实施，中国种业发生了深刻变革，种子产业全面市场经济体制接轨，全面与国际种业发展接轨。

目前，中国种业已经基本形成了与社会主义市场经济相适应的产业发展体系。一是法律和管理制度基本建立。以《种子法》为核心，种子产业已经形成了种质资源保护、品种审定、新品种保护、种子生产经营许可、种子生产经营档案、种子标签真实性、种子检疫、种子贮备、转基因植物品种安全评价等九大基本制度，为种子产业的健康发展提供了强有力保障。二是市场主体实现多元化。中国现有持证种子经营企业8 000多家，各种类型的股份制企业以及民营企业已经成为种子市场的主力军。三是种子市值快速增加。随着种子商品化程度提高，中国种业市场已从2000年的250亿元增加到目前的500多亿元，成为继美国之后的全球第二大种子市场。四是产业集中度不断提高。种业50强企业的市场占有率达到30%以上，其中水稻、玉米种子市场份额已经超过50%。

改革开放以来，中国农作物品种科技创新不断取得新进展，共育成各类农作物品种4 000多个。玉米、水稻杂种优势利用，紧凑型玉米、优质早稻、抗虫棉、杂交种蔬菜以及果树高接换种等良种新技术的培育和推广，促进了农作物产量大幅度提高，粮、棉、菜、果等主要农产品总产连续多年保持世界第一。特别是粮食等主要农作物品种历经3次大规模更换，对提高作物产量、改善农产品质量发挥了重要作用，以杂交水稻、杂交玉米和转基因抗虫棉等新品种的推广应用为代表，促进我国粮食及主要农产品生产不断迈上新台阶。在全国耕地净减1.5亿亩的情况下，通过提高种子科技贡献率和良种普及率，依靠单产不断增加提高产量，促进粮食产量先后迈上7 000亿、8 000亿、9 000亿和1万亿斤四个台阶。

二、中国种业发展前景

中国政府高度重视种子产业的发展，一直采取积极的产业发展和扶持政策，在市场化的基础上提高国家宏观调控和监管能力，推动中国种子产业健康发展。国家设立了专项基金，在种质资源的保存和利用、品种区域试验和审定、种子质量监督检验、种子科研创新研究等方面给予必要的支持；不断加强知识产权保护，促进企业在种业研发上进行持续投入；通过免除增值税和设立商业粮油种子贷款，鼓励种子的生产经营；通过调节种子进出口环节增值税率，鼓励种子进出口业务，推动进一步扩大与国际种业的合作与交流。

中国政府提出了在21世纪前20年内全面实现小康社会的发展目标，实现这个目标，需要依靠科技进步，稳定提高农业综合生产能力，切实保障国家粮食安全。

创新和推广良种是必然选择。在现有条件下，中国粮食单产仍有较大增产潜力，与国外发达国家相比，种子对中国农业发展的贡献率仍然有很大提升空间。

我们也清醒地看到，目前，中国种子市场化进程仍处于初级阶段，还存在着自主创新能力不足、产业安全保障力薄弱、国际竞争力较低、市场监管手段落后等一些问题，不能完全适应农业生产发展的需要。中国政府正在推进建立以种子产业为主导、大企业为主体、大基地为依托，产学研结合、育繁推一体化的现代种业体系，全面提升种业科技创新能力、企业竞争能力、供种保障能力和种子市场监管能力。

今后一段时期，中国政府将继续推进体制改革和机制创新，完善法律法规，整合种业资源，加大政策引导，强化市场监管，实施好转基因生物新品种培育重大专项、种子工程等项目，努力在四个方面实现突破：一是突出产业整体发展，形成材料创制、品种选育、种子生产、示范推广、市场营销、技术服务等环节有机联接、共同发展的产业链条；二是突出种子企业是产业发展的主体，通过企业联接产业各个环节，形成产学研相结合、育繁推一体化新型种子产业；三是坚持市场竞争与政策引导相结合，充分发挥种子企业发展的积极性，加强政策引导和项目投入，扶持育繁推一体化种子企业做大做强；四是加强产业能力建设，保障种子生产、供应能力，保证农业生产用种安全。

目前，农业部正会同有关部门研究制定推进我国种业快速发展的具体政策措施，并进一步健全并完善《种子法》及其配套规章，为推进现代种业发展创造良好环境。

三、种子健康是种业持续发展的重要保障

种子产业发展是一系统工程，既与政策法规、基础设施、政府监管有关，也与种子技术密切相关。种子健康控制是种子质量控制的重要内容，也是种子产业的一个重要节点。种子和苗木是植物病害的受体，也是病害跨年份（季节）、跨地区传播的载体。健康的种子是作物生产的开端和可持续发展的决定性因素之一，开展种子苗木健康检测，是预防控制种子和苗木病害最有效的途径之一。

中国农业复种指数高，病虫危害重。保障粮食安全，既要提供高产的种子，更要提供健康的种子。发展种子健康检测及病害处理技术，是促进农业生产发展的有效措施。这次会议以“健康的种子，健康的人类生活”为主题，全面研讨种子健康与农业发展，在种传病害的治理、种子苗木健康诊断新技术等方面开展深入交流和合作，对于推动中国种业健康发展具有重要的现实意义。衷心希望与会专家、代表对种业健康发展贡献真知灼见，共同推动种子科学技术加速创新，加快种子新技术

推广应用，为建立符合中国国情、适应种子产业发展需要的中国种子健康检验检测体系作出应有贡献。

这次会议的承办方中国农业大学种子健康中心，是中国第一家从事种子健康检测的专业性机构。中心成立的短短几年来，本着“健康的种子，健康的作物生产”这一理念，不断开拓进取，在种传植物病原真菌、细菌、病毒等有害生物的研究和检测，种子健康检测培训，国内外技术合作与交流等方面做了大量扎实有效的工作，取得了丰硕的成果。相信通过这次会议的召开，将进一步加深相互间的了解和交流，进一步提高种子技术的水平和能力，为促进中国农业稳定发展发挥积极作用。

最后，预祝这次会议取得圆满成功！祝各位代表和来宾工作顺利、身体健康！

谢谢大家。